《虔城风华 章贡宋韵》
编委会

主　任

杨忠万

副主任

陈昌立

编　委

肖春雷　刘占海　陈玉毅　邓战荣
卢小兴　刘　敏　赖江霞　李禾丰

主　编

李晓方

编　著

万幼楠　钟庆禄　吴　强　赖少伟
李云彪　黄嘉福　黄　露

虔城风华 章贡宋韵

中国人民政治协商会议赣州市章贡区委员会 ○ 编

李晓方 ○ 主编

江西人民出版社
Jiangxi People's Publishing House
全国百佳出版社

图书在版编目（CIP）数据

虔城风华　章贡宋韵 / 中国人民政治协商会议赣州市章贡区委员会编；李晓方主编 . -- 南昌：江西人民出版社，2024.8. -- ISBN 978-7-210-15750-2

Ⅰ. K925.63

中国国家版本馆 CIP 数据核字第 2024RN2171 号

虔城风华　章贡宋韵
QIANCHENG FENGHUA ZHANGGONG SONGYUN

中国人民政治协商会议赣州市章贡区委员会　编　李晓方　主编

责 任 编 辑：蒲　浩
封 面 设 计：同异文化传媒

江西人民出版社 Jiangxi People's Publishing House 全国百佳出版社　出版发行

地　　　　址	江西省南昌市三经路 47 号附 1 号（邮编：330006）
网　　　　址	www.jxpph.com
电 子 信 箱	jxpph@tom.com
编辑部电话	0791-86898965
发行部电话	0791-86898815
承　印　厂	南昌市红星印刷有限公司

开　　　　本	720 毫米 × 1000 毫米　1/16
印　　　　张	22.25
字　　　　数	327 千字
版　　　　次	2024 年 8 月第 1 版
印　　　　次	2024 年 8 月第 1 次印刷
书　　　　号	ISBN 978-7-210-15750-2
定　　　　价	128.00 元

赣版权登字 -01-2024-555

版权所有　侵权必究

赣人版图书凡属印刷、装订错误，请随时与江西人民出版社联系调换。
服务电话：0791-86898820

前言

　　江南望地，章贡名邦，千年风华，宋韵流芳。

　　赣州，"握闽楚之枢纽，扼百粤之咽喉"，这座古城在历史的长河中，屹立不衰。西周以前这里属扬州域，春秋为百越之地，战国先属越、后属楚，随着秦朝统一六国，划归九江郡，50万秦军南征南越，其中一军驻守庾岭界，播下了赣南行政建制的种子。随后几经变革，隋开皇九年（589），改南康郡为虔州（因"虔化水"即贡水而得名），从此揭开了历史新篇章。唐代，闻名遐迩的郁孤台、天竺寺、慈云寺（原景德寺）等已经建成。玄宗时期，张九龄凿通大庾岭驿道，连接长江水系与珠江水系，使之成为中原通往岭南的重要通衢、海上丝绸之路的中途重镇。五代卢光稠在南康郡起兵，割据虔、韶二州，自此虔州城由一座小城池逐步发展为江南的一座繁荣商贸重镇。宋代，虔州城更是崛起为全国36座名城之一，迎来了赣州历史上经济社会发展的高峰期。

　　此时，赣州百业兴盛，农业、手工业、商业、交通业等日渐繁荣。南来北往的商客、"日成一舟"的造船速度，使得这里

"货物如雨，商贾如云，万足践履，冬无寒土"，一度出现"八境台前春水生，涌金门外万舟横"的壮阔景象。七里镇陶瓷精巧古朴，白纻布（虔布）质量上乘，大庾岭古道丝路贸易曲折辉煌，"广南金银、香药、犀象、百货，陆运至虔州而后水运"，各类产品经此远销海内外。

此时，赣州的城市肌理图上画下了浓重而细腻的一笔。城市"六街"（阳、横、阴、长、斜、剑）已经形成；赵抃疏凿赣江十八滩，虔州成为重要的货物转运点；孔宗翰在城上筑起石楼八境台，苏东坡写下《〈虔州八境图〉八首并引》，宋人称之为"八景八咏"；刘彝给福寿沟增加了水窗设计，这张庞大的排水网络更趋完善，纵横交错在虔州的大街小巷，使得这座城市千年不涝。

此时，赣州文化繁盛，道观、梵刹和书院林立，崇文重教、耕读传家蔚然成风。通天岩石窟中，金石丹青与石刻艺术交相辉映，蔚为壮观；慈云塔内，神秘暗龛珍藏的佛像、经卷等，无声地诉说着一段段关于信仰、艺术与文明的故事；爱莲池旁，周敦颐体悟了真正的君子之道，赋予了莲花更深的文化内涵；郁孤台上，苏东坡览胜兴叹、与友唱和，发出了"吾生如寄耳"的深沉感慨，彰显了宋代文人的智慧、风骨与情怀。各种思想在这里交锋、融合，铸就了这座古城延绵千年的灿烂文脉。

时至今日，这里仍是以宋代文化元素为主体的城市文化聚落体，有"宋城博物馆"之美称，保存着较为齐备的宋代遗迹和遗物。这些"活化石"无不体现着赣州历史文化和自然环境的融合与传承，记载着古城的兴衰、嬗变，不仅代表了江南宋城的历史文化精髓，更是中华文化的瑰宝，它们的传奇故事正在被重新挖掘和整理，在新时代焕发新的光彩。

发挥好文史资料"匡史之正、补史之缺、辅政之要、育人之功"作用，是政协职责所在，更是推动文化繁荣、提升文化软实力的重要途径。为进一步传承和推介宋城文化，把丰富的文化底蕴变成城市发展、经济建设的不竭动力，我们专程邀请了江西省宋史研究会的专家学者，择取宋代这段赣州辉煌的历史，撰写本部文史作品，以他们的专业知识和独到见解，为广大读者打开研究视野，同时，也为系统化梳理挖掘历史记忆、古城符号和文化元素提供依据，释放更多文旅产业发展新动能。

今天的赣州城，流淌着千年历史与繁荣现代的交融之美，激荡着传统文化与时代脉搏的同频之声。在这里，众多历史遗存与现代都市交相辉映，历朝诗词歌咏与清隽山水百转千回……代代赣州人的薪火相传，守住了城市的"根"与"魂"。我们希望，《虔城风华 章贡宋韵》的出版，能够为章贡区的文化建设注入新的活力。同时，我们也期待，通过本书的研究和传播，能够引起更多人对章贡历史文化的关注，共同赓续历史文脉，谱写当代宋城华章。

杨忠万

2024 年 7 月

序言

　　本书主要聚焦宋代江西虔州（赣州）治所之地，亦即现在赣州市章贡区，适当拓展至宋代虔州（赣州）、南安军所辖地域（又习称"南赣"），对其历史文化所做的系统研究与概要式呈现。因此，在本书的表述中，将因不同的地域指向、时代立场、学术语境等，除了"章贡"之外，还将使用"虔州""赣州""赣南"等概念，这是首先需要说明的。

　　宋代虔州（赣州）的治所，位于章江、贡江合流汇集成赣江之处。自东晋南康郡太守高琰建城以降，这里一直是赣南的政治、经济、文化中心。在历史长河中，生活工作在以此为中心的章贡大地上的人们，创造了富有特色的赣南文化，在中国历史进程中产生了深远影响，具有重要的历史地位。

　　当下，赣州着力擦亮的"红色故都""客家摇篮""江南宋城""阳明圣地"等几张文化名片，很好地凝练出了赣南的重要历史文化地位。在红色革命时期，赣南是原中央苏区所在地，中华苏维埃共和国临时中央政府诞生在这里，是共和国的摇篮。与闽西、粤东一道，赣南是客家人的主要形成地和聚居地，现在这里的居民90%以上是客家人，成为凝聚海内外客家人与中华民族认同的重要场域。章贡合流处的赣州老城，保存着全国罕见的较为完整的宋代城墙与城市肌理，尤其地下营造的"福寿沟"，历经千载如今依然发挥着排水防洪的重要功能，被赞誉为千年不朽的"良心工程"，彰显了宋代赣南创造的物质文明与精神文明达到的高度。"明代第一流人物，立德、立功、立言皆居绝顶"的王阳明，在明朝正德年间出任南赣巡抚，其治所在赣州，其间平定南赣民乱、平定宁王朱宸濠叛乱、揭"致良知"教，极大推动了赣南的文化进程，赣州也成为成就王阳明学问与事功最重要的地域。

当然，上述四张文化名片并不能完全涵盖赣南在中国历史上的重要地位。比如，赣南是宋代周敦颐、二程（程颢、程颐）兴学授受之所，是理学宗主的"道源"之地。赣州通天岩现存大量唐宋时期的摩崖石刻和佛雕造像，据学者研究，这也是在地理空间上最南边缘的佛雕造像群；此外，赣州有多所马祖道一曾经驻锡的寺庙，所有这些足见章贡之地在佛教史尤其禅宗史上的重要地位。穿越赣南的"赣江—大庾岭"通道，是古代中国沟通中原与岭南的经济、文化大动脉，是大一统帝制中国和中华民族共同体形成与发展的重要桥梁与纽带。在这条通道上的章贡汇合成赣江之处，即本书所聚焦的章贡区，无疑是极其重要的节点。总而言之，以章贡区为核心的赣南大地，无论在中国革命史、客家民系史、宋明理学史，还是在城市建筑史、道路交通史上，都是无法绕开的大关节，是理解传统中国及其现代转型必须关注的政区和文化地理空间。

因独特的历史人文尤其近世红色革命的巨大影响，赣南引发了海内外学者的广泛关注。最为集中的，当以"客家"和"苏区"两个关键词展开的研究。以"客家"为关键词的研究，无疑是成果最丰富的领域。相关研究，为我们了解历史以来生活在章贡大地上的人们，如其姓氏源流、人口流动、生产生活、民情风俗等拓展了大量新知。以

"苏区"为关键词的研究，同样成果丰硕。必须指出的是，伴随着对"西方中心论"的反思与批判，学界开始努力尝试"从中国发现历史"，具体到苏区史研究，不少学者试图从赣南历史的"内在逻辑"，对其发生发展加以阐述。在这一问题意识的主导下，学者们自然将研究的目光投向传统时期的赣南，尤其是宋元明清时期的地方动乱问题。客观而言，"动乱"的确是宋明以降赣南的"关键词"之一。学界的既有研究，为我们认识宋明以降赣南的动乱，提供了更清晰的图景和更有力的解释。但是，毫无疑问，这类研究也必将加深一般的读者对历史时期赣南的刻板印记，甚至产生放大效应，那就是一提起赣南，主要联想到的则是"动乱"，这显然是先入为主和无意识偏废，容易遮蔽更为丰富多彩的赣南历史文化。而这种先入为主和无意识偏废，尤其容易发生在对宋代赣南的认识上。究其原因，一是有关宋代赣南的记录，大多出自非赣南籍的朝廷命官和士人，他们从王朝视野的角度进行审视和书写，难免立场的局限；二是苏区史研究中从区域历史内在逻辑对赣南传统的探寻，大概受制于史料，也多只追溯到唐末尤其宋代；三是学界对赣南宋代历史文化缺乏全面系统的研究。

综上所述，为避免历史误识，增强全面了解，坚定文化自信，便于创新转化，赋能地方发展，很有必要对以章贡为中心的宋代赣南历史文化进行系统梳理与研究。基于这种自觉，我们拟定了本书的研究与编撰框架。全书共分七章，各章思路与基本内容，简列如下：

第一章"江南望地　章贡名邦"。主要概述赣南行政区划的建置沿革、山川形胜和历史人文。西汉高祖六年（前201），设赣县、雩都、南壄（又称南埜、南野）三县，是为赣南行政建置之始，现在的章贡区其时隶属赣县。东晋永和五年（349），南康郡守高琰在章贡二水间筑赣州城，并将郡治从雩都迁此，赣州城自此为郡、州、府级行政建置治所之地，成为赣南政治、经济、文化中心。北宋时期，赣州因旧名称虔州；南宋绍兴二十三年（1153）更名赣州，赣州之名自此始并沿用至今。两宋时期，赣州人口增长、经济发展，大观二年（1108），升"望郡"，挤身全国经济社会发展先进行列，誉称"赣川望郡""江南望地"。章贡二水间之赣州城成为赣南的中心城市并形成极具特色的城市肌理，是自然环境、经济发展、政治变迁、文教进步等诸多因素共同作用的结果。

第二章"丝路枢键　货物云集"。主要从交通、市镇、商贸、铸钱等角度，概述以章贡为中心的宋代赣南经济发展状况。唐代张九龄开凿梅关古道，此后大大加强了岭南与岭北的沟通联系。人口、货物、信息、文化等，经由"赣江—大庾岭"通道南下北上，交互激荡，推动了赣南的发展繁荣。两宋时期，赣南的城镇数量居位江西前列，一度超过省府南昌（时称洪都）而雄居榜首；北宋熙宁十年（1077）前后，虔州是江西税收机构与商税新额最多的政区。大观二年（1108），北宋在今章贡区域内设虔州铸钱院，该铸钱院一直存续至南宋，是宋代江西两个铸钱院（监）之一，章贡在宋代铸钱史上占有重要一席。

第三章"周子布道　理学渊薮"。主要概述宋代理学的形成发展与赣州的渊源。理学是以儒学为主体，吸收佛、道思想，经由三教融合，孕育出来的一种新学术，是宋代最重要的思想成果。理学的开山鼻祖周敦颐，理学的重要奠基者二程，理学的南传者杨时，理学的集大成者朱熹，都曾过化赣州。周敦颐先后出任南安司理、虔州通判；其间，他在赣州创理学代表作《太极图说》《通书》，作千古名篇《爱莲说》，留下了宝贵的思想文化遗产，赣州成为理学之渊薮。受理学敦化，宋代赣南书院勃兴，士族崛起，名士辈出，文教大进。

第四章"群贤荟萃　遗泽流芳"。主要概述宋代仕宦、流寓赣州的名士及其对赣州历史文化进程的影响。两宋时期，赵抃、刘彝、周敦颐与文天祥等一批杰出的官员曾主政赣州，如赵抃疏浚险滩、刘彝修"福寿沟"、周敦颐重学兴教、文天祥起兵勤王，他们高尚的气节精神与深厚的家国情怀，以及为官一任、造福一方以民生为本的政治伦理与惠政实践，深受后世赣州士民的感铭，故被祀"四贤"。同样重要的是，这批先贤先哲的气节精神和家国情怀，也逐渐内化为赣南的文化基因而代代相传，这大概也是赣南在中国革命史上作出卓越贡献尤其应该追寻的"内在理路"与文化传统。

第五章"崇文重教　人文蔚起"。主要概述宋代章贡大地的文教发展状况。宋代是章贡大地文教大发展的重要历史时期，先贤过化引领、官学普遍建立、地方书院兴盛，向学之风盛行。两宋时期，赣南进士人数较前大增，诞生了一批累世科甲蝉联的科举家族。如李潜家族，其父子叔侄两代共有6人高中进士，出现了"一门八进士"的科考盛况。文教的发展，孕育了曾几、陈恕、曾开、阳孝本等一批赣南名士，他们或以理学、或以诗文、或以政事、或以气节而享誉。现在赣州老城以曾几谥号命名的"文清路"，赣一中内纪念阳孝本与苏东坡彻夜长谈的"夜话亭"，这些符号化的历史记忆，承载着章贡文脉之久远与宋代文教之兴盛的丰富内涵。

第六章"艺术珍品　传世瑰宝"。主要介绍现存章贡区内的宋代文化艺术珍品，包括通天岩石窟、慈云寺塔壁龛和《郁孤台法帖》。通天岩石窟位于赣州市章贡区水西镇，由忘归岩、观心岩、龙虎岩、通天岩、翠微岩等组成，现存佛教石龛造像315处359尊，其开凿历程自唐朝至民国，而兴盛于宋代，被誉为"江南第一石窟"。慈云寺塔始建于唐，重修于宋。2004年，从其第四层壁龛中发现了一批宋代文物，经修复文物57件套，实数60件，其中包括宗教画、世俗画、经卷、雕像。《郁孤台法帖》由南宋进士聂子述辑刻，为国内孤本，国家一级文物，收录有苏轼、黄庭坚等书家作品，集中展现了北宋一流书家的书风书艺。这些文化遗存，对了解宋代士民的宗教信仰、文化活动、日常生活，均具极高的文物价值和艺术价值。

第七章"遗产宝库　宋韵千年"。主要介绍现在章贡区内的宋代赣州城墙、福寿沟和七里古窑。宋代赣州古城墙现存约4100米，保存了大量包括有宋代年号的铭文砖，是我国保存至今规模最大、年代最早的宋代砖构城墙，是一座因防洪需要而率先用砖砌城，也因防洪需要而保存至今的古城墙，是研究赣州政治、经济与文化的遗产宝库。"福寿沟"之得名，始于明代，其创建或早在隋唐时期和卢光稠扩城后的割据时期；宋代刘彝造水窗凡十三间，"启闭以时，水患遂息"，福寿沟的排水防洪功能自此臻于完善，是中国古代城市地下营造的典范之作和稀有遗存。七里古窑，遗址位于章贡区水东镇七里村，始烧于唐末、五代，盛烧于两宋，终烧于元末明初，是江西南部发现的规模最庞大、烧造时间最持久的窑址；该窑址丰富了江西陶瓷史和中国陶瓷史的内涵，被学术界誉为宋元时期江西省的四大名窑之一。

在展开上述主题研究的过程中，我们坚持历史唯物主义和辩证唯物主义，坚持历史学的基本理论与方法，尽力做到言必有据，论从史出，结论观点客观公允。我们将本研究聚焦于现在章贡区的地域范围，但又不局限于此，而是把它放置在更广的地域空间和更长的时间脉络中加以探讨，以期在更宏阔的视野下审视宋代章贡大地历史文化的特色、地位与贡献。我们试图将此研究编撰成一部兼具学术性、知识性、通俗性、可读性的文史资料与历史著作，既为章贡区存史资政，又为赣南区域史研究添砖加瓦。但能否达到这个目标，则有待读者诸君评判。需要指出的是，受制于本研究的立意，本书只是对章贡宋代文史作了概要式勾勒，未遑深入细致地展开；此外，本书对宋代赣南老百姓的日常生活、衣食住行等主题尚未论列，有待日后进一步拓展。

是为序。

李晓方

识于赣南师范大学 4-122 室

2024 年 3 月 18 日

目录

第一章
江南望地　章贡名邦 …… 001

第一节　建置沿革 …… 003
一、行政区划 …… 003
二、郡治变迁 …… 008
三、开发过程 …… 011

第二节　山川形胜 …… 016
一、于文为赣 …… 017
二、城市形象 …… 021
三、生态环境 …… 027

第三节　历史人文 …… 031
一、百业兴盛 …… 032
二、社会环境 …… 038
三、崇文重教 …… 041

第二章
丝路枢键　货物云集 …… 045

第一节　庾岭古道 …… 047
一、古道历史 …… 047
二、货物流通 …… 051

三、市镇发展 …………………………… 055
第二节　置院铸钱 ……………………… 059
一、天下铸钱 …………………………… 059
二、赣州铸钱 …………………………… 064
三、文化遗产 …………………………… 066
第三节　税课重地 ……………………… 070
一、税收机构 …………………………… 071
二、商业税收 …………………………… 073
三、其他税收 …………………………… 076

第三章

周子布道　理学渊薮 ……………… **085**

第一节　濂溪过化 ……………………… 087
一、南安司理 …………………………… 088
二、虔州通判 …………………………… 092
三、理学开山 …………………………… 099
第二节　二程受学 ……………………… 103
一、孔颜之乐 …………………………… 103
二、易有太极 …………………………… 109
三、天理性命 …………………………… 111
第三节　理学传承 ……………………… 115
一、吾道南来 …………………………… 115
二、集大成者 …………………………… 121
三、濂学薪传 …………………………… 125

第四章

群贤荟萃　遗泽流芳 ……………… **131**

第一节　四贤垂范 ……………………… 133
一、赵抃适虔 …………………………… 134
二、濂溪清德 …………………………… 137

三、刘彝知虔 ················· 139
　　四、文山丹心 ················· 142
　第二节　名宦咸集 ················· 145
　　一、群贤毕至 ················· 146
　　二、以民为本 ················· 149
　　三、家国天下 ················· 154
　第三节　流寓遗泽 ················· 159
　　一、汉唐风韵 ················· 159
　　二、流寓过化 ················· 165
　　三、宋韵流芳 ················· 174

第五章

崇文重教　人文蔚起 ············· **179**

　第一节　大力兴学 ················· 181
　　一、官学兴盛 ················· 181
　　二、地方书院 ················· 185
　　三、其他私学 ················· 191
　第二节　家族勃兴 ················· 195
　　一、家族概貌 ················· 195
　　二、科举大族 ················· 198
　　三、引领一方 ················· 205
　第三节　名士辈出 ················· 208
　　一、文儒之士 ················· 208
　　二、刚直之士 ················· 212
　　三、归隐之士 ················· 215

第六章

艺术珍品　传世瑰宝 ············· **219**

　第一节　通天石窟 ················· 221
　　一、开凿背景 ················· 221

二、时代分期 ·········· 228
三、石窟艺术 ·········· 236
第二节　慈云壁龛 ·········· 241
一、塔与暗龛 ·········· 241
二、时代来源 ·········· 244
三、绘画艺术 ·········· 249
四、经卷塑像 ·········· 255
第三节　金石丹青 ·········· 259
一、郁孤法帖 ·········· 259
二、碑刻石刻 ·········· 267

第七章 遗产宝库　宋韵千年 ·········· **275**

第一节　千年城墙 ·········· 277
一、城墙现状 ·········· 277
二、城墙历史 ·········· 283
三、城墙价值 ·········· 295
第二节　福寿双沟 ·········· 298
一、形制特点 ·········· 299
二、形成史考 ·········· 304
三、文化背景 ·········· 311
四、结语 ·········· 319
第三节　七里古窑 ·········· 319
一、古窑概貌 ·········· 320
二、历史考据 ·········· 322
三、文化面貌 ·········· 325

后记 ·········· 335

虔州八景　文化先河（彭小蓉摄）

第一章

江南望地
章贡名邦

赣州市是江西省域副中心城市，东邻福建省三明市和龙岩市，西接湖南省郴州市，南毗广东省梅州市、河源市和韶关市，北连江西省吉安市和抚州市。由于位于江西省南部，并在清康熙年间置分巡赣南道，赣州市俗称赣南。今天的赣州市辖章贡区、南康区、赣县区、信丰县、大余县、上犹县、崇义县、安远县、龙南市、全南县、定南县、兴国县、宁都县、于都县、瑞金市、会昌县、寻乌县、石城县等18个县级行政区。

赣南的古郡名为南康郡、虔州，因境内章、贡两江合流成赣江，古人常用"赣川""章贡"代指，如"赣川望郡，江右名都""江南望地，章贡名邦"[①]。东晋永和五年（349），南康郡太守高琰在章、贡两江间建城，赣州城成为赣南政治、经济、文化中心的开始，为今天赣州市主城区——章贡区的发展奠定了基础。

---

① 〔宋〕王象之：《舆地纪胜》卷三十二，北京：中华书局1992年版，第1443页。

第一节　建置沿革

清人汤斌在《重刊赣州府志序》中提出："汉唐以前，率以荒服视之。"所谓"荒服视之"，不仅指出赣南地理位置离京城的距离较远，而且反映出汉唐时期赣南偏僻落后。言外之意，汤氏认为古代赣南社会的发展大致可以划分为两个阶段，一是汉唐时期，二是两宋以后。

赣南的快速发展自宋代开始。城市繁华、交通发达、百业兴盛、人烟浩穰，赣州城是宋代著名的36座大城市之一。宋神宗熙宁十年（1077），赣州城的商税以近四万贯位列全国第18名、居江西之首。社会经济的繁荣，促进了赣南各县的发展。宋高宗绍兴六年（1136）十二月，在全国四十个大县中，赣县和兴国位列其中。

一、行政区划

西周以前，赣南属于《禹贡》扬州之域，这只是一个十分模糊的地理概念。赣南在春秋时期属百越之地；战国时期属越、楚；秦属九江郡。

汉高祖六年（前201），在赣南设置赣县、雩都和南壄（又称南埜、南野）3县，隶属豫章郡。从此赣南有了最初的行政区域。元鼎五年（前112）和元鼎六年（前111），汉武帝对南越和东越进行了军事征伐，赣南与闽粤的交通线路发展起来。

建安四年（199），孙策分豫章郡置庐陵郡，赣南3县改隶庐陵郡。三国吴嘉禾五年（236），孙权分庐陵郡置庐陵南部都尉。都尉与郡一级行政区划相当，是准郡级行政单位。这是赣南设立地区一级行政机构之始。庐陵南部都尉领雩都、赣县、阳都（又称杨都）、平阳、安南（亦作南安）和揭阳（又称陂阳）6县，隶属扬州。

西晋太康三年（282），改庐陵南部都尉为南康郡，领赣县、雩都、平固（东吴属平阳地）、南康（东吴属安南地）和揭阳（东吴属揭阳和阳都地）5县，隶属扬州。元康元年（291），南康郡改隶江州。

南朝宋承汉制，"列侯所食县曰国"。永初元年（420），置南康国，领赣县、宁都（西晋属揭阳地）、雩都、平固、南康、陂阳（西晋属揭阳地）、南野和虔化［宋孝武帝大明五年（461）以虔化屯别置虔化县］8县，隶属江州。南康国8县的县望皆为相国（见表1-1），由200余名县吏协助管理。南朝齐、梁、陈时，复置南康郡，主要领8县，而安远县时或增撤。南朝时期，在分封食邑、私署令长和羁縻政策的影响下，赣南县数增多。清人陈梦雷在《古今图书集成·赣州府建置沿革考》中一针见血地指出，南北朝时"盖南康（郡）统全虔地而言，非如后之邑治专属也"①。

表1-1 南朝宋赣南各县的县望②

县名	赣县	宁都	雩都	平固	南康	陂阳	南野	虔化
县望	侯相	子相	侯相	侯相	公相	男相	伯相	男相

隋开皇九年（589），实行裁郡并县的政策，南康郡改名虔州，领赣县、虔化、雩都和南康4县，隶洪州总管府。之前设置的南野（省入南康）、平固（省入赣县）、宁都（省入虔化）和陂阳（省入虔化）省入4县之中。大业三年（607），改虔州为南康郡。

唐武德五年（622），复改南康郡为虔州，领县如隋。贞观元年（627），依山河形便，分全国为十道，虔州隶第八道江南道。开元二十一年（733），

---

① 〔清〕陈梦雷：《古今图书集成》职方典卷九百十九《赣州府建置沿革考》，北京：中华书局1985年版，第15941页。
② 〔梁〕沈约：《宋书》卷三十六《州郡二》，北京：中华书局1974年版，第1091页。

又析分全国为十五道，虔州隶江南西道（简称江西道，"江西"由此得名）。天宝元年（742），改虔州为南康郡；乾元元年（758），复改南康郡为虔州。唐代，虔州新增信丰、大庾和安远3县，共有7县。元和六年（811）九月，升虔州为上州、升信丰和南康为上县，赣南7县全部迈进上县行列。

光启元年（885），宁都人卢光稠[①]（字戁熙）拥兵自立为虔州刺史，以谭全播为谋主。开平元年（907），卢光稠以虔、韶二州请命于后梁，"愿通道路，输贡赋"。梁太祖朱温在虔州置百胜军和镇南军，命卢光稠为百胜军防御使兼五岭开通使和镇南军留后。

天祐十五年（918），吴高祖杨隆演发兵攻打虔州，虔州成为吴国辖地。杨吴统治时期，将赣南4个镇提升为场（监），分别为瑞金监、虔南场（原为信丰县百丈镇，后改称虔南镇）、上犹场和石城场。五代时期，杨吴（后为南唐）实际管辖虔州，在其境内称为百胜军。后唐出于牵制杨吴政权的需要，曾令马希振出镇虔州，并将百胜军改名为昭信军，但未能实际管辖，属羁縻统治。受中原正统思想的影响，后世史书习惯称为昭信军。

昇元元年（937，即天祚三年）十月，南唐李氏承接杨吴正统，虔州归南唐管辖。南唐时期，又提场（监）为县。保大十年（952）升上犹场为上犹县，保大十一年（953）升瑞金、龙南、石城为县，赣南有11个县。五代时期，赣南县数增多，与南朝时期因羁縻政策扩充置县不同，它是由于经济基础增强和人口数量增多所致。新增诸县发展稳定，后世没有重现立而又废的情况。

开宝八年（975），宋太祖平南唐，仍设昭信军（即百胜军），统县如故。太平兴国元年（976），改昭信军为虔州，治所设在赣州城。太平兴国八年（983），新增兴国和会昌2县，虔州共领13县，即赣县、虔化[宋高宗绍兴

---

① 关于卢光稠的籍贯，据嘉靖《赣州府志》考证："始为宁都新田人，后寓南康郡，即今之赣县是也。上犹、万安俱志其为乡人，因其子孙流布之广，而兼收之。"嘉靖《赣州府志》卷十，上海：上海古籍书店1962年影印，第601页。

二十三（1153）年改宁都]、兴国、信丰、雩都、会昌、瑞金、石城、安远、龙南[宋徽宗宣和三年（1121）曾改虔南，绍兴二十三（1153）年复改龙南]、大庾、南康和上犹[宋宁宗嘉定四（1211）年改南安]。淳化元年（990）春正月，为加强管理，从虔州划分出大庾、南康和上犹三县，另置为南安军（治所设在大庾县城），在赣南设置了两个地区级别的政治中心。南安军三县位于赣江西支章江沿线，控扼着赣江——大庾岭道水陆联运的驳接交通，它与同一时期临江军和南康军的建立有着极其重要的战略意义，将鄱阳湖——赣江——大庾岭道全线严密控制了起来。这不仅有利于对江西地区的统治，更有利于对江西以及岭南财富的攫取。①至道三年（997），虔州和南安军隶属江南路。天圣年间（1023—1031），分江南路为江南东路和江南西路，虔州和南安军隶属江南西路。绍兴二十三年（1153），虔州改名赣州。

建隆元年（960）十月，宋太祖定天下县望为望、紧、上、中、下五类，并令三年一注。元丰年间（1078—1085），赣南有8个望县、1个紧县、2个上县、2个中县，13个县共辖62个乡（表1-2）。相比唐代的57个乡来说，宋代赣南增加了5个乡，社会经济稳步向前发展。大观元年（1107），虔州升为望郡。

表1-2 宋神宗元丰年间赣南各县的县望和乡数②

县名	赣县	虔化	兴国	信丰	雩都	会昌	瑞金	石城	安远	龙南	南康	大庾	上犹
县望	望	望	望	望	望	望	望	紧	上	中	望	中	上
辖乡	6乡	6乡	6乡	5乡	6乡	5乡	4乡	2乡	4乡	6乡	5乡	5乡	2乡

元代，在赣南设置赣州路和南安路，隶江西行中书省。至元十五年（1278），为镇压文天祥抗元，将江西行省由南昌移至赣州。但随着文天祥抗元失败和崖山海战南宋完全灭亡，江西行省在至元十六年（1279）迁还

---

① 许怀林：《江西通史·北宋卷》，南昌：江西人民出版社2008年版，第12页。
② [宋]王存等：《元丰九域志》卷六，上海：商务印书馆1937年版，第274、284页。

南昌。元代地方统治机构主要是行省，但若有军事征伐则设枢密院。至元二十八年（1291），徙江西行枢密院于赣州。至元三十一年（1294），罢江西行枢密院，并入江西行中书省。大德元年（1297），升宁都县为州，领龙南和安远2县；升会昌县为州，领瑞金1县。由于升县设州的缘故，赣南县数少了2县。相比于宋代赣南的县望来说，元代赣南的县望明显下降：1个上县、3个中县、7个下县（见表1-3）。由于赣南是文天祥抗元的重要活动区域，战乱导致人口外流严重，使得县望下降。

表1-3 元代赣南各县的县望[①]

路名	赣州路							南安路		
州名					宁都州		会昌州			
县名	赣县	兴国	信丰	雩都	石城	龙南	安远	瑞金	大庾	南康	上犹
县望	上	中	下	下	下	下	下	下	中	中	下

明洪武七年（1374），改路为府，在赣南设置赣州府和南安府，领13县，隶江西布政使司。其中，赣州府领赣县、雩都、信丰、兴国、会昌、安远、宁都、瑞金、龙南和石城10县，南安府领大庾、南康、上犹3县。弘治八年（1495），设南赣巡抚以平定动乱，并在赣南大力推行乡约和保甲制度。南赣巡抚的辖区时有变动，大致而言主要管辖的是赣闽粤湘四省边界地区。正德十四年（1519），新增崇义县，隶南安府；隆庆三年（1569），新增定南县，隶赣州府；万历四年（1576），新增长宁县（后改名寻乌县），隶赣州府。明代，赣南县数增至16县。

清顺治初，因明制继续设置南赣巡抚。康熙四年（1665），撤消南赣巡抚。康熙十年（1671），置分巡赣南道，赣州、南安两府隶之。雍正九年（1731），改分巡赣南道为分巡吉南赣道，增辖吉安府。乾隆十九年（1754），升宁都县为宁都直隶州，同年改分巡吉南赣道为分巡吉南赣宁兵备道。乾隆

---

① 〔明〕宋濂等：《元史》卷六十二《地理志五》，北京：中华书局1976年版，第1513、1514页。

三十八年（1773），升定南县为定南厅。光绪二十九年（1903），新增虔南厅（后改名全南）。清代，赣南有赣州、南安、宁都三个地区级别的政治中心，领 16 县（厅），隶江西布政司使。其中，赣州府领赣县、雩都、信丰、兴国、会昌、安远、长宁、龙南、定南厅和虔南厅等 8 县 2 厅，南安府领大庾、南康、上犹、崇义 4 县，宁都直隶州领瑞金、石城 2 县。

表 1-4　赣南各朝的县数

（单位：个）

时期	汉	东吴	西晋	南朝宋	隋	唐	五代	宋	元	明	清
县数	3	6	5	8	4	7	11	13	11	16	16

创建县治，大致表明该地开发已臻成熟；而其设县以前所隶属之县，又大致即为开发此县动力所自来。[①] 通过表 1-4 可以看出：赣南县数虽然中间略有反复，但总体上呈现逐渐增多的趋势。汉唐五代，赣南社会开发起来，由 3 县增至 11 县。宋代，由于自身社会经济有了长足发展，赣南县数增至 13 县，且有虔州（赣州）和南安军 2 个政治中心。明清时期，伴随山区经济的开发，赣南县数进一步增多，并升宁都县为宁都直隶州。总之，赣南县数逐渐增多，并由 1 个政治中心发展为 3 个政治中心，反映出中央对赣南管辖渐趋严密和赣南经济社会的发展繁荣。

二、郡治变迁

汉高祖六年（前 201），为防范南越王赵佗，赣县的县城设在溢浆溪故城。1980 年 10 月，赣州市博物馆在赣州市南郊蟠龙镇武陵狮子岭发现了一座东汉初画像砖墓，从中出土了两幅人物活动的画像砖：一幅画像表现了墓主人生前召见臣属时，旁有侍女跪地执扇和左右两边各站立一名武士的生活场景；另一幅画像是二骑二从的官吏武士出行图。从出行图有两名

---

① 谭其骧：《长水集》，北京：人民出版社 1987 年版，第 404 页。

武士导从来看，墓主人的身份可能是东汉初年食禄三百石的赣县县长，或县长以下的官职。这两幅画像砖的出土，为研究汉朝时期赣南的政治设置和军事布防提供了形象的实物资料。[1]有学者据此推断溢浆溪故城在蟠龙镇一带。西晋太康（280—289）末年，赣县县城的城址发生了改变，由溢浆溪故城迁至葛姥故城[2]。《太平寰宇记》记载："晋太康末，洪水横流，忽有大鼓，随波而下，入葛姥故城，众力齐曳，蹲而不动，卜于其地置县吉，遂徙以就焉。"关于葛姥故城的位置，大多数学者认为在今天的赣州市水东镇虎岗村一带。

汉高祖六年（前201），为防范东越王，雩都的县城设在灌婴旧垒（又名灌婴城、东溪城），即今天的于都县县城。虽然汉武帝平定东越，但是作为东越余部的山越还存在威胁，雩都靠近福建可以就近镇压山越的反叛，所以三国吴嘉禾五年（236）设置庐陵南部都尉时治所选择在雩都的灌婴旧垒。

东晋永和五年（349），南康郡太守高琰（有的史书称高珪[3]）在章贡二水间始建赣州城（俗称赣州土城），并将郡治由雩都的灌婴旧垒迁至于此。郡治变迁的原因在于之前构成威胁的山越，被三国孙吴平定后已不复存在，因此赣南不再是进行统一战争的前哨地带，代之而起的是发展本地经济的重要任务。

东晋义熙六年（410）二月，卢循率众攻克南康郡，赣州城遭到了严重破坏。义熙七年（411），南康郡治徙于赣县水东。南朝梁承圣元年（552），赣州城作为郡治所在地重新确定并沿用下来，开始了长达千余年的城市建设。

唐贞元四年（788），虔州刺史路应对赣州城进行了修缮，"陶甓而城，

---

[1] 薛翘、张嗣介：《赣州发现汉代画像砖墓》，《江西历史文物》，1981年第3期。
[2] 葛姥城建城的时间是在东汉末年。据南朝梁人顾野王《舆地志》记载："葛姥者，汉末避黄巾贼，出自交趾，资财巨万，僮仆数千，于此筑城为家，没后有灵异，人立祠祈祷。"
[3] 《太平寰宇记》和《舆地纪胜》等写作高珪，《方舆胜览》、嘉靖《赣州府志》、天启《赣州府志》和《古今图书集成》等写作高琰。

罢民屡筑"①。所谓"陶甓",就是用石块和泥砌墙。此外,路应还对赣江十八滩水道和章江水道进行了整治疏通,改善了赣南的对外交通条件。

五代时期,出于军事目的,百胜军防御使卢光稠拓建赣州城,"开拓其南,凿址为隍"②。所谓"开拓其南"就是把城墙东南端扩展到笔峰山、东胜山山脊一带,西南端扩展到金圭岭丘陵上。所谓"凿址为隍"就是开挖护城濠,其范围东起百胜门与贡江相通,经镇南门至西津门与章江连接。卢光稠还在城北贺兰山(俗称田螺岭)一带建衙署、在城南建拜将台(位于赣州市儿童公园内)。

宋初以前,赣州城的城墙是泥石结构。每当江水暴涨,赣州城内常受洪水侵扰之苦。嘉祐三年(1058),鉴于"城滨章、贡两江,岁为水啮",虔州知州孔宗翰组织民众"伐石为址,冶铁锢之",把泥石城墙铸造成砖石城墙。③苏轼称赞道:"始作石城,至今赖之。"砖石城墙的修筑,有利于提高防洪抗洪能力。之后,赵善继、赵公俛、郑信之、张贵谟、梁继祖、高夔、杨长孺、陈辉、周必正、聂子述等对赣州城进行了修缮。其中,绍熙二年(1191)十二月三十日,知州高夔因筑城有功受到朝廷的嘉奖。

明清时期,由于兴学、雨圮、风水、舆论、动乱和地理位置等原因,不断增修的赣州城越来越气象雄伟。清代初期,荷兰贸易使团管事约翰·尼霍夫来到赣州,被赣州城的城市建设和繁华景象所震惊,他在《荷使初访中国记》一书中写道:"赣州城是中国最有名的城市之一。"

在古代,一个区域的郡治所在地,自然是该区域的政治、经济和文化中心。赣县、雩都和赣州城作为早期赣南的郡治所在地,开发最早,为赣南社会经济的发展奠定了基础。诚如宋人周颂所言:"邑自先汉距今千余载,民日

---

① 〔宋〕王象之:《舆地纪胜》卷三十二,北京:中华书局1992年版,第1431页。
② 嘉靖《赣州府志》卷五,上海:上海古籍书店1962年影印,第221页。
③ 〔元〕脱脱等:《宋史》卷二百九十七《孔宗翰传》,北京:中华书局1977年版,第9885-9886页。

图 1-1 《荷使初访中国记》中的赣州插图

以庶，业殷而俗醇。"①

三、开发过程

人口状况是观察古代区域开发程度的重要指标。虽然古代各朝关于户口数统计的标准不尽相同，但它大致可以反映出某地人口的消涨情况、社会开发程度和政府对地方的管控能力。

秦汉时期，没有赣南户籍的资料，但有移民迁入的文献记载，如秦时戍边大庾岭的谪徙民、汉时驻防大庾城的庾胜兄弟及其兵将、躲避黄巾起义的葛姥家族、自称柴侯之后的刘叔乔等。他们与赣南土著杂居共处，对赣南社会的开发和民族间的交往具有积极意义。

《晋书·地理志》最早记载了赣南的户口数。西晋太康年间（280—289），赣南户数为1400户。南朝宋大明八年（464），赣南户口数为4493户、

---

① 赣州地区地方志编撰委员会：同治《赣州府志》卷十二《雩山庙记》，1986年重印本，第479页。

34684口。经过近两百年的发展，赣南户数增长了三倍多。除政府控制的人口外，地方土著酋豪也掌控着大量人口。西晋太康八年（287）冬十月，南康平固县吏李丰自号将军，聚众攻打郡县。东晋建武年间（317—318），南康人何钦聚众数千人，江州刺史王敦擅自用为四品将军。南朝宋泰始元年（465），江州刺史晋安王刘子勋在浔阳称帝造反时，赣县县令萧赜不从，率部曲百余人在揭阳举兵起义，后聚众至三千人。梁大宝元年（550）正月，陈霸先在始兴郡起兵讨伐侯景之乱过大庾岭时，南康豪酋蔡路养率二万部众拒之。此外，六朝时期在赣南境内还分布着一些少数民族：如属于越族系统的山都木客散居于深山密林间，属于俚僚系统的揭阳蛮由粤北迁入赣南后活动频繁。以上这些记载，反映出六朝时期赣南还存在大量尚未纳入编户齐民的人口。

南朝陈太建六年（574）三月癸亥，陈宣帝下诏："南康一郡，岭下应接，民间尤弊，太建四年田租未入者，可特原除。"[1] "岭下应接"指的是差事频繁，它造成了南康郡役繁赋重的社会问题。这个记载虽然反映的是政府暴政的一面，但从侧面反映了六朝时期大庾岭沟通南北的重要作用显现出来，"通道交广，此其襟喉"[2]。南朝齐时，南康郡被称为"三州喉舌"，需派遣治干能臣进行管理。可见，正是因为"通道交广"的地理位置，大庾岭成为中央联系岭南的交通枢纽，其职能也主要由军事控扼向社会经济文化交流转变。

隋大业五年（609），赣南户数上升到11168户。隋末战乱，赣南户数有所下降。唐贞观十三年（639），赣南有8994户、39901口。经过承平时期的发展，唐玄宗时期赣南户口数大幅度增长，开元时期（713—741）有32837户，天宝元年（742）有37647户、275410口。户口数的大量增加，旧有的4县统辖显得力不从心，于是增设了信丰、大庾、安远3个新县。元和时期

---

[1] 〔唐〕姚思廉：《陈书》卷五《宣帝传》，北京：中华书局1972年版，第87页。
[2] 〔宋〕王象之：《舆地纪胜》卷36，北京：中华书局1992年版，第1537页。

（806—820），赣南有 26260 户，相比之前的户数有所下降。户口数下降的原因是安史之乱后中央权力下降，统一的户口制度已不能施行于全国，两税法的推行又复使所申报户口亦多趋不实，而且趋于偏低。[1]安史之乱和黄巢起义时，还有可观的外来人口迁入赣南，如山西古、浙江黎、洛阳丘、彭城刘、太原温、沛国朱、博陵崔、陈留孙、长安杨、颍川陈等等。人口增加是社会经济发展的重要表现。咸通十三年（872）五月三日，虔州孔目蔡词立提出赣南"有兵车之繁，赋役之重"[2]。同时，相较于之前火耕水耨、好巫信鬼的社会面貌，隋唐时期赣南开始养成重学兴教的社会风气。

北宋初年，赣南户数为 85146 户，其中主户 67810 户、客户 17336 户。宋代户口有主户和客户之分，"税户者（指主户）有常产之人也，客户则无产而侨寓者也"[3]。简单地说，宋代的主户是指拥有土地并承担国家赋役的那些人，客户是指没有土地也不承担国家赋役的那些人。主户和客户之分不是一成不变的，客户如果一旦占有土地或者承担赋役，即可上升为主户。宋初，赣南客户占总户数的 20.36%，比重相对较轻，反映出赣南社会进一步开发的潜力巨大。经过百余年的增殖，元丰三年（1080）赣南户数达到 133929 户，其中虔州主户 81621 户、客户 16509 户，南安军主户 34024 户、客户 1775 户。这一时期，赣南客户占总户数的 13.65%，比重进一步下降，反映出赣南社会整体发展的态势良好。

崇宁元年（1102），赣南的户口数大幅度增加，有 310153 户、757709 口。其中，虔州有 272432 户、702127 口；南安军有 37721 户、55582 口。据此推算，崇宁元年虔州每户平均口数约为 2.58 人，南安军每户平均口数约为 1.47 人。每户平均口数只有一人多或两人多，显然是不合情理的。这里的"口数"宜作"丁数"理解[4]，统计的是纳税的人口。

---

[1] 陈金凤：《江西通史·隋唐五代卷》，南昌：江西人民出版社 2008 年版，第 92 页。
[2] 〔宋〕李昉等：《文苑英华》卷八百六，影印文渊阁四库全书。
[3] 〔清〕徐松：《宋会要辑稿》食货一二之十九至二十，北京：中华书局 1957 年版，第 5017 页。
[4] 许怀林：《江西史稿》，南昌：江西高校出版社 1993 年版，第 253 页。

绍兴年间（1131—1162），赣州有120985户；淳熙年间（1174—1189），赣州有293344户、519320口；宝庆年间（1225—1227），赣州有321356户、639394口。需要指出的是，淳熙年间赣州每户平均口数约为1.77人，宝庆年间赣州每户平均口数约为1.99人，这两个时期的口数宜作丁数理解。从记载的数据来看，南宋时期赣州的户口数要比北宋崇宁元年的户口数少。但是，如果综合动乱、科扰、移民等因素，南宋时期赣南的实际户口数远远不止这些。靖康之变后，当时盛传"蜀不足于地，江西不足于民"[1]，因而吸引了大量人口迁入江西，时称"东北流移之人布满江西"[2]、"西北流寓之人遍满"[3]。宋人曾丰在《贺赣守莫郎中启》中用"惟今之赣，盖迫于蛮"来形容当时的赣南社会。曾氏文中的"蛮"字，可以有多种解释：从经济层面来看，承担赋税称为省民，而不承担赋税的称为蛮。从社会层面来看，"蛮"指的是王化之外的百姓，即不受政府掌控的人口，这些化外之民是赣南动乱产生的重要原因之一。从民族层面来看，"蛮"泛指当地的少数民族，如史书中记载的蛮、瑶、畲、獠、峒等。从移民的角度来看，"蛮"代指外来人口，即相对于土著而言的移民。虽然关于"惟今之赣，盖迫于蛮"的理解不同，但南宋时期大量移民迁入赣南是个不争的事实，对赣南社会产生了深远的影响。宋代，赣南户口数大幅度增加的原因，在于自身环境的改善、社会经济发展和政治地位的提升。

元世祖至元二十七年（1290），赣南户数为121898，口数为588814。其中，赣州路有71287户、285148口，南安路有50611户、303666口。元代，南安路（辖3县）的户口数不仅比之前的户口数大为增加，而且第一次也是唯一一次在口数上超过了赣州路（辖8县）。赣南是文天祥抗元的重要活动区域，战乱导致人口大量外流，在一定程度上破坏了赣南社会经济良好发

---

[1]〔宋〕张耒：《张耒集》卷60《吴天常墓志铭》，北京：中华书局1999年版，第892页。
[2]〔宋〕李纲：《梁谿集》卷一百一《条具防冬利害事件奏状》，影印文渊阁四库全书。
[3]〔宋〕庄绰：《鸡肋编》卷上，北京：中华书局1983年版，第36页。

展的社会环境。

关于明代赣州的户口数，清人周令树在《重刻赣州府旧志序》指出："明洪武初，户以八万二千计，口以三十六万六千计。永乐减其半，成化再三减其一。弘治中过成化，而不及永乐。"以永乐二十年（1422）和成化十八年（1482）为界，可将明代的赣州分作三个时期。明初赣州户口数比元代赣州户口数多，并在永乐十年（1412）达到最高值，反映了赣州人口的自然繁殖和恢复。永乐二十年之后赣州户口数虽有减有增，但整体呈螺旋式下降的趋势，其中以永乐二十年和成化十八年下降最为明显，特别是成化十八年赣州的户口数降至最低值。明代中期，鼠疫流行、军屯弊病丛生和赋役过重等原因导致赣南人口大量外流。成化十八年之后，赣州户口数整体又呈增长的趋势。明代中期赣南人口持续外流造成地广人稀，明代后期反过来吸引了江西中部和北部地区，以及闽西、粤东北等周边地区的人口倒迁回赣南。移民回迁与土著居民产生矛盾，从而使赣南社会动乱更加频繁。需要注意的是，明代后期赣州户口数虽然呈增长的趋势，但统计数据仍未恢复到明初赣州的户口数水平。

清嘉庆二十五年（1820），赣州府有402029户，滋生丁口数为2513237口，原额丁口数为59889口。南安府有140628户，滋生丁口数为620575口，原额丁口数为8650口。宁都直隶州有131529户，滋生丁口数为834511口，原额丁口数为17671口。由于清代实行"滋生人丁，永不加赋"和"摊丁入亩"的政策，大量隐匿人口被统计进来，政府控制的户口数与实际户口数更为接近。户口数的大量激增，超过了早先已开发区域的环境人口容量，过剩人口流入赣南边远山区。乾隆时期，"闽粤之能种山者，携眷而来，自食其力，百工技艺角材而竞利"，甚至在赣南出现了"深山荒谷，则粤闽侨居"[①]的社会现象。清代，赣南山区商品生产活跃，在蓝靛、烟草、甘蔗、花生、茶油、粮食和竹木等方面繁荣起来，进一步促进了赣南各级市场的

---

① 乾隆《赣州府志》卷十七《户口》、卷二《风土》，中国国家图书馆馆藏。

图 1-2　章贡两江汇流成千里赣江（胡江涛摄）

发展和成熟。

综上所述，秦汉六朝是赣南社会的奠基时期，为各县的发展开创了条件。隋唐五代是赣南社会面貌改观时期，开始养成重学兴教的社会风气。宋代是赣南社会经济快速发展时期，各县相较之前普遍发展起来。元明清是赣南社会经济全面发展时期，山区经济发展活跃。

第二节　山川形胜

赣南境内山峦重叠、丘陵起伏、溪水密布、河流纵横，形成山环水绕、山清水秀的地理环境。"山为翠浪涌，水作玉虹流。"赣州城外，东有武夷山

脉、西有罗霄山脉、南有九连山脉，同时章江和贡江夹城而流，在城北龟角尾处合流成赣江。赣州城内，"三山五岭"相互缠绕。山环水绕的地理特征，为赣州城市文化的塑造提供了创意空间。

一、于文为赣

赣南历史文化悠久，在四五千年前就有先民在此繁衍生息。先秦时期，赣南的土著居民为赣巨人。《山海经》记载，赣巨人的特征是人面长臂、黑身有毛、脚跟反向、唇蔽其面。东晋郭璞解释道："南康（郡）今有赣水（指赣江），以有此人，因以名水。"[1] 郭氏不仅指出了赣水（赣江）因赣巨人而得名的史事，而且从侧面反映了赣县的得名也缘于赣巨人。

在上海博物馆收藏的战国古印中，有一方刻有"上赣君之证鈢"五字的

---

[1] 〔晋〕郭璞：《山海经》卷十八，影印文渊阁四库全书。

图1-3 上海博物馆藏"上赣君之证鉨"的战国古印

古印（见图1-3）。① "鉨"字，亦作"鈢"，系"玺"的古字，这枚上赣君的印玺应为赣江上流的君长印，也就是说战国时期楚国的势力已扩及赣南，并可能在此设置君长，以加强其统治。② 由此类推，因为先有赣巨人，所以楚在羁縻赣南时设上赣君进行统治。汉高祖六年（前201），因人名县，设县时取名为赣县。

南朝宋人刘澄之提出：赣县"县东南有章水（指章江），西有贡水（指贡江），县治二水之间，二水合'赣'字，因以名县焉"③。刘氏的观点对后世影响深远。唐人李吉甫在《元和郡县图志》中记载："贡水西南自南康县来，章水东南自雩都县来，二水至州北合而为一，通谓之赣水，因为县名。"④ 刘澄之和李吉甫认为贡水源自南康、章水源自雩都，这与后世的观点相左。另据宋代《章贡志》的记载：贡水即东江也，章水即西江也，两水之会为赣水。

---

① 上海博物馆：《上海博物馆藏印选》，上海：上海书画出版社1979年版，第2页。
② 彭适凡：《江西通史·先秦卷》，南昌：江西人民出版社2008年版，第244页。
③ 〔北魏〕郦道元：《水经注》卷三十九，影印文渊阁四库全书。
④ 〔唐〕李吉甫：《元和郡县图志》卷二十八，北京：中华书局1983年版，第673页。

即贡水源自雩都，章水源自南康，这与后世的观点一致。对于两书抵牾的记载，宋人王象之解释道："二者名字之差，皆因汉志有湖汉水、彭水之名，而后人强合于章、贡二水，是致相乱。"①可见，章水和贡水的得名是后人为附会"赣水"（即赣水、赣江）而命名。

其实，北魏人郦道元在《水经注》中就指出刘澄之因赣水名赣县的说法是错谬的，"刘氏专以字说水，而不知远失其实矣"。宋人欧阳忞也不认同因赣水名赣县的观点，他在《舆地广记》一书中提出："后人因'赣'字以湖汉水为'贡水'，彭水为'章水'。而刘澄之遂以为章、贡合流，因以名县，盖失之矣。"在汉代，章水叫彭水，贡水叫湖汉水，赣水叫豫章水。东晋时期，为附会赣巨人（"以有此人"），将豫章水改名为赣水（"因以名水"）。有学者对历代出土的相关墓志和铭文砖进行对比，提出："今据一九五六年南京发现的东晋王兴之夫妇墓志，以及赣南出土的唐、宋以后的墓志对赣字的写法，特别是赣州宋代城砖的铭文明确记载为章、贡城砖，说明在一千五百多年前的东晋时期，把赣南的政治中心移到赣县才以章、贡二水作为地名。这与汉代的赣县取名含义，是完全不同的。"②

南北朝时，为附会赣水，又将湖汉水改名章水、彭水改名为贡水。这种观点虽然得到了唐代时人的认可，但由于地理"辨方正位"不同的缘故而有差异。宋代，时人对于章水、贡水和赣水的名称指代形成了一致的认识。宋仁宗嘉祐六年（1061），虔州知州赵抃在《章贡台记》中写道："江右遐陬，南康古郡。水别二派，来数百里。贡源新乐，章出大庾，合流城郭，于文为赣。"古代地理坐北朝南以西为右，因位于长江下游以西，江西又被称为江右。宋人常用"赣川""章贡"代指虔州（赣州），如"章贡澄清，暂作龟鱼之主""眷章贡之筦籥，实闽粤之咽喉"等。章江位于赣南西部，发源于崇义聂都山，自大余东流折北经南康会上犹诸水，至城北龟角尾合贡江，全长

---

① 〔宋〕王象之：《舆地纪胜》卷三十二，北京：中华书局1992年版，第1418页。
② 薛翘、刘劲峰：《考古发现与赣南古代史》，《南方文物》，1986年第S1期。

259 公里。贡江位于赣南东部，发源于汀州新乐山，西经瑞金，南过会昌，北会宁都、石城、安远、于都、兴国、信丰、龙南诸水，至龟角尾合章江，全长 255 公里。赣州城西南高、东北低，章、贡两江夹城而流，在城北龟角尾处汇流成赣江，蜿蜒北向注入鄱阳湖。

宋高宗绍兴二十二年（1152）七月丁巳，东南第六将齐述、黄明等将校对步军司差官在虔州选兵（时称"拣兵"）不满，杀殿前司统制吴进和江西同统领马晟，据虔州城叛。宋人朱翌《章贡纪功碑》记载，齐述兵变时"以八营四千人叛，协制者二千人，附贼者又二千人"[①]。八月己卯，宋高宗遣鄂州都统制田师中发兵同江西安抚使张澄、殿前司游奕军统制李耕讨伐。九月乙未，宋高宗又遣左翼军统制陈敏协助讨伐。十一月丁巳，李耕攻入虔州城平定叛乱。此次兵变，史称齐述兵变。齐述兵变平定后，虔州改名赣州。《宋史·高宗传》记载：绍兴二十三年（1153）二月，"庚午，脔虔州军贼黄明等八人于都市。辛未，改虔州为赣州"[②]。改名的原因是因为宋高宗建炎、绍兴年间，"虔寇纷纷"令朝廷不安。绍兴二十三年（1153）正月二十二日，秘书省校书郎董德元认为虔州这个名称不是佳名，"虔"含有"杀"的含义（"应杀虔之义"），为去其不令之名，"取章、贡二水合流之义"，提议虔州改名赣州。经过中书省诸大臣的议定，为求禳灾，虔州改名赣州。

总之，早期生活在赣南大地的是赣巨人，因人名县，楚设上赣君对赣南进行羁縻统治，西汉设县时取名赣县。东晋时期，因人名水，将豫章水改名为赣水。南北朝时期，为进一步附会赣水，又将彭水和湖汉水改名为章水和贡水。但是，由于未形成统一的观念和地理"辨方正位"的不同，时人对章、贡二水的认识与后世的观点相左。北宋时期，章、贡二水的名称指代最终确定下来，即东江为贡水（即贡江），西江为章水（即章江），两水合流为赣水（即赣江）。南宋初期，统治者取章、贡二水合流之义，因水名州，改

---

① 嘉靖《赣州府志》卷十一，上海：上海古籍书店 1962 年影印，第 618–621 页。
② 〔元〕脱脱等：《宋史》卷三十一，北京：中华书局 1977 年版，第 577 页。

虔州为赣州，并沿用至今。

二、城市形象

赣州城，又叫虔州城、虎头城、章贡、赣城、赣州府城，即今天赣州市章贡区河套老区域。赣州城始建于东晋，兴盛于宋代，定型于明清。

宋代的赣州城分里城（即内城）和罗城（即外城）两个区域。由于虔州的"虔"为"虎"字头，宋人喜欢称虔州城（赣州城）为虎头城。如"虎头城里人烟阔，马祖岩前气象豪""有山郁而孤，雄踞虎头势""虎头山下路，挥泪忆虔州"等。同时，因观察角度不同，在城市形象的建构上，宋代赣州城的形制有两种观点。一种是从实际的地理形状来描述，认为赣州的罗城形如偃月状。宋代《章贡志·城池》记载："章贡州府城，里城始筑无所考。周三里百有十步，崇丈有八尺三分，其崇去一以为广，西北距罗城如偃月状云。"[①] 所谓偃月状，指横卧形的半弦月形状。另一种是以城内最高处郁孤台为观察角度，认为赣州城形似"龟首""鳌背"。宋理宗宝庆三年（1227），知州聂子述重甓赣州城和重建郁孤台时，认为赣州城形似龟首，提出郁孤台"踞龟首之穹窿，映虎城之突兀。崆峒对耸，章贡交流"[②]。另宋人王象之《舆地纪胜》记载："郁孤台，在郡治隆阜，郁然孤起，平地数丈，冠冕一郡之形胜，而襟带千里之山川。登其上者，若跨鳌背而升方壶。"赣州城三面环水，他山来抱，在风水上被视为是"前有照，后有靠，山环水抱，藏风聚气"的宝地。崆峒山（即今天的峰山）是赣州城外的最高峰，"章贡二水夹以北驰"，并与城内的郁孤台南北相望，被时人认为是"盖州治地脉之母也"[③]。聂子述还将部分城门改名为西津门、镇南门和兴贤门，并受金鲫鱼池谶文的影

---

① 马蓉等点校：《永乐大典方志辑佚》，北京：中华书局2004年版，第2035–2036页。
② 〔元〕刘壎：《隐居通议》卷二十三《聂侍郎上梁文》，上海：商务印书馆1937年版，第235页。
③ 〔宋〕王象之：《舆地纪胜》卷三十二，北京：中华书局1992年版，第1421页。

响在凤凰池上建凤凰亭。以上两种形制都对明清时期赣州城市形象的塑造和重构产生了影响。

元初,诏"天下城池无修",赣州城渐就毁圮。元顺帝至正十二年(1352),监郡全普庵撒里重修赣州城。元末,陈友谅攻陷赣州,继修赣州城。

明初,根据"章贡夹流,崆峒前朝,三阳枕后"①的山川形势,赣州城被修筑成南衍北锐的形制。城南有崆峒山作为文案山、望山和向山,城北不仅有三阳山②作为靠山、座山,而且章江和贡江汇合成赣江,这与"头枕大山、脚蹬大川"和"山管人丁水管财"的风水理念相契合。

明代中期,时人在南衍北锐形制的基础上,结合宋代形似龟首、鳌背的观点,把赣州城筑造成龟形(见图1-4)。嘉靖《赣州府志》记载:"赣据江右之上流,崆峒峙其前,三阳枕其后,章贡二水缭绕乎左右,而郁孤台屹立乎中,诚一方之壮观也。"最早的实物货币被称为龟币,隐喻为才或财,这与明时兴学求才的实际需求相一致。从左右龙虎二砂来看,城西对岸水西一带有西隐山(又名佛岭)、城东对岸水东一带有马祖岩,这与古人"左青龙,右白虎,青龙要比白虎高"的风水理念相符。西隐山成为继马祖岩后明人游览的新去处。同时,郁孤台是赣州城内的最高处,有利于增高赣州的文风。不过,此时赣州城的龟形还不够完善,龟头和龟尾不是很明确。

明代后期,赣州城的城市形象明确下来,被筑造成通天大龟形。天启《赣州府志》记载:"旧传赣郡城为通天大龟形,十县为蛇形,号十蛇聚龟。"十县指的是明时赣州府下辖的赣县、于都、信丰、兴国、会昌、安远、宁都、瑞金、龙南和石城。有意思的是,天启《赣州府志》收录的赣州《郡治图》(见图1-5)和《郡境图》(见图1-6)有明显的差异,哪座城

---

① 嘉靖《赣州府志》卷一,上海:上海古籍书店1962年影印,第74页。
② 三阳山是位于赣州城北靠近水西一侧的山脉,由蛤湖崇、摇篮寨、笔架山、狐狸山等组成。

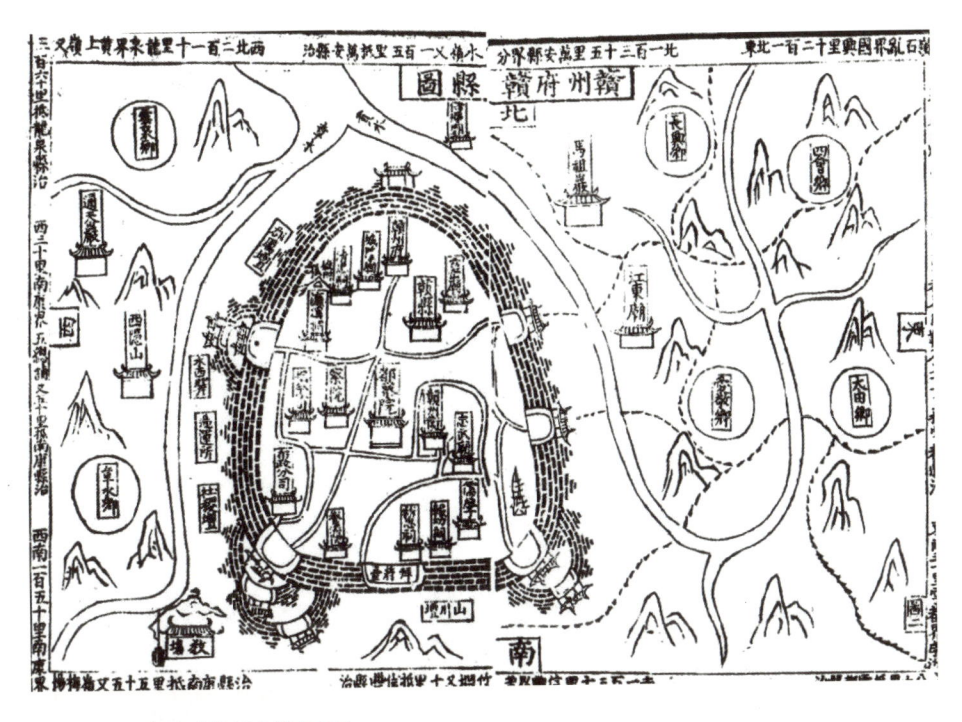

图 1-4 明嘉靖《赣州府赣县图》

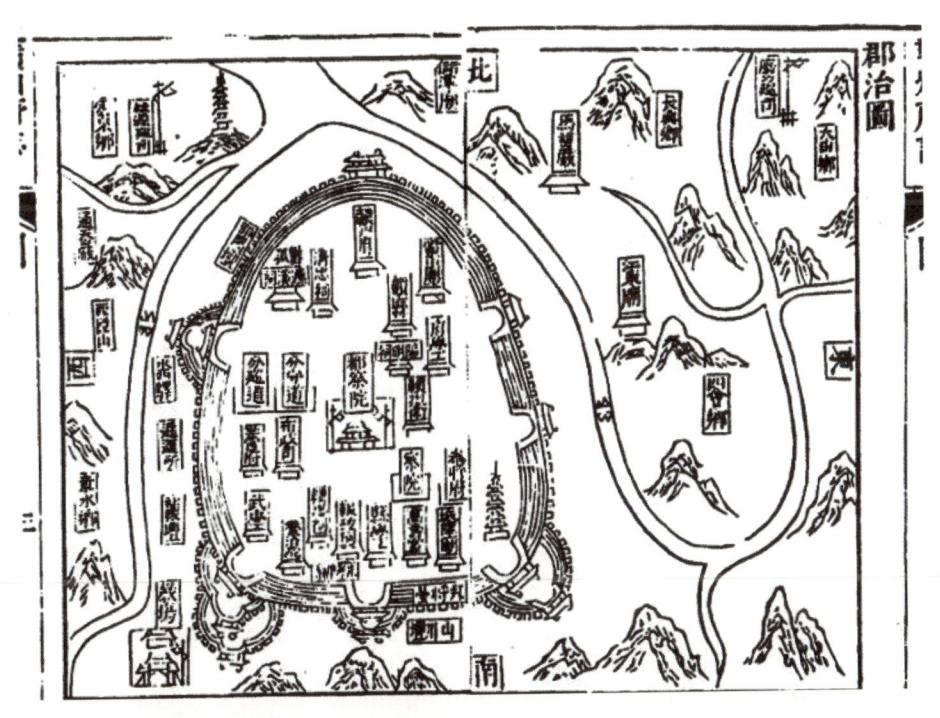

图 1-5 明天启赣州《郡治图》

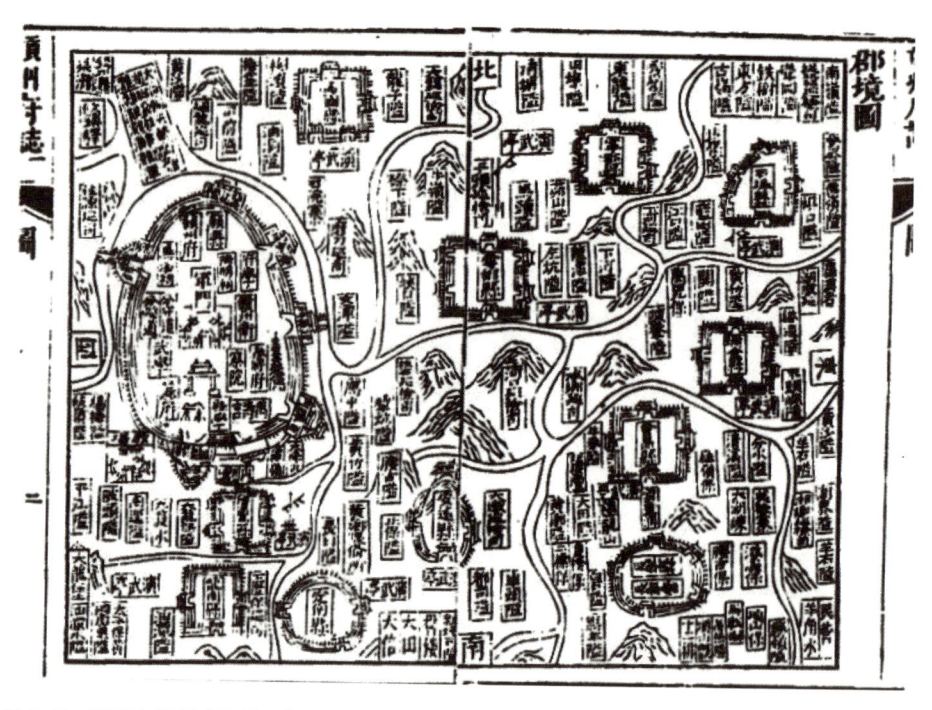

图 1-6　明天启赣州《郡境图》

门作为通天大龟形的乌龟头都存在争议。

　　赣州城在宋代就设置了兴贤门，为明代附会编造故事提供了历史依据。兴贤门，旧名化远，俗呼小南门，南宋时知州高夔改名进贤、聂子述又改名为兴贤门，后遭毁圮。《舆地纪胜》记载："景德寺，在州东南隅，地势夷旷，瞰槛城南山水。"景德寺位于笔峰山一带，凭槛可以远望城南的崆峒山。明宪宗成化二年（1466），知府曹凯见景德寺"其地隆高亢爽，后接郁孤台，前对崆峒山，山势耸拔如卓笔状"，于是"召寺僧以府学易之"。[①] 明代，赣南的科举一直不兴盛，早先的"金鲫鱼池"的谶文并不灵验，遂又附会出"山势耸拔如卓笔状"的说辞，希望文风能够兴盛起来。于是景德寺一带被

[①] 嘉靖《赣州府志》卷十一，上海：上海古籍书店 1962 年影印，第 658 页。

称为笔峰山（今赣州市第一中学的后院高地），郁孤台下的贺兰山（俗称田螺岭）改名为文壁山、文笔山。嘉靖四十一年（1562），出于兴学的需求，南赣巡抚陆稳听信了风水先生的解释（"形家言是门有关风水"），在笔峰山外增开兴贤门。这样的话，赣州城是上水龟形，意为才气回流，即赣州的文运、才气和财气会留在当地，而不是随江外流。受此影响，府学、县学、濂溪书院、阳明书院、武庙、文庙等相继落户于此。由于三阳山的缘故，明人将赣州城北赣江西侧视为水口砂，明神宗万历年间（1573—1619）还在水口处建了一座风水景观塔，取名玉虹塔（俗称白塔）。可见，赣州《郡治图》将兴贤门视作乌龟头是从山川形势来设计的。

明代后期，中国处于小冰河期，南方地区降雨频繁。频繁的降雨导致兴贤门屡修屡圮，不利于风水的积聚，所以赣州《郡境图》将镇南门视作乌龟头。赣州城外不仅有赣江、章江和贡江三江环绕，而且有三角对三潭的自然景观，即镇南门外的营角对章江上的欧潭、百胜门外的磨角对贡江上的文潭（又称汶潭）、北门外的龟角对赣江上的储潭，从而形成了"三龙汇三潭，三角对三潭"的九九归一的风水格局。对于三处角状地形，明人认为尖角之利容易引发动乱，而深潭之水可以化去尖角之利，"三角对三潭"还蕴含了祈福求和、钟灵毓秀的观念。关于"三龙"，一说指三江，另一说指三山。赣州城外武夷山脉、罗霄山脉和九连山脉交汇，分别延伸至文潭、储潭和欧潭，从而形成了"三龙汇三潭，三水绕三山"的山水缠绕的风水格局。可见，赣州《郡境图》将镇南门视作乌龟头是以地形特征为根据的。

清代，赣州城通天大龟形的城市形象（见图1-7）被重新解释。明代的靠山重视西北方向，即乾为开门；清代的靠山重视东北方向，即艮为生门，这两个门是《周易》八门中的吉门。乾隆《赣州府志》记载："赣城踞西江之上游，左贡江而右章水，前崆峒而后储山，为东南一大郡。"赣州城的靠山由三阳山转变为储山。储山不仅"俯临清潭，作两江之砥柱"，而且远对笔峰山，与城内"三山五岭"相缠绕（"三山五岭罗布于其中"），有利于山环水绕、藏风聚气。这里的"三山"指的是"城内三山"，即笔峰山、东胜

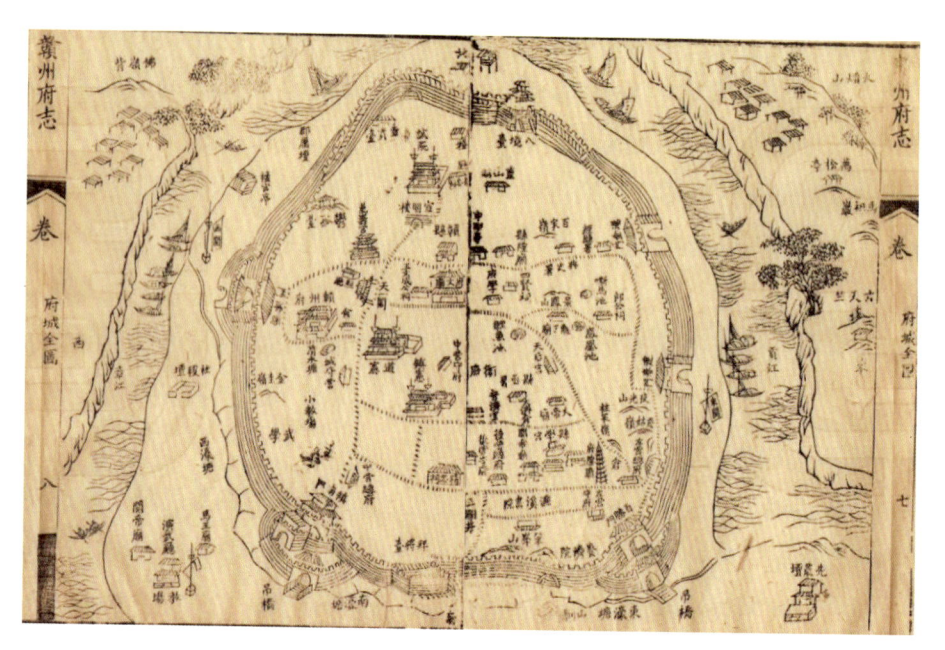

图 1-7　清乾隆赣州府《府城全图》

山和夜光山;"五岭"指的是"城内五岭",即田螺岭、百家岭、桂家岭(今南市街南段东侧)、狮古岭(今慈姑岭)和金圭岭(今新赣南路西段南侧)。由于储山的缘故,清人将赣州城北赣江东侧视为水口砂。康熙《赣县志》记载:笔峰山"外俯视一城,远对水口储水诸峰"。于是赣州城通天大龟形的城市形象定型下来(见图1-8),即镇南门视作乌龟头,有南门头之称(今南门口一带);而尾巴在城北八境台下章、贡两江合流为赣江处,故称龟角尾(清称龟尾塘)。

清代,"十蛇聚龟"的故事内涵也发生了改变,由附会10个县变成了附会10条河。为避免新增县城的尴尬,清人将10条河隐喻为十蛇。这里所说的10条河是大余的章江、上犹的上犹江、龙南和信丰的桃江、兴国的平江、于都的贡江、宁都的梅江、石城的琴江、安远的濂江、会昌的湘江、瑞金的绵江。在传统理念中,水被隐喻为财或才,这与兴学求才的愿望相契合。需

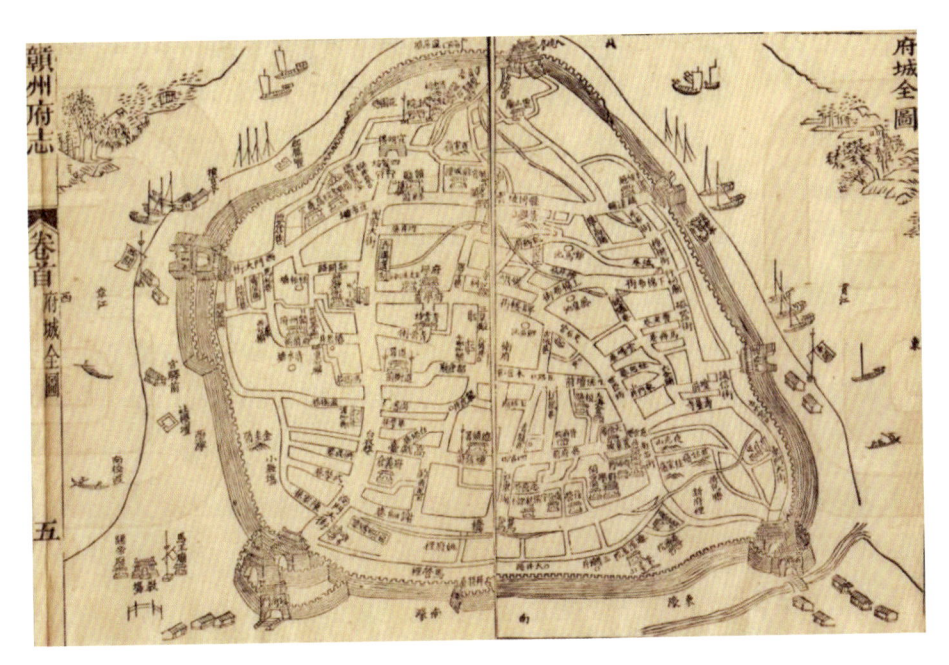

图 1-8　清同治赣州府《府城全图》

要指出的是，清顺治十七年（1660）分守岭北道汤斌在重刻天启《赣州府志》时明确指出："十蛇聚龟之谭，传出郭璞，诡而不可信。"[1] 不过，"十蛇聚龟"广为流传，且被接受，成为津津乐道的传说故事。

综上所述，自宋以来赣州的城市形象丰富起来，城形最终定型为通天大龟形。通过城形的变化，我们还可以发现古人选址的智慧，赣州城市的发展是一个不断"南移东扩"的过程，为今天赣州新区的选址和建设提供了历史经验。

三、生态环境

赣南的地理形态以山地和丘陵为主，有"八山半水一分田，半分道路

---

[1] 天启《赣州府志》，北京：书目文献出版社 1998 年版，序第 6 页。

和庄园"的说法。赣南山峰环列,东北横卧着武夷山脉,南方盘亘着南岭山脉、大庾岭、九连山,西北盘踞着罗霄山脉的诸广山等,众多山脉及其余脉逶迤伸展,形成周高中低、南高北低的地势。由于山峦重叠、丘陵起伏的地貌特征,山区经济的开发对赣南社会的发展具有重要的意义。

宋代建昌军南城人(今江西南城)李觏从自然气候地理等方面解释了虔州与吉州人文上的差异,提出因为"疑其负南越,袭瘴蛊余气"[1],导致了虔州文化不如吉州兴盛。李氏的观点有失偏颇,一个"疑"字反映了他并不了解赣南烟瘴的具体情况,只是主观认为靠近岭南的赣南烟瘴也很严重。

大中祥符三年(1010),久处烟瘴之地的马亮上旨请求外调,被宋真宗任命为虔州知州以安其志。临川人(今江西抚州)晏殊在为马亮写墓志铭时记载了这件事,并议论道:"南康奥区,生齿繁伙。"[2]晏氏文中的"南康"是用古郡名来代指虔州。马亮是历经宋太祖、宋太宗和宋真宗三朝的元老重臣,把他安置在生齿繁伙的虔州不仅满足了其移莅烟瘴之地的请求,而且体现出宋真宗对于太宗府邸旧臣的重视。可见,李觏夸大了赣南烟瘴的严重性。

稍晚于李觏的方勺,以亲身经历详细记载了赣南的烟瘴情况,提出赣南的烟瘴主要分布在龙南和安远。方勺,字仁声,婺州金华(今浙江金华)人,宋哲宗元祐(1086—1093)初任虔州管勾常平。任职期间,方勺曾亲临龙南和安远,"季点到邑,皆留数日"。方氏认为二地的烟瘴并不可怕,"大抵此地惟水最毒",官员经过此地常自备佳泉以防避瘴毒。[3]

其他史料也有宋代烟瘴主要分布在龙南和安远的记载。《宋史》记载:"赣有十二邑,安远滨岭,地恶瘴深,谚曰:'龙南、安远,一去不转。'言

---

[1] 〔宋〕李觏:《李觏集》卷二十三《虔州柏林温氏书楼记》,北京:中华书局2011年版,第265页。

[2] 〔宋〕杜大珪:《名臣碑传琬琰之集》中卷一《马忠肃公亮墓志铭》,影印文渊阁四库全书。

[3] 〔宋〕方勺:《泊宅编》卷中,北京:中华书局1983年版,第82页。

必死也。"宋人曾敏行《独醒杂志》的记载更为详细："赣之龙南、安远，岚瘴甚于岭外。龙南之北境有地曰'安宁头'，言自县而北达此地，则瘴雾解而人向安矣。"宋高宗绍兴元年（1131），江南西路监司提出废并龙南县以避瘴疠，但遭到虔州知州高夔的反对而没有实施。宋宁宗庆元四年（1198）十二月四日，赣州知州彭演认为龙南、安远二县的瘴疠比岭南州县更为严重，提出将二县的县令徙往邻县的建议，也未被采纳。

赣南烟瘴屡屡见诸宋人笔端，究其原因在于以下几个方面：

第一，传统看法。在唐人眼中，赣南是生态环境恶劣和烟瘴严重的地区。沈佺期在《遥同杜员外审言过岭》诗中写道："天长地阔岭头分，去国离家见白云。洛浦风光何所似，崇山瘴疠不堪闻。"这反映了隋唐时期赣南是偏远荒僻的地方，与中原地区的隔阂仍然很深。唐以降，由于之前崇山瘴疠给人留下了深刻的印象，形成了刻板效应，所以赣南烟瘴严重的观念在宋代依然流传。不过，伴随人口的增加和社会经济的发展，宋代赣南的生态环境相应地改善，烟瘴退居于龙南和安远等边远地区。

第二，宋人观念。现代研究指出，瘴病主要是指恶性疟疾一类的传染病，它主要发生在热湿的气候环境和夏秋季节。[①] 不过，宋人所说的"瘴"，与恶性疟疾不同，主要泛指伤寒之疾。宋人周去非在《岭外代答》中提出："南方凡病，皆谓之瘴，其实似中州伤寒。"王棐在《瘴疟说》中解释了瘴病产生的原因："南方天气温暑，地气郁蒸，阴多闭固，阳多发泄，草木水泉皆禀恶气。人生其间，元气不固，感而病作，是谓之瘴。"并将瘴病分为冷瘴、热瘴和痖瘴三种，提出对症下药可以医治瘴病。其实，部分瘴病的症状与伤寒相似，李璆在《瘴疟论》中提出"此寒热之病所由作也，病者多上热下寒"。宋神宗熙宁五年（1072）至熙宁七年（1074），刘彝任虔州知州。为改变当地信巫祈鬼的陋习，刘彝编著了医书《正俗方》专论伤寒之疾。可见，在宋人的观念中常以瘴代指伤寒之疾。

---

① 龚胜生：《2000年来中国瘴病分布变迁的初步研究》，《地理学报》，1993年第4期。

第三，恐惧心理。宋人对于岭南烟瘴的恐惧心理，也模糊了其对赣南烟瘴的认识。虔州"疑其负南越，袭瘴蛊余气"、南安军"地邻梅岭，瘴疠之乡"①等等，皆是言之过重之辞。宋时谪官主要流放于岭南，"仕宦得罪而南行者，盖二广多是瘴烟远恶及水土恶逆之州县，江西亦或有之，所以贬于其处也"②。士大夫遭受贬谪之责，心情本就抑郁寡欢，又身处险恶的环境之中，难以适应新的环境也就在所难免。"缘北人乍到，不谙风土，多染瘴疫之疾。"③岭南气候比北方湿热，北方人初到岭南大多水土不服，如果抵抗力差的话还可能危及生命安全，因而岭南之行成为恐怖之旅。宋人朱晞颜在《龙图梅公瘴说》中一针见血地指出："岭以南籁昔曰瘴，士人畏往，甚于流放。盖岚烟氛雾，蒸郁为疠，中之者死；人之畏往，畏其死也。"在岭外呆了七年的苏轼，在遇赦北归过大庾岭时，发出"问翁大庾岭头住，曾见南迁几个回"的感慨，生还的喜悦之情由衷而发。程师孟也有类似的感触："今日平安出岭时，瘴气犹觉润征衣。一条路入江南去，万里人从海上归。"

第四，文化观念。唐代，白居易曾把赣南比作是天涯的尽头，他在《清明送韦侍郎贬虔州》诗中写道："南迁更何处？此地已天涯。"白氏把赣南比作是天涯的尽头，其实是暗指赣南为化外蛮地。宋代，由于"问道江西，分符岭北"④的地理位置，大庾岭成为王化之内与化外蛮地的文化分水岭，赣南也由化外蛮地转变为王化之地。皇祐四年（1052），宋仁宗在宣谕虔州的诏书中写道："惟峤南之边境，接岭北之近封。"宋人黄庭坚直言："章川贡川结襟带，梅岭桂岭来朝宗。"这种华夷文化分水岭的观念一直延续到明代，"赣州在天末，屹然为三湘、八闽、五岭之奥区"⑤。

---

① 〔宋〕陈次升：《谠论集》卷五《待制陈公行实》，影印文渊阁四库全书。
② 〔宋〕赵升：《朝野类要》卷五，北京：中华书局1985年版，第54页。
③ 〔宋〕包拯：《包孝肃奏议集》卷九《论蛮贼事·第二章》，影印文渊阁四库全书。
④ 〔宋〕祝穆：《方舆胜览》卷二十，北京：中华书局2003年版，第405页。
⑤ 天启《赣州府志》，北京：书目文献出版社1998年版，"序"第3页。

总之，宋代赣南的烟瘴并不严重，主要分布在龙南和安远。但是，在传统看法、宋人观念、恐惧心理和文化观念的多重作用下，宋人夸大了赣南烟瘴的严重性。南宋时期，伴随人类活动的频繁和开发速度的加快，烟瘴造成的危害日趋减弱，并逐渐在赣南消失。宋人刘克庄在《答余安远令师夔书》中写道："名家美材，俯就瘴邑，切闻溪峒向化，田里安生，可见琴调和平所致。"安远位于赣南南部，当地出现"溪峒向化，田里安生"的景象离不开人口的增殖。宋孝宗淳熙年间（1174—1189）安远有5422户，但到宋理宗宝庆年间（1225—1227）增长到9157户，增长率几达70%，远远高于赣州同一时期的平均增长率（不到10%）。大量移民迁入，为社会开发提供了人力支撑和技术支持，提高了改造自然的能力，安远由原先的烟瘴之地逐渐成为私贩的良所，"负版所道，极号岩邑"[1]。南宋南康人田如鳌甚至发出"投晓凭高雾满天，直疑和气酿丰年。殷勤北客还知否，不是南来有瘴烟"[2]的感慨。

第三节　历史人文

赣南在宋代形成水陆联运的交通格局，成为贸易中转站和货物集散地，促进了社会经济的快速发展、政治军事地位的提升和人口的增多。同时，在中央崇文重教和地方兴学劝农的政策导向下，赣南官学完备、文风郁然，促进了社会风气由崇巫信佛向尊儒重教转变，成为"三贤讲道"的理学源

---

[1]〔宋〕胡铨：《胡澹庵先生文集》卷二六《安远县令曾从令墓志铭》，影印文渊阁四库全书。

[2]〔宋〕王象之：《舆地纪胜》卷三十六，北京：中华书局1992年版，第1549页。

流和重要传播地。

一、百业兴盛

唐宋交替，政治权力中心由长安移到开封，受此影响交通格局发生了相应的改变，江西取代湖南成为联系中原与岭南的主要通道。北宋韶州曲江（今广东韶关）人余靖在《韶州新修望京楼记》一文中议论道："唐汉之西都也，繇湘衡而得骑田，故武水最要。今天子都大梁，浮江淮而得大庾，故真水（即浈水）最便。"宋代中原与岭南交通往来的主要线路为：中原南下的人或物由京杭大运河转长江，然后从鄱阳湖流域溯赣江而上，先抵达赣州城

图 1-9 赣州广东会馆旧址（李禾丰摄）

（虔州城）码头，又沿章江到达南安军码头，再陆行大庾岭道抵南雄州，最后经珠江水域分散到岭南各地。

赣南不仅是连接中原与岭南的交通枢纽，而且是赣粤闽湘四境交通的要冲。周必大在《论添驻赣州军马》一文中写道："赣之为州，南限岭表，东接闽境，西连湖湘，其北则自庐陵至于豫章皆在下流，自昔最为控扼之地。"可见，赣南在宋代融入了全国道路交通网络，赣江—大庾岭道水陆联运的优势凸显出来，被人称为"江湖岭海枢键""岭峤咽喉"。宋人李觏在《送知军曹比部移虔州》一诗中提出"两辖赣水行非远，五袴盱江日渐单"，这与唐人白居易"南迁更何处？此地已天涯"形成了鲜明的反差。

鉴于赣南的区位交通优势，大中祥符九年（1016）二月宋真宗下诏："如闻广南上供纲运，悉令官健护送至阙，颇亦劳止，自今令至虔州代之。"[①] 在行政命令的作用下，"广南纲运公私货物所聚"[②]，虔州成为广南纲运转运至京城汴梁（开封）的贸易中转站和货物集散地。《宋史·食货志》记载："广南金银、香药、犀象、百货，陆运至虔州而后水运。"伴随过境贸易的繁荣和商品经济的发展，章江和贡江沿岸的码头逐渐增多。清代，赣州城有大码头、二码头、三码头、四码头、盐运码头、煤炭码头、广东码头、福建码头等三十多个商业码头。加之广东会馆、筠阳宾馆、南临会馆等众多会馆的设立，赣州城是座名副其实的商业城市。乾隆《赣州府志》记载："城广而坚，三山五岭罗布于其中，远方之人托业而是聚焉。"

同时，伴随商贸往来的频繁和与周边地区联系的加强，赣南成为经济重地，时称"兵民财赋，素号重地"[③]。在农业方面，以粮食生产为主，普遍种植稻、麦、粟等农业作物，以渔牧养殖和水果种植等专业经济为辅，形成了多元复合农业。在手工业方面，形成了以铸钱、造船、纺织、酿酒、采矿、

---

① 〔清〕徐松辑：《宋会要辑稿》食货四二之五，北京：中华书局1957年版，第5564页。
② 〔宋〕王象之：《舆地纪胜》卷三十二，北京：中华书局1992年版，第1417页。
③ 〔宋〕包拯：《包孝肃奏议集》卷三《请选人知虔州》，影印文渊阁四库全书。

陶瓷、制糖、刻书、雕刻等为代表的行业部门，其中有些行业（如铸钱、造船等）在江西乃至全国的手工业中位居前列。过境贸易的繁荣，带动了商业经济的活跃。宋神宗熙宁十年（1077），赣州城（虔州城）的商税以近四万贯位列全国第18名、位居江西之首。除大额的官方贸易外，赣南民间私贩经济活跃，主要贩卖盐、牛、铜器、矾和粮食等，有的货物还被贩运到了国外。串街走巷的私贩经济，不仅可以满足百姓日常生活所需，而且促进了农村墟市的兴旺。

宋代，赣州城秩序井然，是当时的大藩名郡之一。北宋时期，赣州城人烟浩穰，"虎头城里人烟阔，马祖岩前气象豪"。南宋时期，赣州城鳞次栉比，"峨峨郁孤台，下有十万家"。社会经济的繁荣为城市建设提供了资金保障，号称"宋代赣州四大城建工程"的城墙、六街、浮桥、福寿沟得以兴建完备。得益于孔宗翰的《虔州八境图》和苏轼的《〈虔州八境图〉八首并引》，虔州八景深受宋人的喜爱，时人称之为"八景八咏"。

同时，赣州城的城市布局不断完善，已有明确的功能分区：城北主要是官署区，建有州衙、县衙和州学，辟有郁孤台和八境台；城东沿贡江一带，主要是往来粤闽的港口码头和商业区，城对岸为马祖岩风景游览区；城东南主要是宗教文化区和厢兵驻扎区，建有光孝寺、慈云寺、大中祥符宫、景德寺、崇庆禅院、城隍庙等；城南主要是军事区，建有拜将台、辟有教场等；城西沿章江一带，主要是盐运及官府的专用码头；城中主要是居民区。宋代不仅是赣州城市形象的塑造时期，而且是城市景观的集群时期，将赣州城市发展推向一个历史的高峰。时至今日，赣州是以宋代为主体的城市文化聚落体，至今仍保存数量众多、有极高历史价值、文化价值与艺术价值的宋代文物和文化遗址。因此，赣州素有"江南宋城"的美誉，被誉为"宋城博物馆"。

宋代赣州城内的道路系统完善，在唐代十字街（又称丁字街）的基础上，逐渐形成了以六街为主体的街道格局。文天祥在《石楼》诗中描述道："八境烟浓淡，六街人往来。"横街，即今章贡路、西津路，连通涌金

图 1-10　赣州灶儿巷（李禾丰摄）

门和西津门的东西向大街。阳街，即今建国路、文清路北段（清代叫州前大街），后延伸到文清路南段（清代叫南门大街），连通衙署和镇南门的南北向大街。阴街，即今南京路东段、生佛坛前、灶儿巷（见图 1-10）和坛前一线。斜街，即今阳明路、和平路、南市街一线。剑街，即今濂溪路和中山路，沟通涌金门和建春门。长街，又称百胜门大街（明清时期称东门大街），即今赣江路东段，沟通建春门和百胜门。明清时期，有一首赣州街谣广为传唱："夜光山，二码头，三潮井，慈姑岭（狮姑岭），五道庙，六合铺，七姑庙，八角井，九曲巷，侍臣坊（世臣坊）。向前走，转个弯，遇到一个王老三，买了二两豆腐干，炒好吃得喷喷香。三山五岭八景台，十个铜钱买得来。三十六条街，七十二条巷。"① 这首街谣不仅用谐音从一至十列举了十处街巷，而且用"三山""五岭""八景台""十个铜钱""买得来""三十六""七十二"等通俗易懂的语言概括了赣州城的地形地貌、人文景观、衙署衙门和大街小巷。"三十六条街，七十二条巷"反映了赣州城街巷密集有序、职能分工精细，如米市街、棉布街、瓷器街、纸巷、柴巷等。这些街巷除因城市建设的发展而扩并外，大部分沿用至今。

"唐始有士，宋始有名士。"② 唐代是赣南儒学文化的肇始阶段，两宋则是赣南儒学文化的兴盛阶段。汉魏六朝，赣南籍的文化名人寥若晨星，以邓德明最为著名。隋唐五代，在地方官员的重视下，赣南的文教事业兴起起来，除綦毋潜、赖棐、钟辐、杨知新、李迈、黄铎6位进士外，赣南还有一些士子较为知名，如钟绍京、宁都廖氏家族、衷愉等。宋代，在先贤的导引和州军县学、书院的倡导下，赣南的文教完备、文风郁然，不仅培养了295名进士（含特奏名），产生了3名状元，而且出现了一批进士家族。当然，相比于吉安、抚州等仕进发达的地区来说，赣南的进士数偏少。宋代赣南进士数偏少，除自身文化教育起步较晚的原因外，还与因商品经济发达导致百姓的职业选择增多有关，除科举仕进外，还可以选择从事私贩、讼师、风水先生、烧砖、雕刻等其他行业。

由于赣南的仕进不是很理想，宋人归咎于风水问题。南宋时期，赣州城北有金鲫鱼池、凤凰池和嘶马池，三池的地下水相互沟通。宋人祝穆《方舆胜览》记载："金鲫池，今湮废。绍兴间，守曾端伯修谯门，掘地得石，上有诗云：'穿开狮子两条泉，九秀回流出大官。金鲫鱼池赐金紫，凤凰池出贵公卿。'"曾端伯，即曾慥，宋高宗绍兴十四年（1144）至绍兴十八年（1148）任虔州知州。南宋时期金鲫鱼池文化形象的成功塑造，为明代讹传金鲫鱼池

---

① 江西省赣州市地方志编纂委员会：《赣州市志》，北京：中国文史出版社1999年版，第962页。

② 嘉靖《赣州府志》卷一，上海：上海古籍书店1962年影印，第70页。

关系着赣州的文运提供了历史依据。

尤为重要的是，赣南是理学的渊薮之地和重要传播地。周敦颐一生两次在赣南为官，第一次是宋仁宗庆历四年（1044）任南安军司理参军，第二次是宋仁宗嘉祐六年（1061）任虔州通判。任职期间，周敦颐收了二程兄弟、曾准、陈衮臣等为徒；在雩都县首次公开发表了《爱莲说》等。宝祐五年（1257）十月，宋理宗下诏南安军，将大庾的"周程书院"赐名为"道源书院"，官方肯定了周敦颐对理学的贡献，承认了大庾是道学（理学）的源起之地。

伴随社会经济的快速发展，赣南的政治地位相应地提升。《宋会要辑稿》方域志记载："江南西路，洪州为帅府，虔州为要郡，袁、吉为次要郡。"南宋在各路常设安抚使司，称为帅府，以总统兵戎为职。"洪州为帅府"，突出了洪州作为路治所在地和对军权管控的重要地位。"虔州为要郡"，主要反映了虔州在江南西路的社会经济中占有重要地位。

鉴于赣南地理位置重要，宋廷曾多次遣兵设防或下令虔州（赣州）知州兼掌军职。宋神宗熙宁八年（1075），虔州知州始带江西兵马钤辖。宋高宗绍兴十五年（1145），在虔州复置江西兵马钤辖时，兼提举南安军、南雄州兵甲司公事。绍兴二十七年（1157），在赣州重设江西提点刑狱司时，不仅保留了"节制赣、吉官兵"的旧职能，而且增加了"措置汀、漳盗贼"的新职能。[①]为便于镇压动乱，还在虔州置江西都统制一员，节制江西、广东、福建三路军马。江西兵马钤辖、江西提点刑狱司和江西都统制的设置，反映了宋廷对赣州控扼赣闽粤湘战略地位的重视。可见，宋代的赣州已是全国的军事重地，为明代设立南赣巡抚提供了切实的历史经验借鉴。

总之，宋代是赣南社会经济发展的第一个高峰期，农业、手工业、商业、城市建设、文化教育等方面的发展水平大大超过了之前。

---

① 〔宋〕李心传：《建炎以来系年要录》卷一百七十六，北京：中华书局1988年版，第2909页。

二、社会环境

在宋人眼里，赣南多被视为动乱、好讼、伉健难治的地方。不过，多数是站在统治阶层和知识精英的角度进行评价的，有失公允。王安石在《虔州学记》中提出："虔于江南地最旷，大山长谷，荒翳险阻，交、广、闽、越铜盐之贩，道所出入，椎埋、盗夺、鼓铸之奸，视天下为多。"很多学者据此提出北宋时期的赣南仍是偏远荒辟和烟瘴严重的地方。这种观点有失偏颇。"大山长谷，荒翳险阻"并不是描述赣南社会经济的发展情况，而是指出了赣南多山的地理环境。古代交通运输条件落后，重山叠岭的地理环境制约了赣南社会的发展。唐宋时期，时人加强了对赣江、章江和贡江的疏浚以及大庾岭道的整治，地理环境对赣南社会经济的制约明显下降。赣南虽然是多山的地理环境，但并非是一个封闭的区域。"道所出入"指出了赣南与广东、福建和湖南交界的地方存在着许多隘口，这有利于双方社会经济的往来。"椎埋、盗夺、鼓铸之奸，视天下为多"反映了在专卖体制和禁榷政策下，赣南私贩经济活跃，只不过在宋代属于违法行为，并不被士大夫阶层认可而已。

由于社会经济的发展、契约关系的深入、文化教育的普及、法律意识的增强和科扰严重导致的社会不公，好讼和动乱成为赣南百姓维护切身利益的两种手段，以致给人留下了"赣俗剽且相评"[①]的恶劣印象。面对社会不公或者科扰严重，百姓首先想到的是通过诉讼来维护自己的权益。如果诉讼成功，维护了切身利益，自然相安无事。但是，如果诉讼失败，自身权益受到损害，百姓则会抗争不断。宋人汪应辰在《户部郎中总领彭公墓志铭》中指出："虔俗健于阋讼，轻为贼盗。"其实这种现象并不是赣南所独有，而是江西的普遍性社会问题。宋人刘克庄提出："江右之俗悍强，小辄尚气好胜，以

---

① 〔宋〕杨万里：《杨万里集笺校》卷一一八《朝奉刘先生行状》，北京：中华书局2007年版，第4489页。

珥笔为能；大或依险负固，以弄兵为常。"①

宋代赣南动乱的成因复杂。北宋时期，赣南的动乱主要是违禁的私贩活动（尤其是贩盐）引发的小规模群体性事件。出于盐课收入的考虑，除少数时期推行过广盐外，虔州主要属于淮盐区。淮南楚州、通州、泰州、海州、涟水军所产盐称为淮盐。淮盐产地到虔州路途遥远，经过长途贩运、侵盗贩鬻和层层盘剥，淮盐运到虔州后"卤湿杂恶，轻不及斤，而价至四十七钱"。官盐不仅质次价高，而且供应也不及时，"人苦淡食"。与之相对应的是质优价廉的私盐，"岭南盗贩入虔，以斤半当一斤，纯白不杂，卖钱二十"②。物美价廉的私盐能够满足百姓的消费需求，所以虔人喜食广盐。宋人也意识到赣南私贩广盐的症结所在，"官盐恶而价贵，盗盐善而价且下，故私贩日滋"③。私贩广盐冲击了食盐专卖，严重影响了江西盐课收入，甚至引发了一系列的社会问题。因此，宋人往往称私贩者为"寇""盗""贼"。知州赵抃认为赣南私贩严重，"负贩常为群盗"，造成了当地刑无虚日的社会问题。不过，李觏则认为私贩者与商贾无异，只是因为犯禁遭到官兵伺捕后才逐渐沦为盗贼的。南宋时期，大量移民迁入赣南各县，官吏的横征暴敛随之而来，由此引发的地方动乱更加频繁，并由中心地区向边远地区（如峒乱问题）延伸。此外，在宋代由于中央对赣南的控制和防范更为严密，不可避免地会损害到部分土豪的切身利益。当切身利益受损时，土豪会奋而抗争并利用自身影响来发动民变（如卫军民交变）。总之，科扰是赣南社会动乱爆发的主要原因。

对于赣南伉健难治的社会环境，宋人归咎于山川地理。宋仁宗至和二年（1055）三月，吉州永丰县首任知县段缝认为由于"深山大梁"的地理环境，导致虔州和吉州的百姓好讼、尚酒、好利和不怕死，因而"政治为难"。

---

① 〔宋〕刘克庄：《后村集》卷六十一《郑逢辰直宝章阁依旧江西提刑兼知赣州制》，影印文渊阁四库全书。
② 〔元〕脱脱等：《宋史》卷一百八十二，北京：中华书局1977年版，第4444页。
③ 〔元〕脱脱等：《宋史》卷三百二十八，北京：中华书局1977年版，第10575页。

对于如何治理这种伉健难治的社会环境，一方面宋人认为可以通过以理服人的方式，秉公施政来达到兴利除弊的目的。宋人楼钥在《新宁国府林大中知赣州》中提出："民俗果悍，可以义服，不可以力胜也。非清德雅量、练达世务者，不在师帅之选。"文天祥亦有同感，他认为"大概去南渐近，得天地阳气之偏"的缘故，造成虔民伉健难治，进而提出"看来反不可以刑威慑，而可以义理动"[①]。另一方面，宋人提出可以通过兴学的方式来消弥社会动乱和改变好讼民风。曾任赣州司户的杨万里认为"山耸而厉""水湍以清"的地理环境造成了赣州"果而挟气""激而喜争"的民风，并在《赣县学记》中提出通过"谨庠序之教，申之以孝悌之义"的兴学办法来化解挟气喜争的民风。

宋人注意到了好讼喜争的民风，却忽视了赣南百姓忠义爱国的气节。唐僖宗广明年间（880—881），雩都人冯祥兴兄弟倾资募兵勤王。宋徽宗宣和（1119—1125）末，金人兵围汴京，知州李大有率五千虔卒勤王，留下了"天下奸臣皆守室，虔州太守独勤王"[②]的淮甸歌谣。宋恭帝德祐元年（1275），元军渡江南下，文天祥奉诏招募义军勤王，赣州有欧阳冠侯等三十三家大姓响应号令。其中，宁都人陈继周父子战死沙场，宁都人尹玉在五牧之战中与麾下五百人力战而死，大庾人李梓发守城而亡，赣州人陈子敬在元兵攻打黄塘山寨义军时下落不明。这些仁人志士的功勋彪炳青史。南宋灭亡，龙南人钟克俊纠集义旅勤王，知势不可为，登马祖岩遥望中原作孤愤诗哀悼宋亡，后赴龙头江而死。唐宋时期，四次勤王活动反映了赣南百姓具有鲜明的忠义爱国的气节。这种气节不断激励着赣南百姓，最终内化为赣州的城市气质。明武宗正德十四年（1519），南赣巡抚王阳明从赣州出师平定了宁王之乱。明末，赣州保卫战失败后，兵部尚书杨廷麟殉节清水塘、督军万元吉殉节章江、绅士卢观象殉节铁盔塘、城内百姓共赴国难者不计其数，南明唐王政权

---

① 〔宋〕文天祥：《文天祥全集》卷八《与吉州刘守汉传》，北京：中国书店1985年版，第190页。
② 〔宋〕王象之：《舆地纪胜》卷三十二，北京：中华书局1992年版，第1433页。

特敕赣州郡名"忠诚"以示褒扬。从此，赣州被誉为忠诚府。清人黄世成在《虔州怀古》中感叹道："府号忠诚人慷慨，城名铁石水潆洄。"

三、崇文重教

隋唐五代，在地方官员的推动下，赣南的社会面貌有所改观，当地开始养成重学兴教的社会风气。天启《赣州府志》记载："吾郡壤接百粤，开设之初，封域东包揭阳，土风相近，火耕水耨，习拳勇，渔猎，信鬼，淫祀，其渐靡使然也。迄于隋唐，疆圉日辟，声教浸远，人皆抗志励节。"不过，崇巫信佛、信鬼好祠的社会风气仍然在在民间社会生活中发挥着重要影响。五代末宋初人徐铉指出："虔之为镇，俗杂地广，化不可一。"[①]所谓"俗杂"，一方面说明了赣南民俗与中原民俗迥异，另一方面反映了赣南社会内部存在着差异性和多元性。

宋代，虽然崇巫信佛和崇学重教在赣南社会并行不悖，但是在地方官员兴学劝农的倡导下，崇学重教被广泛接受并逐渐成为赣南社会的主要风气，而崇巫信佛则下沉为民间信仰的个人旨趣。

赣县旧有孔子庙，"在县西南切近于紫极宫"。宋真宗大中祥符三年（1010），诏改紫极宫为大中祥符宫，并徙孔子像于宫内。当时，赣县百姓崇巫祀佛，并不尊祀孔子，孔子庙荒废下来。宋仁宗庆历六年（1046），知县钱顗重教兴学，重修孔子庙。皇祐二年（1050），知县王希又在旧址东南数百步重建孔子庙，希望通过此举达到"以布朝廷尊儒重道"的目的。在王希的积极倡导下，百姓心向儒学，"于是春秋释奠有所，赣人知其所向，孔子之祀绝而续焉"。"宋初三先生"之一的孙复正好在虔州监商税，于是"作赣县孔子庙碑"（即《始建文庙记》），"启迪后学，至今传诵"[②]。

虔州自古好巫，"俗尚巫鬼，不事医药"。知州刘彝编著医书《正俗方》

---

① 〔宋〕徐铉：《骑省集》卷八《吉州判官鲍涛可虔州判官》，影印文渊阁四库全书。
② 天启《赣州府志》卷十一，北京：书目文献出版社1998年版，第239页。

图 1-11　通天岩石窟（王志梅摄）

专论伤寒之疾以谕百姓，并责令巫医神棍易业习医。对此，宋人曾敏行在《独醒杂志》中议论道："楚俗大抵尚巫，若州郡皆仿执中（指刘彝）此举，亦政术之一端也。"

　　佛教在赣南广为传布，宋代赣州城内东南一带建有大量寺庙可见一斑。特别是僧人修惠用 30 年的时间重修了景德寺，并改名为慈云寺；昙秀、知锡、惟湜三代僧人历经 16 年建成崇庆禅院，号称"江南壮丽为第一"。曾两次路过赣南的苏轼提出："至虔州日，往诸刹游览，如见中原气象，泰然不肉而肥矣。"[①] 在赣州城外西北约 12 公里的通天岩（图 1-11），是我国南方石窟造像及摩崖题刻较集中的名胜之一。唐代末年，风光旖旎的通天岩被开创为石窟寺，雕刻了观音像，至今还有广福禅林寺传承香火。宋代，通天岩成为文化圣地，一方面受佛教信仰的影响，雕刻了大量的罗汉佛和弥勒佛像；另一方面文人墨客纷纷来此游玩题刻，留下了数量可观的摩崖题刻。明代，因

---

① 〔宋〕苏轼：《苏轼文集》卷五十七《答苏伯固四首》，孔凡礼点校，北京：中华书局 1986 年版，第 1742 页。

王阳明讲学乐而忘归，通天岩又被称为"阳明心学圣地"。通天岩由古窟寺向心学圣地的转变，反映的正是赣南社会风气由崇巫信佛向尊儒重教的转变过程。

理学思想的广泛传播深刻影响着赣南崇文重教的社会风气。宋人王洋在《南康鼓楼上梁文》一文中提出：赣南"诗书接周濂溪（指周敦颐）、张横渠（指张载）道学之源流，人物经苏翰林（指苏轼）、陆学士名公之题名"。在多方影响下，赣南"理学渊源，文章气节，接踵渐濡，风会遂于是乎日上"[①]。

宋朝士人"志于道，据于德，依于仁"的斯文精神，也对赣南社会风气的转变产生了深远影响。爱莲池旁，周敦颐顿悟"出淤泥而不染，濯清涟而不妖"的君子人格；通天岩内，阳孝本践行"漫浪著书酬素志，逍遥齐物载清谈"的隐士风尚；因坐朱熹党而留居赣州的杨方，僻地种竹自号淡轩以明志。在先贤的导引下，社会风气由野转文，崇文重教成为赣南社会的主流价值取向和人文观念。

---

① 赣州地区地方志编纂委员会：同治《南安府志》卷一《旧志序文》，1987年版重印本，第18页。

千里赣江　烟波浩渺（罗剑平摄）

第二章

丝路枢键
货物云集

赣州"江南望地，章贡名邦"地位的奠定，离不开其优越的地理位置和交通环境。王象之《舆地纪胜》即载，赣州城位于"章贡二水之间，江湖岭海枢键，拥麾出镇必选名德重望"①。自中唐以来，随着赣江、大庾岭、北江商道的开通，南来北往的物资，尤其是大宗的丝绸、瓷器、茶叶等，均以赣州作为重要的中转站，流向五湖四海，甚至远销海外。这极大地促进了赣州及其周边地区社会经济的发展。借此得天独厚的条件，宋代赣州成为全国主要铸钱中心之一及赋税贡献度最为突出的地区之一，备受统治者重视，以至于派遣官吏之时，往往选用那些德高望重、精明强干、出类拔萃的要员，出镇赣州。

---

① 〔宋〕王象之：《舆地纪胜》卷三十二《江南西路·赣州府》，赵一生点校，杭州：浙江古籍出版社2012年版，第1035页。

第一节　庾岭古道

位于江西南部与广东北部之间的大庾岭道，自唐中期开通以来，便成为沟通岭南与中原广大地区的交通要道。特别是到了宋代，随着商品经济的发展及都城的东移，赣江、大庾岭道的交通与商贸地位愈发突出。赣州作为这条繁华商道上的重要枢纽城市，在宋代迎来了其社会经济发展的鼎盛时期。自两宋以迄明清，大庾岭道持续发挥着巨大的交通与商业价值，成就了江南宋城在政治、经济、文化、交通史上的独特地位。

一、古道历史

大庾岭东西绵延200余里，形成一道分隔长江流域与珠江流域的天然屏障。庾岭名字之由来，据说与西汉将军庾胜有关，其时庾胜奉汉武帝之命讨伐南越，组织人员于山中修城驻军，后人遂名此山曰"庾岭"。秦汉至隋唐时期，先民们陆续开通过多条翻越大庾岭的道路，由南而北比较固定的路线为逆横浦水（即浈水）北上，再西行至横浦关，走十里坦途至游仙径（今十里径），复攀登七里至山顶，曲折盘旋，下抵岭北大庾城。可惜的是，这条通道向来迂回陡峭，逼仄难行，岭南、岭北的交通往来亦不甚多。彼时庾岭之上多种梅树，又称"梅岭"。因其地高寒，南北气候悬殊，故梅花南枝开放与凋谢皆早于北枝，一岭之隔，而枯荣开落各异，独具特色。每临花季，多有文人商旅慕名而来，争相赏览，吟咏慨叹而归。唐代诗人宋之问被贬泷州（今广东罗定县）之时，过大庾岭，见梅树北枝红妆点点、傲然绽放，南枝却零落萎靡，咫尺之间，恍如隔世，不禁潸然，正是"魂随南翥鸟，泪尽

北枝花"。

到唐代，随着经济重心逐渐东移南迁，岭南地区的经济地位日益突出，成为王朝财赋给养的重要来源地之一，大量的粮食、贡物、木材、丝绸等物资需要翻越大庾岭，再经大运河至洛阳、长安，而原来狭窄陡峭的通道已无法满足此等大宗物品的输送，庾岭新路的开凿迫在眉睫。此时的唐王朝正逢开元之治，经济繁盛，国库充盈，足以支持新路开凿，再加上君主贤明、臣僚善治、上下一心、政治清明，统治集团也在极力推动这项浩大工程，更兼岭南地区正在快速发展，一派欣欣向荣，可以说开凿大庾岭新路正逢其时。[①]

开元五年（717），张九龄主持开凿大庾岭新路。他先是率一行人披荆斩棘，勘查大庾岭南北地形，而后与众人制定方案，破土动工，夷平低洼，铲削突兀，改崎岖为直道，拓狭窄为宽途。山路两侧遍植树木，或设置栅栏，

[①] 张效民：《张九龄研究：长安二年科举及开凿大庾岭商道考辨》，北京：商务印书馆2022年版，第188–256页。

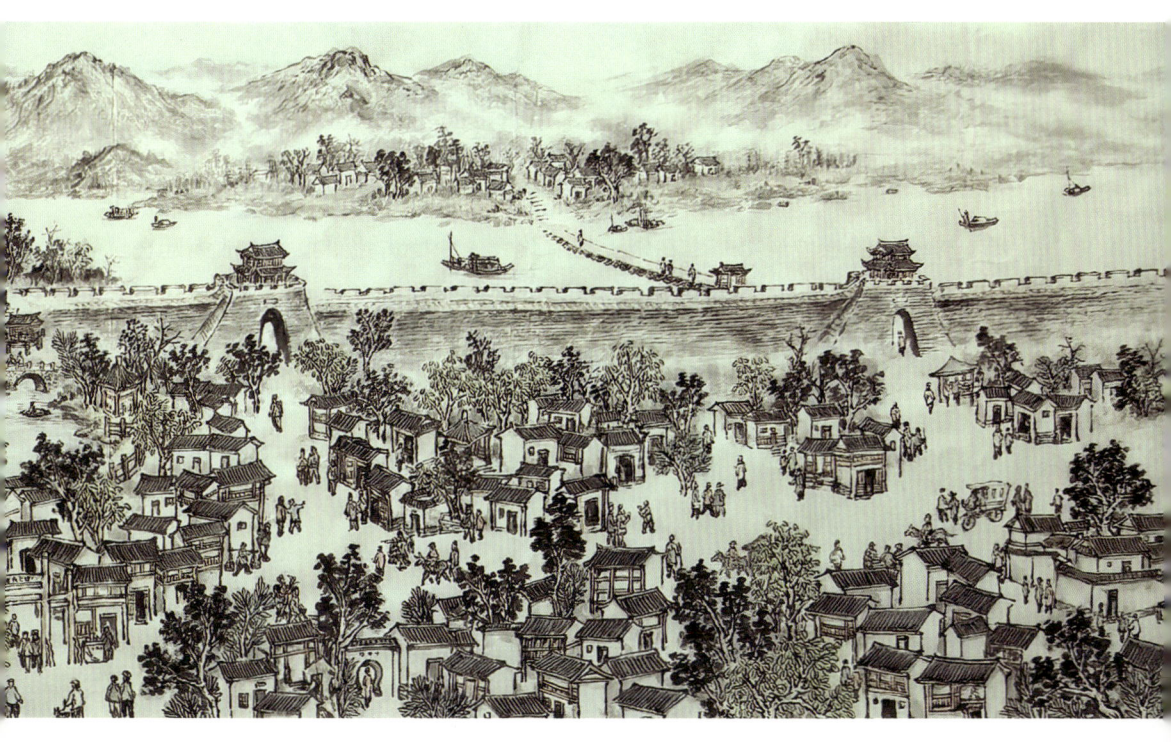

图 2-1　江南宋城千古情（蒋洪亮绘）

以保护行旅安全，复新建亭台，供人歇脚。前后仅一年时间，工程告竣，原先的崎岖山道竟成一片坦途，最宽阔处可驾驶多辆马车并行而过。新路开辟之后，极大地加强了中原、关中与岭南地区的经济文化交流，史载"镶耳贯胸之类，珠琛绝黔之人，有宿有息，如京如坻""万足践履，冬无寒土"。尔后一千多年，岭南、岭北的交通往来，俱仰赖此大庾岭道，而作为这条繁华商道上的重要节点城市赣州，也迎来了其经济飞速发展的黄金时期（图2-1）。

两宋分别定都开封、临安，政治、经济、文化重心进一步移向东南，赣江、大庾岭道的经济和交通地位更加凸显。嘉祐七年（1062），一度仕途坎坷的蔡挺奉命提点江西刑狱。有宋一代，提点刑狱司为路一级的司法机构，主要监管辖区内的司法审判，审查司法卷宗，检查刑狱，弹劾失职官员。值得注意的是，任提点刑狱的蔡挺还有另外一重身份，即兼提举虔州[①]盐务。

[①] 赣州州名在两宋时期有所变化。具体来说，自北宋建立后至南宋绍兴二十三年（1153）以前，称虔州。绍兴二十三年以后至南宋末，称赣州。

在古代，食盐为官营，是国家财政收入的重要来源。当时江西境内的官盐市场，虔州的销量位居第一，在宋王朝财政收入中所占比重很大，故朝廷在选拔官员主持虔州盐务一事上，极为慎重。蔡挺既提点江西刑狱，又兼任提举虔州盐务的要职，充分说明朝廷对他的信任，以及对虔州和大庾岭商道的重视。

无独有偶，在蔡挺提举虔州盐务的同时，其胞兄蔡抗正好担任广南东路转运使。宋代转运使主要负责食盐、粮食、货币、矿产、军需等大宗物品运输，转运路线或为官路，或有专道，大庾岭道正是从广南东路转运岭北的必经路线。为了更好地促进岭南、岭北经济往来，蔡挺于元祐年间（1086—1093）联合蔡抗，动员两地百姓对大庾岭商道进行了一次大规模的修缮，并补栽青松，增设亭台。更为重要的是，这一次专门加强了大庾岭商道上的治安建设，以保障商旅的往来安全。经此之后，大庾岭道不仅商贾如云、货物如雨，更是有大批量的国家赋税、钱谷转运往来，官、民皆赖其利。《江右商帮》评价说："这条商路北接章水，下赣江，出长江，南接浈水，下北江，出珠江，畅通开阔。"[①] 赣州作为这条南北交通大动脉上最为重要的枢纽城市，在行旅接待、货物中转等方面起到了至关重要的作用，一路一城，相得益彰。

这一时期，大庾岭商道上运送最多的物资，是百姓的生活必需品之一食盐。原本江西境内行销的是淮盐，但是由于淮盐运输距离远、销售价格高，还存在品质低下等问题，虔州遂改销产地更近、价格更低、品质更好的广盐。广盐经大庾岭商道输送至虔州，十分便捷。此时的虔州经济繁荣，人口众多，食盐销量很大，在全国都位居前列，为朝廷创造了巨额的财政收入。另外，由于北方辽、西夏、金、蒙元等政权相继兴起，传统的陆上丝绸之路被阻断，两宋政府对外贸易主要通过明州、泉州、广州等市舶司，亦即海上丝绸之路。虔州作为连接广州市舶司的中转枢纽，构成了两宋王朝海外贸易

---

① 江右集团、南昌大学：《江右商帮》，宁波：宁波出版社2013年版，第146页。

十分重要的一环。交通便利、商贸发达推动了文化的昌盛，无数文人仕宦留寓过化，诗文题咏，更有通天岩石窟造像、慈云寺塔、七里窑等文物、遗迹。这些都是虔州经济繁荣背后，儒释道文化、南北文化等多元文化交融发展的见证。

明清时期，因朝廷实行海禁，仅留下广州等有限的几个地方作为海外贸易港口，赣州及大庾岭商道遂承载了当时全国主要的对外贸易中转任务。有鉴于此，官方十分重视大庾岭道的维护，明成化十五年（1497）、万历十六年（1588）、天启四年（1624），清道光三十年（1850），朝廷多次对大庾岭商道进行大规模的修护。这对赣州的发展起到了十分重要的作用，使赣州继两宋鼎盛之后，又迎来了一个新的经济繁荣期。

二、货物流通

大庾岭道凿通之后，货物流通十分便捷，一批又一批南来北往的物资在赣州聚集、中转，又经大庾岭道输送各地。《宋史·食货志》记载，当时广南东、西路的金、银、犀角、象牙等百货，皆陆运至虔州，而后经赣江水道转运北方。在大庾岭道往来、经赣州集散的大宗货物包括茶叶、粮食、丝绸、瓷器等，这些货物有自外地运来的，本地所产更不在少数。

茶叶。宋代赣州的茶，最著名者为蕉溪茶。因其产自南康县城西35里外的蕉溪窝坑，故名蕉溪茶，或曰窝坑茶。蕉溪茶是赣南名茶之一，始自三国时期，鼎盛于宋代，深受文人仕宦喜爱。北宋大文豪苏轼过虔州，游南康显圣寺，品蕉溪茶，有诗云："渺渺疏林集晚鸦，孤村烟火梵王家。幽人自种千头橘，远客来寻百结花。浮石已干霜后水，蕉溪闲试雨前茶。只疑归梦西南去，翠竹江村绕白沙。"这是苏轼难得的明确提及赣南物产的诗作，说明蕉溪茶在当时已经有了一定的名气，再经东坡诗作的渲染，其名更盛。

蕉溪产茶业的发展，离不开充足的劳动力。两宋时期，赣南人口快速增长，这既有本地人口繁殖的原因，而更为重要的则是大量中原人口的南迁。北宋以前，历代王朝的政治、经济、文化中心基本上在北方，人口自然也是集中于北方地区。晚唐五代时期，由于中原地区战乱频仍，大量人口南迁，赣南就是北方人口南迁之后的重要聚居地之一。南迁人口既带来了北方先进的农业生产技术，又为赣南地区的经济发展提供了充足的劳动力，这些劳动力的价值体现在赣南产茶业从种茶、采茶到制茶、运茶等一系列环节上。随着人口的增多，人地矛盾逐渐凸显，人们便开发山林，以种植更多的粮食作物和经济作物。蕉溪茶于两宋时期的兴盛，就是在大规模开发山林的背景下出现的。

除了蕉溪茶，宋代赣南地区还有云居茶、泥片茶、虔州阼茶等优质茶叶，其中泥片茶是上贡朝廷的特产。绍兴末年，赣州产出茶叶一万余斤，南安军产出四千余斤。乾道年间，赣州产出茶叶七千余斤，南安军产出三千余斤。[1] 宋代赣南地区茶叶产量并不算高，在供不应求的市场环境下，时常出现较高的买卖价格。《宋会要辑稿》记载："（赣州）无茶额，只纳折税茶，充本处食茶出卖。"赣南所产之茶，除了供应本地市场之外，另有相当一部分在赣州聚集，又经赣江水路及大庾岭道转运至全国各地，甚至远销海外。

江西历来就是重要的茶叶产区，早在唐代，江西饶州、洪州、江州三地大量产茶，有相当规模，且实现了商品化。唐代著名诗人白居易《琵琶行》谓"商人重利轻离别，前月浮梁买茶去"，说的正是饶州浮梁县的茶叶，表明当时浮梁茶名气甚大，且经商人之手行销各地。到了宋代，江西地区的茶叶生产几乎遍及各处。据统计，宋代的产茶地共 37 州 5 军，江南地区占 15 州 5 军，而其中江西就占了 9 州 4 军。[2] 江西产茶区在当时全国所占比重，由此可见一斑。天圣年间，江南东路与江南西路茶产地有 15 处，占东南诸路总茶产地的三分之一。茶课数为 1000 余万斤，几乎占总额的二分之一。这 15 处茶产地，有 10 处在江西。绍兴三十二年（1162），隆兴府茶产量高达 280 余万斤，位居前列，南康军、临江军、建昌府等地产量亦不在少数。总

---

[1] 刘玲清：《南宋赣南经济文化研究》，硕士学位论文，上海师范大学，2015 年版，第 14 页。
[2] 陶德臣：《宋代茶叶生产的发展》，《古今农业》，2010 年第 2 期。

体上说，江西茶产量在宋代居于前列，为王朝贡献了大量赋税。江西各地生产的茶叶，同样有相当一部分经赣江水路聚集赣州，再经大庚岭道至两广，运送国外。在这个过程中，赣州既为茶叶等大宗商品的中转提供了便利，又从中获益，推动自身发展。

苏轼《留题显圣寺》诗中，还提及赣南一种有名物产——橘子。赣南多山地、丘陵，随着人口增长，人地矛盾日益凸显，大量的山地、丘陵也被开发出来，种植柑橘、茶叶等经济作物。南宋时期，赣南橘子能实现较高的经济收益，叶梦得《避暑录话》记载："橘一亩比田一亩利数倍。"在高经济效益地驱动下，赣南百姓于山间、丘陵广种柑橘，苏轼所描绘的"千头橘"种植场面，应是较为普遍的。另外，为更好地适应市场需求，很多优质价廉的橘树品种也推广开来，史载："年来，商贩小株，才高二三尺许，一舟可载千百株。其实累累，如垂弹，殊可爱。价亦廉，实多根茂者，才直二三镮。"

陶瓷。赣州七里镇窑，是宋元时期江西境内的四大名窑之一，也是赣南地区最大的陶瓷产地。七里镇窑兴起于唐代，至两宋时期发展到顶峰，其窑区主要沿着贡江北岸呈线状分布，长约 2 公里，宽约 0.5 公里，现存赖屋岭、砂子岭、高岭、周屋坞、张家岭、木子岭等 16 处窑包堆积。[1] 宋元时期，七里镇窑生产了大量朴实无华且经济实用的陶瓷供普通百姓消费，满足国内市场需求的同时还销往海外。为了更好地适应国外市场（如日韩等国），七里镇窑专门生产了不少高艺术价值与审美的陶瓷。[2]

七里镇窑之所以能够在两宋时期众多的瓷窑中脱颖而出，并在竞争激烈的陶瓷市场上占据一席之地，主要原因有：其一，优质的瓷土。这种优质的瓷土被称为"白石泥"，有着朴素的颜色和细腻的质感，是七里镇窑制造陶瓷的重要原料。其二，充足的燃料。两宋赣州有着十分丰富的森林资源，为

---

[1] 江西文物考古所：《江西赣州七里镇窑址发掘简报》，《江西文物》，1990 年第 4 期。
[2] 薛翘：《宋元时期外销日本的赣州陶瓷》，《江西历史文物》，1981 年第 4 期；王梦林：《历代名窑诗谱》，武汉：华中科技大学出版社 2017 年版，第 50 页。

陶瓷烧造提供了海量的燃料。其三，充足的劳动力与成熟的技术条件。两宋时期，大量北人南下至赣州，其中有不少就是原先在北方地区烧制陶瓷的工匠。他们的到来，不仅提供了充足的劳动力，更是带来了北方的陶瓷烧制技术，并与赣州本土的陶瓷生产技术相结合，推动技术革新。[②]

图 2-2　七里镇窑产南宋乳钉柳斗纹罐[①]

　　除了本地生产的陶瓷，景德镇等其他地方出产的陶瓷也大量在赣州汇集，再由大庾岭商道抵达广州，远渡重洋。唐代以降，陶瓷开始成为重要的外贸商品。到了宋代，从广州港口出发的"海舶大者数百人，小者百余人，以巨商为纲首……货多瓷器，大小商套，无少隙地"。元代景德镇陶瓷远销阿拉伯地区。明清时期，景德镇陶瓷的销售市场更是拓展到东南亚与西方诸国。1985 年，在我国南海以南的公海海域，一艘荷兰商船被打捞出水。这艘商船大约于清乾隆十五年（1750）失事，当时船上装载着大量来自景德镇的精美陶瓷。这些陶瓷主要是从赣江—大庾岭商道一线进入广州港口的，而在进入广州港之前，必然于海上丝绸之路上的内陆节点赣州停留中转。

　　食盐。食盐历来是封建王朝财政收入的重要来源之一。两宋盐法多变，或官方垄断，或有条件地商营。虽然各地盐法不尽相同，但是盐利中的大部分都被纳入官府囊中。宋代食盐实行分区销售，均由官府主导。江西的洪、袁、吉、筠、江、饶、信、抚、临江、南康、建昌等大部分州军皆行销淮盐，南安军则行销广盐。虔州先是行销淮盐，后来改为广盐。虔州改销广

[①] 陆川：《赣州七里古镇历史与文化》，北京：大众文艺出版社 2011 年版，第 84 页。
[②] 陆川：《赣州七里古镇历史与文化》，北京：大众文艺出版社 2011 年版，第 21–22 页。

盐取得显著成效之后，江西其他一些地方也逐渐改销广盐。广盐要从其产地运输至虔州、南安军等处，大庾岭商道是必经之路，而虔州既是广盐行销之地，更是分销中转站。这双重角色，使虔州的盐课在江西地区首屈一指。

两宋时期，在大庾岭商道上往来的货物，除了上述茶叶、食盐、陶瓷等，还包括粮食、纸张、夏布、木材、药材、特产。考虑到行旅往来辛苦，朝廷授意地方官府在大庾岭商道沿线设置多处驿站。咸淳年间，其中一处驿站改名曰"梅花国"，盖因其四周多种梅花。除了驿站，大庾岭商道上还有一座中站城，后来演变为一条街，名为中站街。中站街建有街市、客栈、商铺、茶楼、酒肆，基础设施完备，便于南来北往的货物交接转运，正是"梅岭道路，乃南雄、南安两府共给其役，共享其利者，故驴骡驮载，少壮担负，皆于中途博换，盖民情土俗以为定例，自前代已然"[1]。

两宋时期，北方的物资经赣州中转，再由大庾岭商道运送至两广地区，极大地促进了两广地区社会经济的发展。"凡可资民生而备器用者，莫不舆马骈达，通流无阻，而岭南山川之气，遂与中原清淑相接。"由此可见，赣州在促进中原文化的传播与岭南地区的开发方面起到了重要的作用。[2]

三、市镇发展

宋代赣州商业的繁荣，促进了赣州城内外市镇的形成与发展。据统计，公元1040年，虔州境内已有16个规模不等的城镇，城镇数量在当时江西诸州军中名列第一，且占当时江西城镇总数的22.5%，这一占比无疑是极高的。需要说明的是，这些城镇主要分布在大江大河沿岸。这是因为大江大河沿岸地形地势相对平坦，土地肥沃，人口集中，市场需求比较大，适宜发展农业、手工业和商业。值得注意的是，到了公元1080年，虔州城镇总数为17

---

[1] 〔明〕张弼：《梅岭路均利记》，《南安府志》卷二十一《艺文》，台北：成文出版社1975年版，第1891页。
[2] 邹春生：《王化和儒化：9—18世纪赣闽粤边区的社会变迁和客家族群文化的形成》，博士学位论文，福建师范大学，2010年，第65—71页。

个，在数十年间仅增加了 1 个，而占江西城镇总数的比重则下降到 16.5%。尽管如此，虔州在当时江西诸州军城镇数量上仍高居第二，仅比洪州少 4 个（表 2-1）。这还是因为洪州有着更为广阔的平地、大规模的农田、完善的水利、充足的劳动力、便捷的交通、繁荣的商业、占优势的政策等。

表 2-1 北宋中期江南西路各州军城镇数量统计[①]

州军名	1040 年	1080 年	增长率（%）
洪州	10	21	110
吉州	13	15	15.4
抚州	4	8	100
虔州	16	17	6.3
筠州	3	3	0
袁州	9	10	11.1
临江军	5	6	20
建昌军	3	3	0
南安军	4	6	50
兴国军	4	14	250
合计	71	103	45.1

有学者指出："虔州和南安军虽位于大庚岭北侧，交通地位十分重要，但城镇分布密度却未达到每 1 千平方千米 1 座城镇的水平……虔州、南安军的城镇主要集中分布在赣州城与南安军城附近的赣江河谷地带，局部地区城镇分布密度也比较高。虔州东部地区虽与福建汀州接壤，交通地位也比较重要，但这一地区在北宋时尚未完成开发，因而城镇分布较为稀疏。当然虔州巨大的丘陵面积（居江南西路第一）也导致其整体的城镇分布密度较低。北

[①] 马峰燕：《北宋中期东南地区城镇的数量、商税与空间分布研究》，博士学位论文，复旦大学，2010 年版，第 68 页。

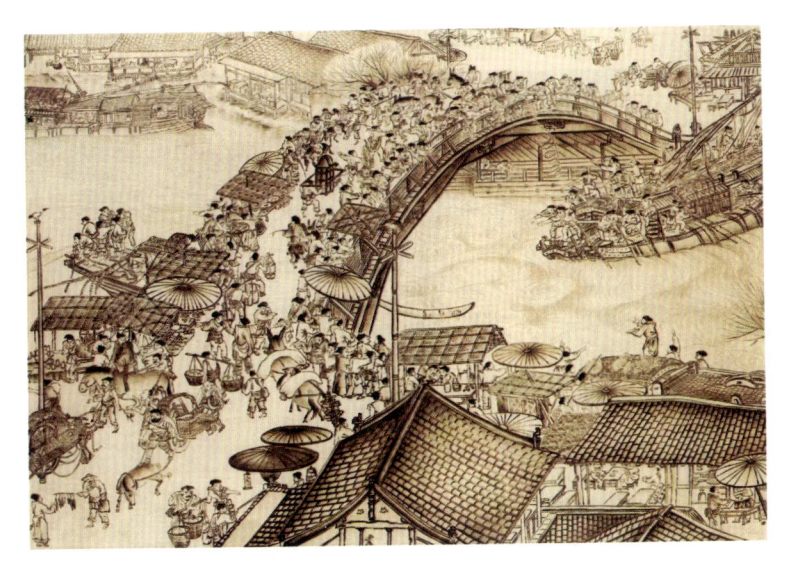

图 2-3　赣州宋代繁华景象（王志梅 绘）

宋时期南安军的城镇数量和城镇分布密度也是有所提高的，不过其发达程度不能与中部平原区相比。"[1] 这清楚地说明了北宋中期虔州城镇的分布特征及其缘由。

作为赣江上的"明珠"（图2-3），宋代赣州城镇的发展与水运关系密切。"宋代赣州的造船业在全国独占鳌头，最高年产量达650艘之多。"[2] 赣州生产的这些船只，大部分被用作商船、漕船，也有用作战船的。由于有着丰富的山林资源，可提供大量的优质木材，故赣州的造船业规模比吉州（今吉安市）更大，两宋时期的统治者对赣州的造船业也十分重视。庞大的造船业，同样是支撑起赣江"黄金水道"及赣州贸易中转站地位的重要因素之一。

由于商业繁荣，宋代赣南地区的草市镇亦迅速发展，主要包括赣县磁窑务、东江务、西江务、七里镇、平固镇、杨梅镇、合流镇、险江镇、南田市，宁都县唐步虚、河东虚，于都县九州镇，大庾县硖头镇，南康县南塾

---

[1] 马峰燕：《北宋中期东南地区城镇的数量、商税与空间分布研究》，博士学位论文，复旦大学，2010年版，第106-107页。

[2] 李志川：《瓷源：鄱阳湖传》，南昌：江西高校出版社2016年版，第19页。

图 2-4　流光溢彩（张晓春摄）

镇、章水镇，南安县古城。① 太平兴国八年（983），险江镇与九州镇分别升为兴国县与会昌县，足见两地的人口、经济、土地等已达到相当规模，也在一定程度上说明宋代赣州草市镇的发展达到了较高水平，拥有巨大潜力。

两宋时期，江西赣州、洪州、吉州等地已逐渐发展成为重要的商业中心，每个中心附带数量不等的草市镇，这些中心与市镇由赣江及其支流水道联系起来，构成了井然有序的商业网络。赣州作为商业网络上的重要枢纽，既为商贸中转与流通作出了巨大贡献，同时也不断推动着自身的建设与发展。

---

① 傅宗文：《宋代草市镇研究》，福州：福建人民出版社 1989 年版，第 446-449 页。

第二节　置院铸钱

两宋时期的经济繁荣与铸钱业的发展密不可分,当时朝廷在重要地区设置铸钱机构,虔州便是其中之一。虔州铸钱院[①]始自北宋后期,终于南宋末期,作为全国重要铸钱中心之一,为宋王朝铸造了海量的钱币,以及铜镜等生活用品,也为推动赣州经济的发展作出了重要贡献。

一、天下铸钱

宋太祖平定江南以后,决定沿用饶州永平监铸钱。永平监最早设于唐代,但是在唐代铸钱数额并不多。北宋以前,永平监铸钱数量保持在6万贯左右,北宋初达到7万贯。由于铜、铅、锡等铸钱原材料时常供应不足,导致永平监铸钱数量一直无法突破。其间,开封、升州(今江苏南京)、鄂州(今湖北鄂州)、杭州、南安军等地都增设过铸钱机构,但是效益很低,故存在时间不长。张齐贤担任江南西路转运使时,朝廷仍寄希望于寻找充足的铜、铅、锡等铸钱原材料,以促进永平监的发展,此时永平监的铸钱数量可达到每年最高30万贯,成为全国重要的铸钱中心之一。

铸钱需要大量材料。至道二年(996),由于饶州永平监木炭供应不足,而从外地运入木炭又需要很高的成本,朝廷遂决定在交通相对便捷、林木资源丰富的池州(今安徽池州)新设永丰监,以分担永平监的铸钱压力。自此,永平、永丰二监每年可铸钱约80万贯。除了提供充足的木炭,储量巨大的铅山铜矿也是永丰监能够发展起来的重要原因。铅山丰富的铜矿资源不仅

[①] 南宋绍兴二十三年(1153),虔州改名赣州,虔州铸钱院亦更名为赣州铸钱院。

能满足永丰监，同时还能供应永平监及后来设立的丰国监。

咸平二年（999），在宰臣张齐贤的建议下，宋廷决定增设建州（今福建建瓯）丰国监、江州（今江西九江）广宁监。之后，全国铸钱机构的年度铸钱总数跃升至120余万贯，其中丰国监与广宁监铸钱总量约为40余万贯。到了景德年间，全国铸钱监年度铸钱总数增至180余万贯，铸钱能力得到了较大提升。不过，180余万贯很可能已经是永平、永丰、丰国、广宁四监铸钱总量的极限。随着周边地区铜、铅、锡等铸钱原材料的消耗，四监的铸钱总量也逐渐回落。[①] 尽管如此，四监仍是北宋时期最主要的铸钱机构。

因铜矿资源有限，某些特殊地区也铸造流通铁钱。天禧（1017—1022）末，永平监等四监年度铸钱总额降至100余万贯，已无法满足某些偏远地区的流通需求，故川蜀地区的邛州（今四川邛崃）惠民监、嘉州（今四川乐山）丰远监、兴州（今陕西略阳）济众监皆主要铸造铁钱。在宋代，铁钱与铜钱铸造年额是分开统计的，川蜀地区的三监每年大约铸造铁钱20余万贯，基本上在本地流通。而永平等四监铸造的铜钱在当时是硬通货，使用范围极广。

仁宗康定（1040—1041）至庆历（1041—1048）年间，铸钱机构设立之态势如雨后春笋。此阶段新设之铸钱监包括：洛南（今陕西洛南）阜民监、虢州（今河南灵宝）朱阳监，两监主要原料为洛南红崖山铜矿和虢州青水铜矿；仪州（今宁夏泾源）博济监，利用仪州竹尖岭铜矿进行冶铸；兴元府（今陕西汉中）济远监，亦是主要铸造铜钱。另外，晋州（今山西临汾）、泽州（今山西晋城）、石州（今山西离石）、威胜军（今山西沁县）则新设一批主要铸造铁钱的铸钱监。此时南北皆有一定数量的铸钱监设立，需要说明的是，由于此时北边地区军费开支巨大，故北方新设的铸钱监铸造出来的钱币主要用于补贴军用。

皇祐元年（1049），韶州（今广东韶关）设立永通监，以后该监逐渐跻

[①] 高聪明：《宋代货币与货币流通研究》，保定：河北大学出版社2000年版，第99-100页。

身于宋代五大铸钱机构（含前述四监）的行列。此时期，南方地区的永平监、永丰监、丰国监、广宁监、永通监年度铸钱总额近 150 万贯。川蜀地区的惠民监、丰远监、济众监的年度铸钱总额跃升至将近 30 万贯。治平年间（1064—1067），永平监、永丰监、丰国监、广宁监、永通监、博济监年度铸钱总额跃升至 170 余万贯，而川蜀地区仅存济众监，每年铸钱总额仅为 3 万贯左右。[1] 可见，南方地区一直是宋廷的铸钱中心，且地位愈加突出。

神宗时期，铸钱业发展迅速。熙宁（1068—1077）初年，在原有 16 个铸钱监的基础上，增设兴国军、睦州（今浙江建德）、衡州（今湖南衡阳）、舒州（今安徽潜山）、鄂州、惠州钱监。一方面，新设钱监可以铸造更多的货币，加速货币流通，促进经济发展。另一方面，此时期的新设钱监与原有钱监都在不同程度上提高年度铸钱总额。钱监普遍提高铸钱额是由大环境决定的。当时赵宋王朝既有巨额的军费开支，又有行政费用，还有每年向辽与西夏缴纳的"岁币"。在这种情况下，北宋财政亏空严重。为了巩固政权，神宗授权王安石变法。王安石变法的核心是"开源"，尽可能多地创造财政收入。铸钱机构的新设与铸钱年额的提高是与变法相协调的，这些铸钱机构为王安石变法提供了重要的物质条件。

毕仲衍《中书备对》记载，神宗元丰年间（1078—1085），全国共有铸钱监 26 处，每年所铸铜钱与铁钱总数近 600 万贯。其中，专门冶铸铜钱的有 17 监，年度铸钱总数约 500 万贯，专门冶铸铁钱的有 9 监，年度铸钱总额约 90 万贯（详见下表 2-2）。此时期的广宁监、永丰监、永平监、阜民监、永通监五监的年度铸钱总额占总数将近 60%，江西兴国军富民监、江州广宁监与饶州永平监三监的年度铸钱总额约占总数的 20%，足见此时期的江西铸钱业对宋朝意义之大。昔日盛极一时的建州丰国监已经没那么突出，其年度铸钱数额大抵居于均值上下。说明此时期的铸钱重心一在江南西路，一在广南东路，而两路之间正好是一种经济交往频繁的毗邻关系。

---

[1] 陈振：《宋史》，上海：上海人民出版社 2020 年版，第 304-307 页。

表 2-2 《中书备对》记载中的铜钱监年度铸钱数额（万贯）①

铸钱监名称	铸钱额	铸钱监名称	铸钱额
舒州同安监	10	京兆府钱监	20
睦州神泉监	10	建州丰国监	20
鄂州宝泉监	10	绛州垣曲监	26
西京阜财监	20	江州广宁监	34
卫州黎阳监	20	池州永丰监	44.5
陕州钱监	20	饶州永平监	61.5
兴国军富民监	20	惠州阜民监	70
华州钱监	20	韶州永通监	80
卫州熙宁监	20	总计	506

南宋建立后，此前的铸钱机构仍在运行的主要有饶州永平监、池州永丰监、建州丰国监、江州广宁监、韶州永通监、严州神泉监、赣州铸钱院，说明北宋时期形成的铸钱机构地理格局对南宋影响深远。绍兴二年（1132），由于材料供应等问题的影响，池州永丰监被并入饶州永平监，江州广宁监被并入赣州铸钱院。江西逐渐成为全国的铸钱重心所在。这一时期，大部分钱监存在停产与恢复铸钱的反复情况，包括永平监、永通监与赣州铸钱院在内。

绍兴元年（1131），永通监铸钱年额近 5 万贯，相对于此前高达 45 万贯的铸钱年额，已经大大减少。绍兴二十七年（1157），永通监一度奉命中止铸钱，其后又恢复，然而衰败的趋势已经无力挽救。乾道元年（1165），永通监铸钱年额降至 0.35 万贯。此时的永通监不仅铸钱数量少，而且产品质量差，最终于淳熙十二年（1185）前后被彻底裁撤。②

---

① 王菱菱：《宋代冶矿业研究》，保定：河北大学出版社 2005 年版，第 155-156 页。
② 武小平：《宋代韶州永通监述论》，《东北师大学报（哲学社会科学版）》，2013 年第 2 期。

表 2-3　乾道二年永通监、永平监、赣州铸钱院铸钱材料来源[①]

矿种	产地（数量）	总运量	运往地区
铜	韶州岑水场（黄铜 10440 斤，胆铜 88948 斤）	99388 斤	韶州永通监 饶州永平监 赣州铸钱院
铜	连州元鱼场（黄铜 2880 斤）	2880 斤	韶州永通监
铁	吉州安福县连岭场（222862 斤 8 两）、万安县（17230 斤）、庐陵县黄岗场（27950 斤）、吉水县（23200 斤）、韶州翁源县（12088 斤）、南雄州始兴县（440 斤）、惠州博罗县（12740 斤）、广州增城县（5000 斤）、番禺县（580 斤）、清远县（700 斤）、怀集县（700 斤）、宾州迁江县（14640 斤）、林州南流县（27500 斤）	365630 斤 8 两	韶州岑水场
铅	韶州岑水场（5300 斤）、铜岗场（3300 斤）、南恩州阳春县（220 斤）、连州桂阳县（5000 斤）	13820 斤	韶州永通监
铅	浔州马平场（22290 斤）、邕州大观场（5000 斤）	27290 斤	韶州永通监 饶州永平监 赣州铸钱院
铅	宾州迁江场（5544 斤）	5544 斤	韶州永通监 赣州铸钱院
锡	贺州太平场（12600 斤）、郴州宜章县（3442 斤 12 两）	16042 斤 12 两	韶州永通监 饶州永平监 赣州铸钱院

自绍兴中期至淳熙初年，全国基本上形成饶州永平监、韶州永通监、建州丰国监、严州神泉监、赣州铸钱院五大铸钱机构并立的铸钱格局。在此期间，全国几乎所有的铸钱资源都倾注在这五大铸钱机构上，尤其是永通监、永平监和赣州铸钱院。在全国的五大铸钱监中，江西占有两处，足见江西铸钱业对王朝金融体系的影响举足轻重。而赣州铸钱院作为赣南地区最大的铸钱机构，在保障王朝金融体系稳定发展的过程中也扮演着十分重要的角色。不过，因为受到多种因素的影响，淳熙以后，韶州永通监、建州丰国监、严

[①] 武小平：《宋代韶州永通监述论》，《东北师大学报（哲学社会科学版）》，2013 年第 2 期。

州神泉监、赣州铸钱院逐渐遭到废罢，形成了仅有饶州永平监仍在铸钱的地理格局。咸淳八年（1272），长期屹立不倒的饶州永平监也遭废罢。[1]至此，南宋的铸钱事业走向末路。

二、赣州铸钱

北宋末年，朝廷需要大量的钱币满足军费、岁币、俸禄等各方面开支。崇宁二年（1103），遂下令陕西诸铸钱监与南方地区的永平监、永丰监、广宁监和丰国监将大量币值较小的小平钱回炉加料铸成面值较大的当五大铜钱，名曰"圣宋通宝"，以提升币值。同时，舒州同安监、睦州神泉监、鄂州宝泉监、衡州咸丰监也奉命借鉴陕西诸铸钱监的做法，铸造折十钱。仅一年时间，便铸造铜钱30万缗、铁钱200万缗。虔州铸钱院即是在北宋后期朝廷对钱币的需求量急剧增加并进行币制改革的背景下设立的，其设立既说明中央王朝对虔州的重视，对虔州而言也是一个巨大的发展机遇。

大观二年（1108），虔州铸钱院正式设立，位置大概在今赣州章贡区水西镇水西村一带。同样是铸钱机构，其他地区通称为"监"，而虔州则名"院"。二者的区别在于，铸钱监一般不设置可以安置铸钱工匠家眷的处所，而铸钱院则可以为大部分的铸钱工匠安置家眷，故铸钱院的占地规模往往比铸钱监大。另外，铸钱监中负责铸钱的主要是自军队中招募而来且被纳入官籍的工匠，这些工匠需要终身为官府铸钱，并享有一定的免役权。铸钱院中的工匠，主要是在官府取缔非法铸造钱币作坊之后，从作坊的工匠中挑选而来，他们一般具有较高的钱币铸造技艺，为官府服役之后，可以免去一定的刑罚。

两宋江南西路唯独虔州有铸钱院，这与虔州地区存在严重的非法铸币现象直接相关。两宋时期，虔州地区的非法铸币行为自始至终是突出的社会

---

[1] 张天胤：《南宋铸币地理研究》，硕士学位论文，上海师范大学，2020年版，第10–13页。

经济问题。[1]北宋改革派先锋王安石即指出，虔州非法铸造钱币问题是全国最突出的，这一观点被记载到其撰写于治平年间（1064—1057）的《虔州学记》中。虔州地区非法铸币作坊的技术已相当成熟，铸造出来的钱币（无论是铜钱还是铁钱）品质并不逊色于官方所铸钱币。面对如此严重的非法铸造钱币问题，宋朝廷没有"赶尽杀绝"，而是积极地将从事非法铸造钱币的能工巧匠转化为自身所需的人才，体现出了一种博大的胸襟与不凡的气量。在这些能工巧匠的帮助下，虔州铸钱院自设立开始一直运行良好。这说明宋王朝在应对非法铸造钱币问题时，其变通措施是行之有效的。

虔州多山地、丘陵，其丰富的林木资源也为铸钱院的运行提供了良好的条件。早在春秋战国时期，已有伐木兵丁在虔州地区活动，被人们称为"木客"。后来，"木客"群体形成趋于一致的习惯、行为与心理，演变成古越族的一支。再后来，木客与当地人融合，成为客家源流之一。[2]到北宋时期，山都木客的传说依然引人注意。苏轼为孔宗翰《虔州八境图》所题诗文即云："回峰乱嶂郁参差，云外高人世得知。谁向空山弄明月，山中木客解吟诗。"丰富的林木资源为铸钱院的发展提供了十分重要的物质基础。

依照宋制，每1000文铜钱的铸造需要3斤10两的铜、1斤8两的铅和8两的锡，虔州地区恰恰蕴藏了十分丰富的铜、铅、锡等矿产资源。《新唐书·地理志》记载，虔州境内有铅（大余）、锡（南康、安远、大余）、铁（安远）、金（于都）等矿产。《宋史·食货志》记载，饶、抚、南安等州军产金，饶、信、虔、南安等州军产银，饶、信、建、南安等州军产铜，袁、信、兴国、虔、汀、吉等州军产铁，南安、建、汀、韶等州军产铅，南康、虔、南安等州军产锡。《元丰九域志》亦载，赣南地区有虔化宝积铅场、赣

---

[1] 黄志繁、胡琼：《宋代南方山区的"峒寇"——以江西赣南为例》，《南昌大学学报（人文社会科学版）》，2002年第3期；郭秋兰：《宋代赣南盐子狱的地域社会背景分析》，《历史文献研究》，2011年第1期。

[2] 谢重光：《"山都木客"新论》，《文化遗产》，2020年第6期。

县蛤湖银场、于都银场、于都铅场、会昌拔溪锡场、瑞金九龙银场、瑞金九龙铜场、南康瑞阳锡场、上犹山田铁场等，成为支撑虔州铸钱院长期运转的重要基础。

到了南宋初期，因政局动荡，虔州铸钱院铸钱机构运转皆受到很大影响。绍兴元年（1131）至绍兴三年（1133）间，虔州铸钱院与饶州铸钱监共收到25万余贯本钱，除了拨付管理人员及铸钱工匠的相关费用，剩下用来购买铜、铅、锡等原材料的钱已然不多。另外，当时长江一线战事频繁，导致人口锐减、矿山荒废，在铜、铅、锡等原材料供应严重不足的情况下，南方地区大部分的铸钱机构逐渐被废罢，池州广宁监正是在这个时候被并入虔州铸钱院的。在这样的大环境下，永平监与铸钱院铸钱事业皆不顺畅，此时每年各铸钱仅约2万贯，跟北宋时期动辄数十万的铸钱数量相比，可谓天壤之别。

绍兴六年（1136），铸钱院与永平监总共铸造钱币约40万缗，铸币数量有了较大的回升，而与之相较的其他铸钱机构的铸钱情况却不容乐观。但这40万缗对于开销巨大的高宗朝而言，不过是杯水车薪。因此，在全面负责铸钱事务的大臣赵伯瑜建议下，朝廷最终废罢了铸钱院与永平监。绍兴二十七年（1157），永平监与铸钱院得以恢复。与此同时，韶州永通监也顺势恢复过来。不过，恢复后的永平监、永通监与铸钱院在多种因素的综合影响下兴废无常，铸钱效益也因此受到影响，能够发挥的作用相当有限。再后来，因为铜矿资源供应链断裂，导致赣州铸钱院铸钱数量急剧下降，最终于庆元元年（1195）被彻底裁撤。至此，运行了将近90年的虔州铸钱院退出两宋历史舞台。

三、文化遗产

除了史籍中的记载，还有不少实物可充分反映宋代赣州铸钱院的辉煌。

赣州铸钱院所铸铜镜。截至目前，国内总共发现了两枚依据铜镜铭文便能够直接证明是由赣州铸钱院铸造的铜镜。一枚为葵形铜镜，另一枚为菱形铜镜，二者均为素面铜镜（图 2-5）。所谓素面铜镜，即镜面未经精雕细琢的铜镜。与那些做工繁杂的铜镜相比，此类铜镜的工序简约许多。铜镜最早是用来祭祀的礼器，春秋战国至秦时期为王和贵族独用，西汉末年逐渐走向民间，是"中国古代青铜艺术文化遗产中的瑰宝"。

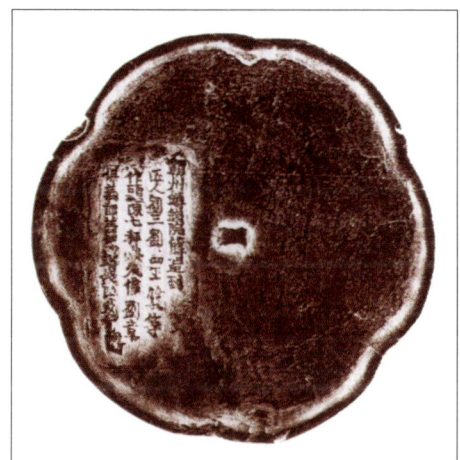

图 2-5 赣州铸钱院铸葵形铜镜（左）与菱形铜镜（右）[1]

两枚铜镜虽然形状不同，但都有相同的铭文，即"赣州铸钱院铸造到/匠人刘三、刘小四、王念七等/作头陈七，秤典朱懂、刘章/保义郎差监铸钱院刘元（押）"。由铭文可知，这两枚铜镜是由赣州铸钱院铸造的，匠人刘三、刘小四、王念七等，作头陈七，秤典朱懂、刘章，以及保义郎刘元等人，都参与到了铜镜铸造的有关环节中。作头即首席工匠，有较高的技术水平和一定的组织能力，领导匠人进行有序生产。秤典盖为把控机构内部相关事物质量的角色。刘元则是监督赣州铸钱院各项事务的官员。这样的铭文表明在赣州铸钱院，铸造钱币或铜镜过程中存在着十分明确的角色分工，同时也反映出赣州铸钱院是南宋时期铸造效益相对突出的机构之一。[2]

---

[1] 王宁：《南宋赣州铸造的铜镜》，《收藏界》，2009 年第 1 期。
[2] 王宁：《宋元赣镜天下行：江西宋元时期铜镜》，《南方文物》，2010 年第 4 期。

除了上述两枚铜镜，还有一枚海涛双龙纹铜镜。与上述铜镜相较，这枚铜镜有很多的不同之处：其一，有一个可供人把持的把柄。前述铜镜无柄，使用时主要托于掌心或放在架子上。其二，精雕细琢。在这枚铜镜上有两条龙自上而下作俯冲之势，龙首相对，龙首下方是汹涌的波涛，波涛中有一只神龟浮游，神龟仰望双龙，介于双龙与神龟之间，有一只三足香炉，香炉散发出袅袅烟气。在中国历史上，双龙、波涛、神龟、香炉等都是带有一定吉祥寓意或美好愿望的事物。其三，简略的铭文内容。这枚铜镜上的铭文，仅有"章贡冯少五郎工夫"八个字，表明铜镜是由赣州一位冯姓工匠铸造的。在江西其他地区发现了一些与这枚铜镜风格相似的铜镜，如双龙鼎式铜镜，说明这枚铜镜很有可能是官方冶铸机构铸造出来的。在赣州地区，官方冶铸机构就是赣州铸钱院，故这枚铜镜应是由赣州铸钱院铸造出来，然后流通到市场上的。

摩崖石刻。在赣州城西北通天岩，有一处摩崖石刻。这一石刻的主人是当时执掌赣州铸钱院铸钱事务的官员李大正。石刻文字为"建安李大正将命冶铸。淳熙乙未春二月二十三日，奉亲携孥来游通天岩。表弟括苍吴昂同行"①。淳熙乙未年即淳熙二年（1175）。李大正于乾道八年（1173）奉命到赣州提点坑冶铸钱事务。淳熙二年，李大正与亲眷游览通天岩之后，赣州铸钱司被并入饶州铸钱司，但是赣州铸钱院还在运行，意味着自此之后的赣州铸钱院由饶州铸钱司来进行管理。因此，李大正是赣州铸钱司的最后一任长官。这一摩崖石刻是国内发现最早记载官方铸钱细节的摩崖石刻（图2-6），证明两宋时期虔州（赣州）铸钱院与铸钱司真实存在。在赣州铸钱司并入饶州铸钱司20余年后，赣州铸钱院才被彻底废罢，说明铸钱院在这段时间内还有一定的价值。

北宋初年，发运使（兼制置茶盐事）兼提点各钱监铸钱事务。咸平三年

---

① 江西赣州政协文史委：《丹崖悠悠：赣州市通天岩摩崖石刻集锦》，北京：中国文史出版社2001年版，第15-16页。

图 2-6 南宋赣州铸钱院摩崖石刻拓片[①]

（1000），朝廷尝试任命江南转运副使兼都大提点江南、福建路铸钱事。景祐二年（1035），朝廷开始设置铸钱司统摄诸路钱监铸钱事宜，其官署为提点铸钱司。提点坑冶铸钱司是宋朝派驻于地方的、管理诸路矿冶铸钱事务的专职机构。饶州铸钱司独立统摄江南东路、江南西路、淮南东路、淮南西路、两浙东路、两浙西路、福建路等九路铸钱事务。元丰（1078—1085）初年，由于饶州铸钱司仅有一名长官，无法有效监察所辖九路（范围很大）的铸钱事务，朝廷决定增设一员，将铸钱司一分为二，即饶州铸钱司与虔州铸钱司。两名长官中，一员驻饶州，统摄江南东路、淮南东路、淮南西路、两浙东路、两浙西路、福建路六路。另一员则驻虔州，统摄江南西路、荆湖南路、荆湖北路、广南东路和广南西路五路。后来两司置废无常。元祐元年（1086），虔州提举坑冶司被并入饶州司。政和六年（1116），重设虔州提举坑冶司，但是不久之后再次被并入饶州司。绍兴二年（1132）八月，恢复虔州提举坑冶司。绍兴五年（1135）六月，将饶州提举坑冶司并入虔州司，设虔州都大提点坑冶铸钱公事负责铸钱院铸钱事务。绍兴二十四年（1154），取消赣州提举坑冶司。乾道八年（1172），重新设置提点官，当时李大正即担任赣州提点坑冶铸钱公事。淳熙二年（1175），赣州司被并入饶州司，但保留了一员铸钱监官。宋宁宗庆元元年（1195）十二月，彻底废罢赣州铸钱监官。

---

① 江西赣州政协文史委：《丹崖悠悠：赣州市通天岩摩崖石刻集锦》，北京：中国文史出版社 2001 年版，图第 26 版。

南宋时期，提点坑冶铸钱司、转运司和提点刑狱司负责管理铸钱事宜。其中，提点坑冶铸钱司的责任最重，其职权与事务最为专一。[①] 当时的赣州铸钱司以及饶州铸钱司是全国最重要的铸钱管理机构。二者之间最大的区别大概在于管理范围上：饶州铸钱司负责管理以饶州永平监为中心的赣北及长江干流沿岸铸钱机构，赣州铸钱司负责管理以赣州铸钱院为中心的荆湖、岭南、两广等地的铸钱机构。作为当时十分重要的一处铸钱中心与铸钱管理中心，赣州铸钱院在宋代铸钱事务中的地位是很高的。

铸钱院遗址。虔州（赣州）铸钱院遗址在今赣州市郊水西镇水西村铁屎岭。该遗址被发现时，有大量冶铸废渣堆积于地表，堆积层厚度超过 2 米。铸钱院遗址占据了较理想的地理条件，其背靠林海茫茫的大山，有着十分丰富的燃料资源，故赣州铸钱院存续期间从未出现过燃料短缺的问题。此外，靠近赣江干道，水运交通便捷。一方面，铜、铅、锡等铸钱原材料主要是通过水运的方式运输至铸钱院。另一方面，铸钱院铸造出来的钱币、铜镜等物也主要通过水运的方式运输到都城或一些重要城市。赣州铸钱中心再配合其商贸重镇、交通枢纽的独特地理位置，为整个宋王朝经济的发展提供了强大支撑。

第三节　税课重地

两宋时期，赣州凭借其得天独厚的地理区位优势、丰富的自然资源，在大庾岭商道的推动下，发展成为全国重要的商业枢纽与铸钱中心之一。繁荣的商业活动与大量的货币流通，带来了巨额的税收，使赣州成为中央王朝财政收

---

① 徐东升：《从官手工业管理看宋代路级机构的关系》，《厦门大学学报（哲学社会科学版）》，2005 年第 4 期。

入的重要来源地。除了商税，赣州的农业税额也十分可观，是整个王朝税收结构的重要组成部分。

一、税收机构

两宋时期，因北方辽、西夏、金、蒙元等政权相继崛起，东西向沟通东亚、中亚、西亚及地中海诸国的陆上丝绸之路被阻断，赵宋王朝不得不大力开拓海上丝绸之路，以满足外贸需求。宋代主要以广州、泉州及明州为海上丝绸之路的三处大型港口。明州港口主要停泊那些驶向东北亚地区（如日本、高丽）的大型外贸船只，1976年从韩国新安海域发现的中国元代沉船，即是14世纪20年代从庆元路（今浙江宁波）驶出前往日本的外贸船只。泉州港口与广州港口则停泊驶向南亚、西亚、北非、欧洲等地区的大型外贸船只。就广州港口而言，无论是从港口运往中原地区的物资，还是从中原地区输送至港口的外贸物资，都以大庾岭商道为主要通道。大庾岭道的繁荣，为商贸枢纽赣州创造了巨额的税收，从而奠定了其课税重地的坚实地位。

北宋时期，在江西各地都设置了数量不等的税收机构，称务或场。据统计，大约公元1040年前后，江西洪州、吉州、抚州、虔州、筠州、袁州、临江军、建昌军、南安军、兴国军共有税务机构48处，其中税务机构数量排名前五的地区为洪州（10处）、袁州（8处）、吉州（7处）、虔州（6处）、临江军（5处），其余州军则仅有2到3处。税收机构的数量与州军的税收规模呈正相关，以商税为例，洪州、吉州、虔州、临江军等地的商税旧额在江西地区位居前列，与此对应，其税收机构数量也更多。值得注意的是，洪州、袁州、吉州、虔州、临江军这些江西境内的课税重地均在赣江干流上，足见赣江干流作为"黄金水道"在当时创造了巨大的商业价值。

大约公元1077年前后，江西境内的税务机构增加至60处，较之1040年约增长25%。就各州军而言，税务机构数量超过5处的州军分别有虔州（13处）、吉州（12处）、洪州（10处）、兴国军（5处）（详见表2-4）。在增长变化中，虔州的表现最为突出。公元1077年前后，虔州既是江西境内税务机构最多的政区，又是商税新额最多的政区，充分显示了其课税重地的地位。

表 2-4　北宋中期江南西路各州军税务（场）数量统计[①]

州军名	1040 年	1077 年	增长率（%）
洪州	10	10	0
吉州	7	12	71.4
抚州	2	4	100
虔州	6	13	116.7
筠州	3	3	0
袁州	8	4	-50
临江军	5	3	-40
建昌军	2	3	50
南安军	3	3	0
兴国军	2	5	150
合计	48	60	25

学者研究表明："（北宋中期江南西路）各州军的税课总量，虔州第一，吉州第二。尤其是虔州，新增的税务点超过了原有的数量，而'在城'的税额高约 4 万贯，远比江西首府南昌多，跃居最大的物货集散地宝座，南北航运的繁盛，由此可见一斑。各个税务之中，东江、西江两务的税额，比虔州辖下任何一个县都多。这是章水、贡水两条航道因生产发展促成运输量增加的结果。但是，九个县的税额，只虔化（宁都）超过一千贯，其他都只几百，甚至不足一百，与吉、饶、信州辖县比较，差距太大。航道码头税多而县治税很少，这是商贸的农业、手工业基础薄弱的反映。"[②]

[①] 马峰燕：《北宋中期东南地区城镇的数量、商税与空间分布研究》，博士学位论文，复旦大学，2010 年版，第 65 页。

[②] 许怀林：《江西通史·北宋卷》，南昌：江西人民出版社 2008 年版，第 185 页。

二、商业税收

北宋中期虔州的商税数据表明州城与城镇协调发展，但县城发展相对不足。虔州州城、县城、城镇商税占比分别约为 78%、9%、13%，县城商税及其占比仍有较大的提升空间（详见表 2-5）。具体而言，虔州城得赣江、大庾岭商道之利，商业繁荣，其下辖之城镇也主要是沿着赣江干流分布，既能得到州城经济发展之辐射，也能得水陆交通之便，故经济皆得到较好发展，能创造较高的商税。相对于州城与城镇，县城虽然数量不少，且有一定的经济基础，但是比较分散，难以形成较好的合力，经济发展规模有待提升。

表 2-5 熙宁十年（1077）江南西路各州军商税构成统计[①]

州军名	州城商税	占总额 %	县城商税	占总额 %	城镇商税	占总额 %
洪州	28905	61.4	12001	25.5	6164	13.1
吉州	9554	18.8	32263	63.5	9015	17.7
抚州	18275	92.9	1405	7.1	0	0
虔州	39888	77.9	4851	9.4	6497	12.7
筠州	7772	76.7	2363	23.3	0	0
袁州	8584	60.7	5565	39.3	0	0
临江军	6739	41.8	9393	58.2	0	0
建昌军	11327	76.7	3249	22.0	198	1.3
南安军	11807	78.1	3315	21.9	0	0
兴国军	5793	56.7	3055	29.2	1363	13.4
合计	148642	59.6	77470	31.1	23237	9.3

熙宁十年赣南各县（务）商税额具有显著的区域特征，详见表 2-6。

[①] 马峰燕：《北宋中期东南地区城镇的数量、商税与空间分布研究》，博士学位论文，复旦大学，2010 年版，第 71 页。

表2-6　熙宁十年（1077）赣南各县（务）商税额[①]

地点或机构	商税额
虔州城	39887 贯 672 文
大庾	11806 贯 600 文
磁窑务	2887 贯 89 文
西江务	1966 贯 608 文
上犹	1827 贯 724 文
东江务	1643 贯 483 文
南康	1487 贯 496 文
虔化	1014 贯 686 文
龙南	713 贯 996 文
雩都	675 贯 161 文
兴国	670 贯 452 文
信丰	619 贯 932 文
安远	411 贯 487 文
瑞金	343 贯 701 文
会昌	329 贯 661 文
石城	72 贯 405 文
总计	66358 贯 153 文

（说明：虔州商税额总计为51236贯333文，南安军总计为15121贯820文。）

熙宁十年虔州城的商税额为39887贯672文，约占该年赣南地区商税总额的60%，高居榜首。仅次于虔州城商税额的是大庾县商税额，为11806贯，约占该年赣南商税总额的18%。大庾县能够拥有这样高的商税额，与大庾岭

[①] 李云彪:《"一路两江"：宋代赣南社会的开发——以商税、盐课、户口数和进士数为观察视角》,《合肥学院学报（综合版）》,2021年第6期。

商道是分不开的，足见商道经济价值之巨。除了虔州城与大庾县，赣南其他地区的商税额均在3000贯以下到几十贯不等，表明虔州城经济的繁荣对周边地区具有辐射带动作用，但这种辐射是相当有限的。

就全国而言，熙宁十年商税额在10万贯以上的场务仅一处，即京师；商税额在5万贯以上、10万贯以下的场务有10处；商税额在3万贯以上、5万贯以下的场务有28处。虔州城场务以39887贯余名列28处之一，在全国众多的税务机构中，商税额居于前列，贡献率也比较高。商贸的繁荣带来了数量可观的税收，宋代江西商税以熙宁十年最为详细（详见表2-7）。

表2-7 熙宁十年（1077）江南西路商税统计（单位 贯）①

江南西路	商税旧额	商税新额	税额增量	税额增率
虔州	25382	51229	25847	102%
吉州	32945	50006	17061	51.79%
饶州	25470	48471	23001	90.31%
洪州	39092	47064	7972	20.39%
江州	29147	46152	17005	58.34%
信州	44261	38392	−5869	−13.26%
南康军	16075	29344	13269	82.54%
抚州	3603	19680	16077	446%
临江军	15370	16130	760	4.94%
南安军	5108	15110	10002	196%
建昌军	9924	14772	4848	48.85%
袁州	12132	14147	2015	16.61%
筠州	4615	10134	5519	120%
合计	263124	400631	137507	52.26%

---

① 许怀林：《江西史稿》，南昌：江西高校出版社1998年版，第321页。

表格中的"商税旧额"指的是熙宁十年以前的商税年额，与之对应的"商税新额"指的是自熙宁十年开始征收的商税年额。在熙宁十年进行商税年额改革之前，虔州的商税年额在江西商税年额中的占比将近10%，在9州4军中排在第6位，相对靠前，说明北宋虔州的商税年额在江西境内一直都有较高的贡献率。到了熙宁十年，虔州的商税新额有了巨大提升，高达51000余贯，在江西诸州军中名列第一，比位居第二的吉州还多1000余贯，更是在江西商税新额总额中约占12.8%之多，比商税旧额占总比增长了约3个百分点，增长十分显著。原因在于，此时期虔州的商业得到了空前的发展，甚至发展水平可能超越了此前发展相对好的信州、洪州、吉州、江州、饶州诸州。

熙宁十年起，较之"商税旧额"，"商税新额"增量比较显著的是吉州（约50%）、建昌军（约50%）、江州（约60%）、饶州（约90%）、南康军（约80%）、虔州（约100%）、筠州（120%）、南安军（约200%）、抚州（约450%）。这些州军或在赣江干流边上，或紧靠赣江支流。很明显，商税新额的快速增长与赣江便捷的交通条件密切相关。

三、其他税收

除了商税，两宋时期赣州的其他税收也相当可观，具体如下：

粮税。北宋时期，江西13州军贡献了约150万石漕粮，在东南六路中居第二位。宋代江西农业生产比较发达，粮食生产总量比较大。宋仁宗时期，江浙一带亩产二三石，当时的吉州水稻亩产大抵也是相同水平。因此，在当时江西地区输出的漕粮中，大约有六七成来自吉州，这在一定程度上说明了宋代江西农业发达。两宋时期，江西地区生产的粮食不仅能够满足当地200余万户民众的口粮需求，也被大量运销外地，如两淮、两浙地区。此外，每年江西地区都需要贡献出约150万石的漕粮，支撑着赵宋政权。[①]

---

① 许怀林：《江西通史·北宋卷》，南昌：江西人民出版社2008年版，第84-87页。

南宋嘉定年间，江西地区的人口约为 500 万，较之北宋崇宁年间增加了约 130 万人，体量巨大。要养活如此多的人口，必然要有充足的粮食产量。以一个成年人大约每年需要 3 石稻米作为口粮来计算，也就意味着南宋时期江西地区的粮食总产量较之北宋至少提高了 400 万石。粮食总产量的提高既满足了人们的生存需求，也进一步推动了江西地区的粮食输出。粮食输出方式与北宋时期相较并无太大差别，主要表现在以漕粮形式输出和向周边地区贸易输出。

一方面，南宋时期江西漕粮总量超过北宋时期，高达 200 万石，占全国漕粮总额的三分之一，表明江西漕粮在国家财赋体系中的地位很突出。另一方面，江西周边地区有时需要大量来自江西地区的余粮，尤其是庄稼歉收季节或自然灾害多发季节。两宋时期，徽州、信州、建康府、荆湖北路等地都曾从江西赣州、吉州、洪州购置大量粮食，以供应民众的日常需求。除此之外，宋代江西还以和籴的方式上供大量粮食。尤其是南宋时期，江西地区的和籴米多达数十万甚至上百万石，成为赵宋政权名副其实的"粮食供应重点基地"。[①]

户口是衡量区域开发程度的重要指标。北宋初年，赣南主户 67810 户，客户 17336 户。大体上，主客户之分在于主户有田产并承担赋役，而客户无田产且不承担赋役。客户约占总户数的 20%，说明赣南农业存在一定的开发潜力。元丰三年（1080），赣南总户数跃升至 133929 户，客户约占总户数的 14%，表明赣南农业得到了进一步发展。此时期，虔州主户 81621 户，客户 16509 户；南安军主户 34024 户，客户 1775 户。崇宁元年（1102），赣南总户数增加至 310153 户，其中虔州 272432 户，南安军 37721 户。南宋时期，赣南户口呈现出先减少后增加的趋势，详见表 2-8。

---

① 许怀林：《江西通史·南宋卷》，南昌：江西人民出版社 2009 年版，第 195-201 页。

表 2-8 南宋时期赣州户数

州县	年代	总户数	主户户数	客户户数
赣州	绍兴 淳熙 宝庆	120985 293344 321356	71270 258425 287880	49715 34919 33476
赣县	淳熙 宝庆	65791 68200	59322 61209	6469 6991
雩都	淳熙 宝庆	38500 37105	32868 ——	5632 ——
信丰	淳熙 宝庆	49677 54423	39988 43673	9689 10750
兴国	淳熙 宝庆	22523 25087	21445 23682	1078 1405
会昌	淳熙 宝庆	18136 22116	16443 19118	1693 2998
安远	绍兴 淳熙 宝庆	14578 5422 9157	11913 3772 8141	2665 1650 1016
宁都	淳熙 宝庆	45446 49980	39610 45145	5836 4835
瑞金	淳熙 宝庆	23901 28251	23413 26148	488 2103
龙南	淳熙 宝庆	9234 11330	8393 10489	841 841
石城	淳熙 宝庆	14704 14714	13171 13176	1533 1538

两宋之际，缘于战争等不稳定社会因素的影响，赣州辖境内的户口出现明显下降，大量人口迁出或死亡。短时间内，赣州的农业生产也受到人口锐减的影响。至国内外形势相对平和的淳熙、宝庆年间，人口大量回迁及增殖，赣州及下辖诸县的户数总体上出现明显上升，农业生产也得到进一步发展，农业生产的发展对赣州提升赋税贡献率起到重要作用。

草市镇税。"民聚不成县，而有税课者，则为镇。"草市镇有税课义务，最主要的税课种类为酒税和商税。两宋，赣南草市镇税课由官府拟定税额，再由地方豪强承包。地方豪强每年固定时间向官府缴纳与税额相符的税课，平时征收零散的交易税额，同时也有售卖酿酒及管理市场等特权。宋代宁都县草市镇税额431贯964文，安远县草市镇税额264贯731文，税额很高。就以安远县草市镇税额来说，相当于熙宁十年安远县商税总量的64%。这表明宋代赣南地区的草市镇有较好的发展，且为王朝赋税作出了较大的贡献。

酒税。赣南地区有老酒、时酒、米烧、宜春等名酒。据说，赣南民众通过饮用药酒的方式避免身体遭受瘴气的伤害。在相当长的一段时间里，官府允许赣南民间酿酒，且不必缴纳酒税，一定程度上促进了赣南酿酒业的发展。随着酿酒业的进一步发展，官府对赣南酒税的态度有所改变。建炎四年（1130），护送隆祐太后至虔州的军队"在虔州日权置酒务沽卖"。为了确保军队卖酒获利，遏止民间酿酒发展势头，朝廷决定在虔州禁止民间酿酒售卖。但是，由于军队所卖之酒既价格较高，又不符合当地人的口味需求，经济效益惨淡，官方酿酒逐渐入不敷出，酿酒专卖制度不得不废除。赣南地区能够酿出高品质好酒的主要是那些有一定权势的豪强，控制住豪强的酿酒业，基本上也就控制了赣南的酿酒业市场与利益。朝廷遂下令"将应造酒之家，将所造之酒经官税毕，然后出卖"。自此，赣南酒税被确定下来，为朝廷增加了不少收入。

茶税。除了粮食、酒，宋代赣州茶叶也对王朝税收有一定的贡献。宋朝廷将茶叶作为官营对象，对茶叶生产与流通进行调节控制，以确保茶业利润悉数纳入财政体系。在茶园中种植、管理、采摘、制作茶叶的人主要是园户，园户一方面需要以茶叶缴纳租税，另一方面需要将剩余茶叶全部卖给官府。官府一般先给本钱，后收购园户茶叶。商贾想要做茶叶生意，需要先缴纳金钱或绢帛等物到京师榷货务，领取交引，凭交引到相应茶产地提货，将茶叶运输至官府指定的地区售卖。通过这种制度，官府对茶叶经营实现了绝对控制。

宋代茶叶主要有散茶与片茶，二者的区别在于制造工序和成品形式不同。江西既产散茶，也产片茶。虔州、袁州、饶州、临江军出产的片茶皆为上品，虔州芥茶与蕉溪茶也是具有一定名气的好茶，有较大的市场需求，对王朝财赋、社会生产、民众生活有一定的贡献。①

临江军的片茶与袁州的片茶、绿英号、玉津号、金片每斤价格均在100文以上。兴国军的片茶与两府号的每斤价格分别在60文、45文左右，这种茶价与临江军、袁州相比还是低了很多。虔州的片茶每斤价格大致为8文（详见表2-9），几乎是宋代地方茶价的最低水平，这可能与产茶地的茶叶市场发展进程有关。唐代浮梁等地的茶叶已经相当有名，浮梁成为全国的重要茶叶产区。在浮梁茶品牌效应的影响下，周边地区逐渐发展起较为成熟的茶叶经济和茶叶贸易市场。赣南地区虽然也很早开始产茶，但是地理位置较偏，较少受到浮梁一带茶叶市场的辐射，没有形成成熟的茶叶经济，故茶价很低。

表2-9　宋代江南西路各州军买茶卖茶价格②

州军名	茶叶类型	买茶价格	卖茶价格	买茶卖茶价格比
临江军	片茶	每斤198文	——	——
	散茶	每斤13文	每斤38文	1∶2.92
袁州	片茶、绿英号	每斤187文	——	——
	玉津号	每斤143文	——	——
	金片	每斤110文	——	——
	退茶	——	每斤38文	——
	茗子	——	每斤29文	——
	第一等	——	每斤28文	——
	第二等、第三等	——	每斤23文	——

---

① 许怀林：《江西通史·北宋卷》，南昌：江西人民出版社2008年版，第92-97页。
② 李云彪：《宋代赣南的橘与茶》，《大众文艺》，2015年第14期。

续表

州军名	茶叶类型	买茶价格	卖茶价格	买茶卖茶价格比
兴国军	片茶不及号	每斤60文5分	——	——
兴国军	两府号	每斤45文	——	——
兴国军	散茶	每斤14文6分	每斤37文	1∶2.64
抚州	散茶	每斤29文	每斤39文	1∶1.34
洪州	散茶上号	每斤19文8分	——	——
洪州	中号	每斤18文7分	——	——
洪州	下号	每斤16文5分	每斤35文	1∶2.19
筠州	散茶	每斤16文5分	每斤27文	1∶1.69
建昌军	散茶	每斤12文	每斤35文	1∶2.92
虔州	片茶	每斤8文	每斤18文	1∶2.25
南安军	散茶	每斤3文	每斤26文	1∶8.67
买茶卖茶价格比均值（不含南安军）				1∶2.28

　　实际上，北宋时期虔州无论是买茶价格还是卖茶价格都是比较低的。所谓买茶价格是指官府或商贾到各州军收买茶叶的价格，而卖茶价格则是官府或商贾收买茶叶之后将之运销时的价格。因为这些茶叶多是行销于大众群体，故其销售价格相对较低。如果不考虑南安军的散茶买卖价格比（南安军的散茶买卖价格比过高，可能存在数据有误的问题，需要慎重对待，暂不考虑），江西各州军主要面向大众群体的茶叶买卖价格比均值大致为1∶2.28，这个比值是相对能够真实反映茶叶市场价格的。虔州茶叶买卖价格比与江西均值相差无几，说明其茶叶市场相对稳定。之所以卖茶价格比买茶价格高许多，是因为需要考虑运输成本、人工成本、场地成本等多种因素。

　　南宋时期，江西地区的榷茶额较之北宋时期有了较大的增长。南宋绍兴三十二年（1162），全国榷茶总额约为1900万斤，而江西榷茶额约占29%。淳熙年间，南方地区的榷茶额少了许多。就江西地区而言，榷茶额与绍兴末年相较大约减少了 10%（详见表 2-10）。从绍兴末年到淳熙年间，赣州的榷茶额有所下降，这可能与南宋朝廷改变榷茶地域配额直接相关。

表 2-10　南宋绍兴三十二年及淳熙年间江南西路榷茶额（斤）[①]

府/州	绍兴三十二年榷茶额	淳熙年间榷茶额	增长率（%）
隆兴府	2819425	3041010	7.9
建昌军	9580	9400	-1.8
赣州	10400	7400	-28.8
吉州	10780	9700	-10.0
抚州	21726	3600	-83.4
袁州	90683	30700	-66.1
江州	1465250	1486720	1.5
筠州	8316	14100	69.6
兴国军	936555	147160	-84.3
南安军	4150	3500	-15.7
临江军	6603	6900	4.5
小计	5383468	4760190	-11.5

　　盐课。《元丰增修五朝会要》记载了熙宁九年（1076）赣南盐课，留下了两宋时期唯一一份完整的赣南盐课数据。其中，虔州城盐课 116739 贯 606 文，兴国 45651 贯 138 文，南康 41584 贯 315 文，虔化 28801 贯 242 文，会昌 23895 贯 60 文，信丰 22464 贯 453 文，瑞金 16871 贯 342 文，雩都 14166 贯 644 文，龙南 12382 贯 687 文，石城 11300 贯 967 文，上犹 8262 贯 500 文，大庾 8119 贯 656 文。虔州盐课总额为 292272 贯 739 文，南安军盐课总额为

[①] 方健：《唐宋茶产地和产量考》，《中国经济史研究》，1993 年第 2 期。

57966贯471文。①虔州城盐课约占虔州盐课总额的40%，贡献十分突出。这主要是因为，虔州城是赣南人口最密集之地，而人们的日常饮食又离不开食盐，有着广阔的需求市场，足见虔州城在赣南地区税课中的地位十分重要。

虔州原本行销淮盐，后来迫于广盐私贩严重、淮盐盐利不佳等问题，改销广盐。原先淮盐运至虔州，其间路途漫长，成本巨大，导致盐价居高不下。此外，参与押运淮盐的官吏存在途中偷卖食盐，且为掩盖恶行而往盐包中填充泥土的行为，导致抵达销售市场时的淮盐杂质颇多，质量堪忧。虔州民众多从临近的广南东路获取海盐。与淮盐相比，广盐具有产量大、价格低、质量高、运输成本少等优势。于是，广盐逐渐占有虔州巨大的食盐市场。

为了维护淮盐在江西的利益，官府曾大力打击民众私贩广盐的经济活动，不过最终收效甚微。元丰年间，朝廷决定改革江西行销食盐，改淮盐为广盐，于虔州及南安军两地储积并行销广盐1000万斤，且于洪、吉、筠、袁、抚等州及临江军、建昌军、兴国军等地均摊行销600余万斤淮盐。行销淮盐期间，虔州年额为616万斤。改淮盐为广盐后，虔州年额跃升至700万斤，且附带110万斤为储备额。自此之后，江西主要行销广盐。一方面说明虔州、南安军在行销广盐的过程中取得了良好的经济效益，为广盐进入江西提供了市场条件，并为王朝赋税作出了突出贡献。另一方面，虔州与南安军作为赣南经济重地，是盐法改革的试验与推行基地，冲在了改革第一线。

---

① 李云彪：《"一路两江"：宋代赣南社会的开发——以商税、盐课、户口数和进士数为观察视角》，《合肥学院学报（综合版）》，2021年第6期。

赓续文脉　谱写华章（胡江涛摄）

第三章 周子布道 理学渊薮

孔子所创立的儒家学说发展到宋代，产生了理学。理学乃是以儒学为主要内容，吸收佛学和道教的思想，在唐以来三教融合、渗透的基础上，孕育出来的一种新学术思想。其自北宋兴起，经南宋而进一步发展，逐渐成为中国古代社会后期的统治思想、官方意识形态，深深影响着往后近千年政治、社会与文化生活的方方面面，成为权威性的支配力量。[①]值得注意的是，理学的形成和发展，与赣州有着极深的渊源。无论是理学的开山鼻祖周敦颐、理学的重要奠基者二程，抑或是理学的南传者杨时，乃至理学的集大成者朱熹，都曾过化赣州，留下了宝贵的思想文化遗产，使赣州成为理学之渊薮。既有江南望地、章贡名邦之形胜，又有赣江与大庾岭道之交通枢键，通衢四面，经济繁荣，再经过千年宋韵之洗礼、理学之沉淀，赣州逐渐形成了其独特的城市精神和人文风貌。

---

① 侯外庐、邱汉生、张岂之：《宋明理学史》，西安：西北大学出版社2018年版，"序一"第3页。

第一节　濂溪过化

赣州城北历史文化街区，一排排古建筑与不远处的青砖城墙勾勒出别样的宋韵，广场上、矗立着一座高大的牌楼——四贤坊，铭记着赣州历史上四位著名人物，其中之一便是濂溪先生周敦颐。周敦颐（1017—1073），字茂叔，号濂溪，湖南省道县清塘镇楼田村人，北宋著名思想家、文学家、教育家，宋明理学的开山鼻祖。其学术思想"上承孔孟，下启程朱"，援佛、道入儒，创立理学，影响着此后近千年的中国古代社会。去世后赐谥曰"元"，追封汝南伯，从祀孔庙。①

周敦颐出身世家，博学力行，25岁入仕，历任司理参军、知县、通判、转运判官、提点刑狱等职，所踞虽不过路府，却能廉洁奉公，造福地方，深受百姓爱戴。其宦海一生，先后两次在赣州任职，时间有七八年之久，任内平反冤狱、推行教化、讲学授徒，政绩斐然。在为官实践过程中，周敦颐的理学思想也逐渐走向成熟，相继提出无极、太极、动静、至诚、无欲等一系列命题，形成了宋明理学的基本范畴体系和内容，又亲授程颢、程颐学问，使赣州成为理学的发祥地。其千古名篇《爱莲说》创作于赣州，首刻于于都，传颂至今。可以说，周敦颐在赣州为官期间，实现了仕绩和学术上的重大突破，从而显其文名、著其政声、传其学脉。

---

① 〔元〕脱脱等：《宋史》卷四百二十七《道学一》，北京：中华书局1977年版，第12713页。

一、南安司理

北宋仁宗庆历四年（1044），周敦颐（图3-1）于洪州分宁县（今江西修水县）主簿任上秩满，吏部考核优秀，调任南安军（治今赣州大余县）司理参军，至庆历六年（1046）移郴县县令，凡三载。南安军司理参军任上，周敦颐平反冤狱、推行教化，政绩斐然，深得朝廷及百姓好评。

周敦颐入仕未久，虽年纪轻轻，为人却敦厚沉稳、干练老成、果断明快、刚直不阿。其任分宁县主簿之初，县里有个案子积久难断，周敦颐刚到任，一经审讯，立马就解决了，百姓都十分震惊，无不交口称赞，说周主簿年纪轻轻，其断案的本事比那些经验丰富的老官吏还要高明。周敦颐到任南安之后，职责为掌地方讼狱之事，当时有一名囚犯罪不当死，而周敦颐的上司、转运使王逵素以严苛酷悍著称，意欲重判。众人无一敢与之争辩，唯独周敦颐挺身而出，坚决反对滥用死刑，甚至不惜以辞官相抗争，他义正词严地说："如此尚可仕乎！杀人以媚人，吾不为也。"[①] 王逵对周敦颐此种严守律令、不惮威权的贤者风范十分赞赏，最终赦免了囚犯的死罪，并极力向朝廷举荐周敦颐。

除了平反冤狱，周敦颐还积极推行教化。早在几年前，周敦颐于袁州庐溪镇代理市征局事务之时，因见其地穷困，文化落后，遂利用政务之余，设

图3-1 周敦颐塑像（李禾丰摄）

---

① 〔元〕脱脱等：《宋史》卷四百二十七《道学一》，北京：中华书局1977年版，第12711页。

帐讲学，沿袭了汉代以来官教合一的传统。此番任职的南安军，同样是经济文化较为落后的地区，周敦颐继续采用在庐溪镇之时的做法，一边处理政务，一边讲学授徒，贡献于地方文教事业。在他的努力之下，南安军一时学风蔚然，郁郁乎文。特别是庆历六年（1046），兴国知县程珦改任权南安军知军，他十分欣赏周敦颐的人品和学问，到任之后即前往拜谒。见周敦颐体貌轩特、器宇不凡，与之交谈，更是博学道深、术业精湛，遂令二子程颢、程颐从其受学。[①] 在周敦颐教导之下，二程学问大进，整个南安都传为佳话，于是一些富户大族也纷纷效仿，将族人子弟送到周敦颐门下，请其教授。因学子越来越多，原来的官学已容纳不下，周敦颐又另辟地方，扩建官学。据传，周敦颐在南安军的讲学之地，除了官学，还有丫山灵岩寺。灵岩寺与儒、释、道三教皆有渊源，大概对周敦颐援佛、道入儒创立理学产生了一定影响，其地至今仍流传着周敦颐教授二程的故事。

所谓教学相长，周敦颐在南安讲学与为政的实践过程中，学术思想也逐渐走向成熟，并最终完成了其理学经典著作《太极图说》。周敦颐《太极图说》的形成，应该是经历了较长时间的思考与学术积淀的。年方五岁时，周敦颐便于住宅周围辨五星墩，分配五行。到了十三四岁时，周敦颐在家乡一处名为"月岩"的洞穴中筑室读

图3-2　太极图

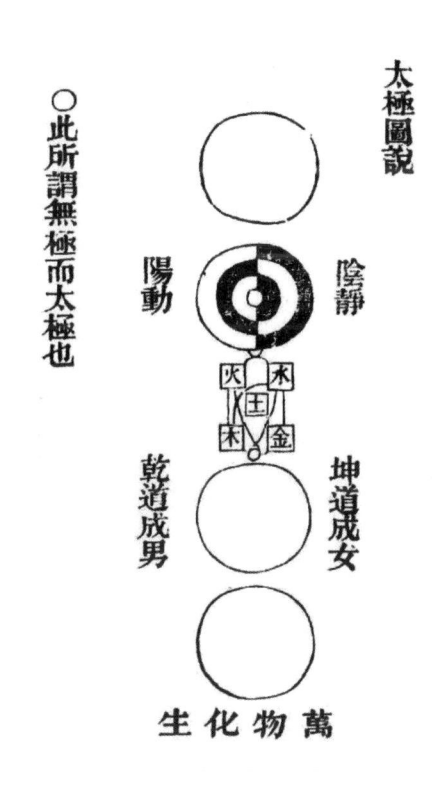

---

① 湖南省濂溪学研究会：《元公周先生濂溪集》，长沙：岳麓书社2006年版，第232页。

书。"月岩"是一个巨大的露天岩洞，洞顶呈圆柱形，向天敞开，圆顶下稍向内凹，削壁千尺，有东西两门，往来相通。人若从西门进入，抬眼望去，透过洞顶的边沿，可见东边一线蓝天，宛如初出的一弯新月。越往前走则天空的可见度越大，由是从"新月"而"峨眉月"，而"上弦"，而"凸月"，而"满月"。再从东门而出，回首洞顶，则可见度愈益缩小，于是又从"满月"而"下弦"，而"残月"，直至消失。周敦颐每日于洞中往来，见此盈亏朔望之景，而得悟阴阳变化之理，以参"太极"。[①]这些幼少时期的传奇经历，虽不免有穿凿附会之嫌，未可尽信，却也在一定程度上说明少年时代的周敦颐对阴阳、五行等"天道"问题亦即哲学上的本体论、宇宙观问题已有所思考，这对其理学思想的形成产生了深远影响。

仁宗景祐四年（1037），周敦颐的母亲郑氏去世，葬于润州丹徒县（今江苏镇江市丹徒区）。为母丁忧期间，周敦颐于镇江鹤林寺内读书，结识了鹤林寺僧人寿涯，并从寿涯处得到了一批图录，据说这些图录还是从宋初道士陈抟老祖那里传下来的，其中有三幅图对周敦颐产生了重要影响，分别是《水火匡廓图》（图 3-3）、《三五至精图》（图 3-4）和《太极先天图》（图 3-5）。清人毛奇龄已有研究，《水火匡廓图》和《三五至精图》乃是源自东汉魏伯阳的《周易参同契》，而《太极先天图》则是出自《道藏》。周敦颐是参考了《太极先天图》的基本结构，并以《水火匡廓图》和《三五至精图》为核心部分，构造出了《太极图》，又为图作出说明，也就是《太极图说》。

图 3-3 《水火匡廓图》

[①] 梁绍辉：《周敦颐评传》，南京：南京大学出版社 1994 年版，第 33 页。

图 3-4 《三五至精图》　　　　图 3-5 《太极先天图》

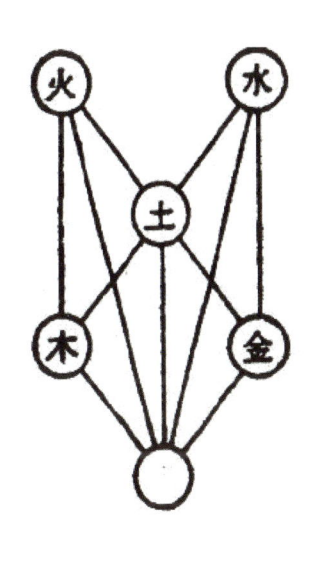

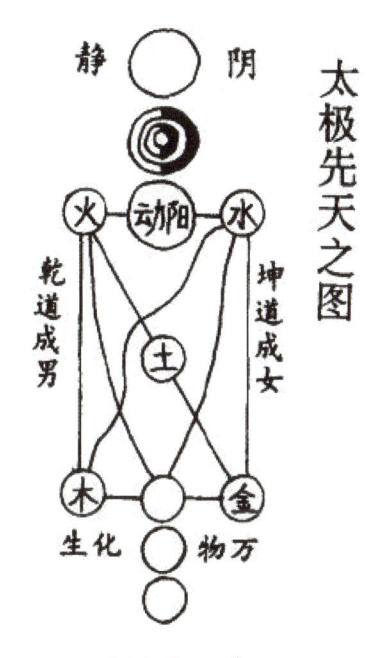

从时间上来说，周敦颐的《太极图》与《太极图说》应是最终完成于其任南安军司理参军之时。[①]这算是周敦颐生平的得意之作，故完成之后，当即传授给了前来受学的二程。《太极图说》曰：

> 无极而太极。太极动而生阳，动极而静，静而生阴，静极复动。一动一静，互为其根。分阴分阳，两仪立焉。阳变阴合，而生水火木金土。五气顺布，四时行焉。五行一阴阳也，阴阳一太极也，太极本无极也。五行之生也，各一其性。无极之真，二五之精，妙合而凝。乾道成男，坤道成女。二气交感，化生万物。万物生生而变化无穷焉。唯人也得其秀而最灵。形既生矣，神发知矣。五性感动而善恶分，万事出矣。圣人定之以中正仁义而主

---

① 湖南省濂溪学研究会：《元公周先生濂溪集》，长沙：岳麓书社 2006 年版，第 232 页。

静,立人极焉。故圣人"与天地合其德,日月合其明,四时合其序,鬼神合其吉凶",君子修之吉,小人悖之凶。故曰:"立天之道,曰阴与阳。立地之道,曰柔与刚。立人之道,曰仁与义。"又曰:"原始反终,故知死生之说。"大哉《易》也,斯其至矣!①

在这里,周敦颐阐释了从无极而太极、再到阴阳五行、最后化生万物的宇宙生成模式,其用简约的图形、精练的文字,揭示宇宙、生命、物质的起源与演进规律。周敦颐于《太极图说》中提及的无极、太极、阴阳、五行、动静、化生等一系列概念,构成了宋明理学的基本范畴,其宇宙观成为理学思想体系的重要哲学基础。

二、虔州通判

在南安军任司理参军之后,周敦颐又先后担任了郴县县令、桂阳县令、洪州南昌县知县、合州判官等职。到了仁宗嘉祐六年(1061),周敦颐以国子监博士通判虔州(今赣州),再次任职赣南大地。在宋代,通判是知州的副手,负责协助知州处理一州的大政,包括兵民、钱谷、户口、赋役、狱讼听断之事等。虽是副职,权力却相当大,但凡州内之事的决断,包括文书的上报与下发,都必须有知州和通判的联合署名才有效。另外,通判还有监督包括知州在内的一州大小官员的权力,其职事之善否修废,可直接向中央报告。很明显,通判的设置,就是为了分知州的权力,并对其形成牵制的。如此一来,知州与通判的关系一般不会太好,有时甚至矛盾很大。有意思的是,周敦颐调任虔州通判的时候,知州正是在官场上极为"难缠"的赵抃。

赵抃(1008—1084),字阅道,号知非子,北宋名臣。仁宗景祐元年(1034)进士,历任节度推官、知县、知州、侍御史、转运使等职,累官至右谏议大夫、参知政事,死后追赠太子少师,谥曰"清献"。赵抃一生为政

---

① 湖南省濂溪学研究会:《元公周先生濂溪集》,长沙:岳麓书社2006年版,第7—9页。

图 3-6 赣州马祖岩宝兴禅寺（李禾丰摄）

简易，长厚清修，刚正忠直，不畏权贵，有"铁面御史"之称。周敦颐在四川合州任代理判官的时候，赵抃为益州转运使，乃是周敦颐的顶头上司。当时赵抃听信了谗言，以为周敦颐人品败坏，把他列为"小人"，待之甚严。等到周敦颐任虔州通判之时，赵抃也真正了解了他的学问和人品，因此刚一见面就紧握着周敦颐的手，感慨道："吾几失君矣，今而后乃知周茂叔也。"[①] 此后，赵抃更是极力向朝廷举荐，逢人便说周敦颐的好。周敦颐与赵抃在性情上颇有些相似，二人皆是学养深厚、为人清正刚直之辈，所以他们在职务上虽然是相互制衡的关系，但私交却极深，两人的交往乃是真正的君子之交。

周敦颐与赵抃在虔州共事，二人从此成为挚交，不仅携手主政一方，更是一同游览山水、诗文唱和、讲学布道，在历史上传为佳话。周敦颐到任虔州之后不久，赵抃就邀他同游马祖岩（图3-6）。马祖岩位于虔州城东五里许，因唐代高僧马祖道一禅师曾在此栖留而得名，乃是佛教圣地。赵抃有

---

① 〔元〕脱脱等：《宋史》卷四百二十七《道学一》，北京：中华书局1977年版，第12711页。

《同周敦颐国博游马祖山》诗曰:"晓出东江向近郊,舍车乘棹复登高。虎头城里人烟阔,马祖岩前气象豪。下指正声调玉轸,放怀雄辩起云涛。联镳归去尤清乐,数里松风耸骨毛。"从诗中可以看出,两人的兴致很高,一大早就渡贡水而东,寻幽览胜,一路吟咏,豪兴徜徉,至晚方归。赵抃称赞周敦颐"下指正声""放怀雄辩",足见二人朋友相得、意气相投之酣畅。

赵抃知虔州之时多有善政,遗爱一方,如疏通赣江及其上游章、贡二水之水道,拓宽梅岭古道,兴办学校等,作为副职的周敦颐,在这些政绩当中自然也有一份功劳。赵抃、周敦颐二人亦官亦儒,都是学识渊博之辈,故于水东玉虚观左创立学堂,利用政务之暇讲学布道。周敦颐能遇见赵抃这样的知音,一起纵情山水、诗文唱和、切磋学问,自然是十分惬意的。然而时光荏苒,就在嘉祐七年(1062)九月初,赵抃收到了升任礼部员外郎兼侍御史知杂事的调令,马上就要离任虔州了。分别在即,又是将近重阳节的时候,周敦颐给赵抃写了好几首诗,表达依依不舍之情。可惜的是,周敦颐素来主张文以载道,本来作诗就不多,即便是有些应时应景之作,也是随作随弃,所以这几首诗都没有保存下来,我们只知道其中一首诗题为《重阳节近见菊》。[①]

好在赵抃给周敦颐的和诗保留了下来,其中一首《次韵周敦颐国博重阳节近见菊》曰:"为僚初自喜,邀客亦逢嘉。把酒须同乐,分襟莫预嗟。未成登画舸,好共赏黄花。试向东篱看,秋丛映晚霞。"诗中,赵抃先是回顾了二人的同僚之喜,对于即将到来的离别,赵抃也宽慰周敦颐不要太过感伤,毕竟现在尚未分别,到重阳节的时候仍可一同登高赏菊。赵抃大概是重阳节或稍后离开虔州的,重阳之日,他在郁孤台设宴招饮,邀请僚属契友,与他们道别。然而不知为何,这一次宴会周敦颐却因故未能前来,只有诗相赠。赵抃有和诗《次韵周国博不赴重九饮会见寄二首》,对周敦颐的寄诗表示感慰,并对其未能赴郁孤台之会而深表遗憾,曰:"嫩菊浮香酒泼醅,命俦欢饮

---

① 詹亚园:《赵抃与周敦颐交游事实略考》,《浙江海洋学院学报(人文科学版)》,2005年第2期。

郁孤台。如何兴会翻为恨，为欠车公一到来。九日年丰狱讼稀，望君同醉乐无涯。樽前慰我区区意，只得登高一首诗。"看着郁孤台下的一江秋水，真是满满的惜别之意。

周敦颐虽未能赴郁孤台之宴，但赵抃离开的时候，他必定是要相送的，有《万安香城寺别虔守赵公》诗曰："公暇频陪尘外游，朝天仍得送行舟。轩车更共入山脚，旌旆且从留渡头。精舍泉声清汩汩，高林云色澹悠悠。谈终道奥愁言去，明日瞻思上郡楼。"从诗的内容可以看出，赵抃与周敦颐的友谊是相当深厚的，二人共事的时间其实很短，但每有闲暇，赵抃便陪同周敦颐览胜寻幽，高谈阔论。此番赵抃回京任职，周敦颐更是一路送到赣江码头。这次送别，绝不是简单的作揖了事，而是相当不舍，两人还一同前往万安的香城寺作了短暂游览，其间必然有说不完的话，除了互道珍重，更多的是探讨学问，故有"谈终道奥"之语。赵抃的和诗也谈到这次赣江边的践别，曰："顾我入趋尧阙去，烦公出饯赣江头。为逢萧寺千山好，不惜兰舟一日留。清极往来无俗论，道通何处有离忧。分携岂用惊南北，水阔风高万里秋。"值得注意的是，虔州辖内多寺观，而周敦颐与赵抃游，亦多出入佛寺，二人于游览时所论亦多是佛理禅机。赵抃在中年以后即系心佛门，乃是蒋山泉禅师的法嗣。周敦颐的理学乃是援佛、道入儒，所以和赵抃在虔州这段时间的共事与交游，对周敦颐理学思想的发展应是产生了重要影响的。二人自虔州一别，仍多有诗文往来唱和，一直延续着他们深厚的友谊。[①]

得益于赵抃此前疏通了赣江上游水道，故从虔州出发乘船走水路可以很方便地到达其下辖诸县邑。嘉祐八年（1063）正月七日，周敦颐发舟溯贡水而上，行县至雩都（今于都县），因闻县南五里外之罗田岩钟天地之英灵、拾人文之雅萃，颇受历代骚翁墨客、高士名流之青睐，芳声远播，乃邀县令沈希颜等往游。见此丹山碧水，古柏苍松，清溪雾隐，岩岫云生，顿觉涤虑

---

① 詹亚园：《赵抃与周敦颐交游事实略考》，《浙江海洋学院学报（人文科学版）》，2005年第2期。

图 3-7　于都罗田岩（谢慧摄）

洗心、万物空灵，颇有飘然世外、遁迹出尘之意，因借景赋诗曰："闻有山岩即去寻，亦跻云外入松阴。虽然未是洞中境，且异人间名利心。"在游览罗田岩（图3-7）的过程中，周敦颐大概萌发了创作《爱莲说》的想法，或已经在酝酿腹稿。返回虔州之后，同年五月，周敦颐于衙署院内，忽见池中莲花盛开，煞为好看，不禁灵感来袭，当即研墨挥毫，写就千古名篇《爱莲说》，其文曰：

  水陆草木之花，可爱者甚蕃。晋陶渊明独爱菊。自李唐来，世人甚爱牡丹。予独爱莲之出淤泥而不染，濯清涟而不妖，中通外直，不蔓不枝，香远益清，亭亭净植，可远观而不可亵玩焉。予谓菊，花之隐逸者也；牡丹，花之富贵者也；莲，花之君子者也。噫！菊之爱，陶后鲜有闻。莲之爱，同予者何人？牡丹之爱，宜乎众矣。[①]

---

① 湖南省濂溪学研究会：《元公周先生濂溪集》，长沙：岳麓书社2006年版，第99页。

周敦颐撰文向来是惜字如金,《爱莲说》全篇只有119个字,可谓是简洁精练,清丽优美。文章用象征的手法凝练出莲花高洁、清雅、淡泊的君子品格,表达了作者正直凛然、特立高标的人格情操和清廉志趣。《爱莲说》完成之后,周敦颐将之付与雩都县令沈希颜,因年初有同游罗田岩之事,故沈希颜组织人手将《爱莲说》勒石于罗田岩。

周敦颐创作《爱莲说》,是其高标人品与清廉为官的真实写照。比如至和元年(1054),周敦颐任洪州南昌县知县。南昌百姓听说那位初仕分宁即能辨疑决狱的周主簿要来主政,皆欣喜万分,夹道而迎。周敦颐知南昌,治理贪腐,不畏权贵,清政为官,以身作则,敦化百姓,多有善政。其间,周敦颐忽得重病,几乎丧命。好友潘兴嗣前来探望,见其家徒四壁,仅有几件旧衣服放在一个破箱笼里,所存积蓄,竟不到百钱。原来,周敦颐把做官所得之俸禄都分给了宗族,或接济他人,自己却一直过着清贫的生活。后来周敦颐调任永州通判,由于是在家乡为官,就不免有乡亲父老、好友亲朋前来攀关系、走后门,周敦颐对这些人一律回避,并作诗一首,以表明他为官清正、绝不偏私的立场。其间,周敦颐还写了一篇《拙赋》,他在文中指出,巧者损人利己,损公肥私,是地地道道的"贼者",而拙者正大光明,严于律己,是社会所推崇的"德者",不巧言令色,不阿谀逢迎,老老实实做人,踏踏实实做事,才是正确的为官之道。熙宁四年(1071),周敦颐升任广南东路提点刑狱,这既是地方大员,又是难得的肥差。其治下的端州,以端溪砚石闻名。时任端州知州的杜谘,利用职权之便,大肆开采端砚,从中渔利,盘剥百姓,以致民怨沸腾,大家给他送了个外号"杜万石"。周敦颐却能抵挡住这等诱惑,他有鉴于此,当即奏请朝廷,下达禁令:但凡在端州为官者,置办砚石不得超过两方。端州的贪腐之风立马得到有效遏制。[①]周敦颐为官,一直保持着清正廉洁的作风,一如其笔下的莲花,出淤泥而不染,在官场这个大染缸里特里高标,实为中国古代清官廉

---

① 湖南省濂溪学研究会:《元公周先生濂溪集》,长沙:岳麓书社2006年版,第236页。

吏之典范。

周敦颐创作《爱莲说》，吸收了佛教思想元素。莲花与佛教有着十分密切的关系，佛教各宗派的经典，多有以莲花名座名经者，如《华严经探玄记》就总结了佛教关于莲花在泥不染，自性开发，佛性不为世法所污，为群蜂所采，甘为众圣所用，具备香、净、柔软、可爱四德。周敦颐对莲花品质的阐发，与佛教的莲花意象是基本一致的。另外，虔州大地佛教昌盛，广布佛寺，又多种莲，周敦颐在如此环境下，受到思想影响和灵感启发而创作《爱莲说》是十分合理的。

周敦颐创作《爱莲说》，是对中国传统文化中君子品格的继承和发扬。儒家学者讲求完美君子人格的养成，并推而广之，达到齐家、治国、平天下的目的。君子品格包括气节、担当、家国情怀等内容，这种追求在宋代文人士大夫身上体现得尤为明显，范仲淹就说"居庙堂之高则忧其民，处江湖之远则忧其君"，"先天下之忧而忧，后天下之乐而乐"。周敦颐之前，学者关注较多的是莲花的医药价值和艺术形象，而很少注意到其精神意象。朱熹《爱莲》诗曰："闻道移根玉井旁，开花十丈是寻常。月明露冷无人见，独为先生引兴长。"说的就是莲花长期以来不被关注，只在月明露冷之夜默默开放，伴随着几分寂寞与凄凉的境遇。周敦颐对莲花的重新塑造，既丰富了莲花的精神意象，又丰富了传统文化中君子品格的内容，自此"莲"成为花之君子者，影响深远。[1]

嘉祐八年（1063），宋仁宗驾崩，英宗登极，周敦颐以恩迁虞部员外郎，继续通判虔州。英宗治平元年（1064）冬，虔州民间发生大火，焚毁房屋千余家，朝廷派人核查并差遣了新的通判，周敦颐也调任永州通判，结束了他在虔州四年的仕宦生活。[2]

---

[1] 梁绍辉：《周敦颐评传》，南京：南京大学出版社1994年版，第97–102页。
[2] 湖南省濂溪学研究会：《元公周先生濂溪集》，长沙：岳麓书社2006年版，第235页。

三、理学开山

周敦颐两度在赣南为官,对赣南的人才培养和文化建设作出过贡献,然而这种作用在当时其实是有限的。在周敦颐生前及其身后很长一段时间内,他的声名并不显闻,直到南宋以后理学逐渐成为显学,周敦颐的历史地位和学术思想的影响力才得以凸显。邓广铭先生就曾指出,周敦颐一生的官位不是很显达,他的著作在北宋一代也并未受到学界的重视,可以说到南宋初年为止,他是一直不曾被认作重要学人的。周敦颐理学开山鼻祖的地位是在南宋以后才确立起来的,这离不开理学的集大成者朱熹对理学传承谱系的建构。周敦颐在赣南的情况同样如此。南宋孝宗淳熙元年(1174),庐陵人孝敬先生刘靖之(字子和)为赣州教授,他在任上欲为赵抃和周敦颐立祠堂,当地士子反问道:"赵公则闻耳矣,敢问濂溪何人也?"这一句发问,反映出周敦颐对于南宋初期的赣南士人来说是相当陌生的,也反映出周敦颐的理学在当时的赣南大地并没有广泛流传开来。周敦颐在赣南重新被认知及其影响力的扩大,与刘子和的极力推荐是分不开的。[①]在朱熹与刘子和的双重作用下,到了南宋理宗时期,由皇帝亲自下诏,将南安军纪念周敦颐与二程的周程书院改名为道源书院,其后又御赐"道源书院"四个大字,这就相当于钦定了周敦颐理学开山鼻祖与道学之源的历史地位。

周敦颐理学地位的确立,一方面要归功于朱熹等人的努力。另一方面,周敦颐将传统儒学推向了一个新的阶段,他所创立的理学,具有完整的内容体系、深邃的思想内核,并深刻地影响了二程和朱熹,自有其独到的思想史价值。周敦颐的理学思想主要体现在其著作《太极图说》与《通书》之中,《太极图说》揭示了周敦颐"无极而太极"的本体论、宇宙论思想。《通书》或称《易通》,主要阐释了《周易》思想,兼及《论语》《春秋》《大学》等儒家经典,在此基础上构建起了周敦颐以"诚"为中心的理学思想体系,包

---

① 李云彪:《周敦颐对赣南文化的影响》,《大众文艺》,2016年第23期。

括宇宙论、道德论、修养论和政治论等一系列内容。

宇宙论。周敦颐提出"无极而太极","无极"之名应是源于《老子》"常德不忒,复归于无极",而"无极"之立意则近于《老子》"无名天地之始,有名万物之母"的"无",它是宇宙万物生成最初始的阶段,是宇宙的最终本原,是无形的,亦是不可名状的。"太极"一词源于《周易》"是故《易》有太极,是生两仪,两仪生四象,四象生八卦"。在周敦颐看来,"太极"是宇宙万物生成的原始物体,是物质由无形状态到有形状态的连结点,就本原而言,它是"无极"的"子体",就发展而言,它又是阴阳的"母体",即"太极动而阳,静而阴"。太极既是阴阳的总括,阴阳合而为太极,太极分而为阴阳;阴阳又是太极动静的结果,太极动产生阳,静产生阴。就生成关系而言,有太极才有动静,有动静才有了阴阳,动静、阴阳又是周而复始的,即"动极则静,静极复动"。阴阳的一变一合产生了水、火、木、金、土五行,五行各有其独特的性质,是生成万物的基本材料。五行凝合而成万物之精气,再通过"乾道成男,坤道成女"的雌雄交感而生成万物,由此而万物生生不息,无穷无尽。客观地说,周敦颐由无极而太极,再到阴阳、五行,从而化生万物的宇宙生成模式,基本上是根据《易传》立论,没有多少深化和发展,可见其受《周易》思想影响之深。

道德论。周敦颐从其宇宙论出发,派生出了与此宇宙论相一致的道德论。他认为,宇宙在自身生成和万物化生的过程中形成了一种本质的自然属性,正是因为有了这种属性,宇宙才能成其为宇宙,万物才能成其为万物,人也才能成其为人。周敦颐将这种属性称为"诚",并认为人类的道德正是对这种"诚"的继承和发展,即"诚,五常之本,百行之源也"。"诚"是客观存在的道德实体,并具备无妄无欺、纯粹至善的道德本质。从"诚"出发,周敦颐对人类道德作出了界定:就范围而言,它包括仁、义、礼、智、信五常;就性质来说,道德只包括善的一面,所谓"五常百行,非诚非也,邪暗塞也",只有符合"诚"的行为规范才能称之为道德,否则只是被邪暗充塞的假象。因此,在延续传统的基础上,周敦颐又对道德规范的核心也就是"五常"作了新的内容阐释,比如仁包括好生、爱人、无私等,义即成物、行而宜之、刚而过度,礼的实质就是君臣父子、尊卑有序,智与信则必须表现为正,另外还有中的思想,即适度与中和。周敦颐以这一套道德规范作为人生价值判断的标准,形成了其幸福观、苦乐观、富贵观和死生观,他把身有道义、成贤成圣作为人生的最高追求,以身安为富、以具备道德为贵,而无惧生死。

修养论。周敦颐的修养论是以其道德论为基础的,其修养的目的,就是要追求身有道义、成贤成圣的人生目标,最终达到与自然规律完全一致的"诚"的境界。针对不同的修养层次,周敦颐提出了不同的阶段性目标,概言之即士希贤、贤希圣、圣希天。对于一般的学道习艺之士,其修养的目标就是要成为伊尹、颜回、子路这样的贤者,善于任事、洁身自好、过而能改。当修养达到了贤者的境界,就要以圣人作为自己进一步修养的目标。周敦颐认为,圣人必须具备三个条件,即诚、神、几。"诚"是伦理道德的最终本原,同时也是修养的最高境界。"神"是周敦颐对人的思维反应异常敏锐的一种描述,也就是"感而遂通",只有平时寂然不动,一旦用时感知,才能反应神速,即所谓"寂然不动者,诚也"。"几"是人的深层次思维活动,是决定人的行为是否合乎道德准则的十分重要而细微的环节,也就是周敦颐说的"几善恶"。"几善恶"就是要在"几"处分善恶,人们要使自己的行为向善,关键就是要在细微处、在具体的小事情上进行把握。到了圣人阶段,同样有进一步修养的必要,即以天作为效法的榜样,要做到"与天地合其德,与日月合其明,与四时合其序,与鬼神合其吉凶,先天而天弗违,后天而奉天时"。关于修养方法,周敦颐认为首先要立志,要"志伊尹之所志,学颜子之所学",以天下为己任,然后才是践行多思、立诚、改过迁善、慎动、务实、爱人敬人、无欲主静等具体的修养方法。在这些修养方法当中,主静是最为核心的,周敦颐认为"静"是一切事物的本来状态,要做到静,则必须无欲,即对个人欲望的合理引导与控制。

政治论。儒家传统讲求修齐治平,周敦颐的理学思想,同样是将道德修养论推而广之，以达到齐家、治国、平天下的目的。周敦颐认为治国牧民的总原则与宇宙生成的基本规律是一致的，也就是说人类社会的政治运转须效法天道，天道"以阳生万物，以阴成万物"，社会治理则是"圣人在上，以仁育万物，以义正万民"，圣人治理天下，当"以政养万民，肃之以刑"。这其实就是儒家一直追求的王道政治，推行仁义教化，主德治，并辅之以刑罚。对于一般执政者而言，欲实现天下大治的目标，则必须纯心用贤。心纯，其貌必恭敬，恭敬方能得人；其言必谨慎，言慎才能够照办；其视必明察，明察则不被邪暗所蔽；其听必聪，聪则能采纳众议，因而所谋必当。人主能做到貌、言、视、听敬用，则四方之才不邀而至，所以说"心纯则贤才辅"。周敦颐认为治天下的根本在于修身，而修身之本在于诚心，因此又回到了"诚"的问题上，所以说周敦颐的理学思想体系是以"诚"为核心的。在具体的社会治理手段上，周敦颐提出"治国如治家"的原则，并强调发挥礼乐的作用，以礼规范人的行为，以乐涵养人的性情。[①]

总而言之，周敦颐以"无极"为本体，以《易传》为基础，以其著作《太极图说》为载体，构建起了"无极而太极"的宇宙生成论。以此宇宙论为基础，周敦颐在《通书》中建立了其以"诚"为中心的道德论、修养论和政治论，从而形成了有本有原、有比较完整体系的理学思想，将传统儒学推向了一个全新的阶段。周敦颐的《太极图说》创作于赣州，其《通书》虽非一时之作，但很多内容应该也是在赣州形成的，可以说赣州是周敦颐理学思想形成的重要地域。在周敦颐理学自身价值的基础上，经朱熹、刘子和等人的大力推动，周敦颐理学开山鼻祖的地位得以确立，赣州为"周子过化之地"的历史地位也得以确立。

[①] 梁绍辉：《周敦颐评传》，南京：南京大学出版社1994年版，第128–357页。

第二节　二程受学

程颢（1032—1085），字伯淳，世称明道先生。其弟程颐（1033—1107），字正叔，世称伊川先生。程颢、程颐兄弟为洛阳人，出生于官宦世家，有极好的家学渊源，曾祖程希振任尚书虞部员外郎，祖父程遹赠开府仪同三司吏部尚书，父亲程珦以太中大夫致仕。二程在理学史上具有崇高的地位，他们开创的"洛学"奠定了理学的基础。从一个历史时代的主要思潮特征来看，"洛学"是理学的典型形态。二程的"洛学"与周敦颐的"濂学"在学脉传承上有着很深的渊源，而这种渊源正是在赣南建立的。

一、孔颜之乐

北宋仁宗宝元元年（1038），程珦任虔州兴国县县令，家眷随迁，年幼的二程兄弟也跟着父亲来到了兴国（图3-8），自此程氏父子三人与赣南结下了深厚之缘。兴国县在历史上素以难治著称，程珦到任之后，以儒学整顿吏治，推诚待民，德风惠化，地方上的犯罪率有明显下降，监狱里关押的犯人也立减，有些积压了十多年的诉讼，一到程珦手里，片刻工夫就解决了，以

图3-8　兴国潋江书院（刘毅摄）

致百姓诚服，芳声远播。由于在兴国县取得了突出的政绩，程珦于庆历六年（1046）升任权南安军知军，其时周敦颐已为南安军司理参军，程氏父子就这样和周敦颐在南安不期而遇了。正是这一历史性机缘，同时成就了周敦颐与二程的理学宗师地位。

程珦在当时已是颇有名气的儒学之士，又是南安军的官长，更是出身于洛阳的世家大族，而周敦颐作为州府佐官、程珦的下属，既年轻，在学术上又毫无名气。程珦却能撇下偏见，独具慧眼地发现周敦颐高洁的人品与精深的学问，并令二子从其受学，实属难得。始从周敦颐受学之时，程颢大概十五岁，程颐则十四岁，至于二人追随周敦颐的时间究竟有多长，则不太好说，毕竟周敦颐在程氏父子到南安的当年就离任了。不过据程颢回忆，他在十六七岁时喜好田猎，后来有所收敛，于是认为自己没有这项爱好了，周敦颐却认为他想得太简单了，他只不过是暂时把田猎之好深藏于心底罢了，一旦萌动，此喜好必定恢复如初。十几年后，程颢暮归，在田间看到有人打猎，内心果然萌动，于是始信周敦颐当年之言。由此推算，则二程从周敦颐受学的时间大概有两年左右。至于周敦颐所授之内容，就比较丰富了，首先是"孔颜之乐"的问题。

明道先生程颢曾对学生说，他们兄弟二人"昔受学于周茂叔，令寻颜子、仲尼乐处，所乐何事"。颜子、仲尼乐处，出自《论语》。孔子曾称赞颜回说："贤哉回也！一箪食，一瓢饮，在陋巷，人不堪其忧，回也不改其乐。贤哉回也！"[1]孔子自己周游列国，推行大道，却常常碰壁，屡遭嘲讽；在匡被围堵，差点被打死，他却认为斯文在兹，必定天无绝人之路；困厄于陈、蔡之间，绝粮七日，仍弦歌不止；生活潦倒，却能"饭疏食饮水，曲肱而枕之，乐亦在其中矣"。周敦颐以此问二程道："夫富贵，人所爱也，颜子不爱不求，而乐乎贫者，独何心哉？"只有十四五岁的二程，当然不会明白这些大道理。周敦颐就点拨道，颜回之所以能不爱富贵，是因为他把外在富贵的

---

[1] 〔清〕刘宝楠：《论语正义》，北京：中华书局1990年版，第226页。

获取视为"小",而把道德、精神境界的提升放在人生第一要务,视为最大最高的价值追求。因此,"小"与"大"相比,颜回只会专注于"大",而不会在意"小"的得失,而当他实现了最高的道德境界之后,便十分满足,当然也就不会去在意富贵或贫贱的生活状态了,故而心中能"乐"。周敦颐想要启发二程的是,富贵、贫贱固然是两种截然不同的生存状态,但要达到"孔颜之乐"的精神境界,就必须在心理上持平二者,达到"处之一",不因富贵而傲慢得意,不因贫贱而失落忧伤,不以物喜,不以己悲,因为真正的圣人是"志于道",世俗生活的贫富贵贱并不入其怀,"孔颜之乐"的真谛乃是"安贫乐道"。

在周敦颐的引导下,二程对"孔颜之乐"的理解颇深。其时大儒胡瑗被朝廷征召为学官,在京大兴书院,广招天下学子。周敦颐见二程已学有所成,便建议程珦送他们进京读书,并亲自给胡瑗写推荐信。二程来到胡瑗门下,胡瑗出的一道考题为"颜子所好何学论"。这正是周敦颐指导过的"孔颜之乐"的问题,所以程颐不假思索地回答:"然则颜子所独好者,何学也?学以至圣人之道也。"程颐认为颜子独好"圣人之学",以闻道行道、追求至高的道德与精神境界为理想目标。胡瑗对这个回答既感到惊奇,又十分满意。程颢则在"孔颜之乐"的基础上,进一步提出"乐天知命"的问题。他认为,圣人以"知天""行天之道"为己任,而"命"则是人生当中的必然性,如富贵贫贱之类,是难以凭一己之力更改的,也是不可为的。圣人"知天",所以致力于自我道德人格的修养,以博施众济,如此就把个人的事功追求、精神境界与"天道"相统一,并为世俗的思虑生活找到了超越性的价值之源,故而能"乐"。圣人"知命",便不会拘泥、执着于生活中的贫贱富贵,如此则能心安,心安才能在不同的生活境遇中找到"乐",正如《大学》所言"知止而后有定,定而后能静,静而后能安,安而后能虑,虑而后能得",其最终所"得"的也是"乐"。这便是程颢所谓"乐天知命"。

周敦颐提出的"孔颜之乐"的问题,因二程的不断思考与深化,而成为理学的核心命题之一。二程强调"学至涵养其所得而至于乐,则清明高远矣",于是由"孔颜之乐"又引出了周敦颐教授二程的另一个重要内容,即"吟风弄月",这是一种将内在的真性情自然抒发出来的大快乐。"吟风弄月"同样有很久远的儒家传统,《论语》记载,某日子路、曾皙、冉有、公西华侍坐,孔子要求弟子们谈各自志向,诸弟子依次发表意见。当轮到曾皙时,他停止鼓瑟,说道:"莫春者,春服既成,冠者五六人,童子六七人,浴乎沂,风乎舞雩,咏而归。"孔子听后感叹道:"我的志向和曾点相同啊!"[1] 晚年的孔子似乎没有了在政治上叱咤风云、向天下推行大道的抱负,而是向往与二三子一起寄情山水、饮酒唱和的生活。这种淡泊的志向忽然在圣人孔子身上体现出来,于是"吟风弄月"也成为历代儒者思考与追寻的主题。周敦颐的身上就有圣人的这种超然与洒脱,还在少年时期,他家附近有溪水环绕如青罗带,曰"濂溪",溪上有桥,桥上有小亭,周敦颐便经常在桥亭之上钓鱼游乐,吟风弄月,并以清冽的溪水濯洗冠缨。后来流官在外,周敦颐经过庐山,为其美景所吸引,便于山上构筑书堂,晚年更是隐居在那里。周敦颐又将"吟风弄月"的圣人情调传递给了二程,在南安军衙署内的后花园,周敦颐一边引导二程读书,一边以赏景吟咏为乐,后人有鉴于此,在这里建起了"吟风弄月台"[2],正是"数十黄卷轴,贤圣谈无音;吾乐盖易足,名濂以自箴"。在周敦颐的熏陶下,二程遂厌倦了科举之业,而慨然有求道之志。

  周敦颐传授给二程的,还有其"无极而太极"的宇宙论。在南安军司理参军任上,周敦颐完成了理学著作《太极图说》,也正是在此期间,他把这篇得意之作传给了二程,并且只传给了二程。之所以肯定只传给了二程,是因为传世的《太极图说》乃是出自二程辑录的《通书》,此外别无他本。另外,据邵雍的儿子邵伯温回忆说,程颐曾与朱光庭一起来拜访邵雍,邵雍招待二人饮酒,其间谈论道学。程颐指着面前的桌子说:"这张桌子安放在地上,却不知天地安放在哪里?"邵雍于是接过话头,高谈阔论起天地万物之

---

[1] 〔清〕刘宝楠:《论语正义》,北京:中华书局1990年版,第474页。
[2] 同治《南安府志》卷七《田赋》,同治七年(1868)刊本。

理，以及六合之外的事情，这正是宇宙论的问题。程颐听完感慨道："此前只听周茂叔讲过类似的东西。"程颢也回忆说，周敦颐曾令他们"观天地生物气象"，说明周敦颐指导二程之时，的确谈到了宇宙论方面的内容。"诚"是周敦颐理学思想的核心内容之一，他曾让二程思考荀子所谓"养心莫善于诚"的问题，程颢回答说："心既然已经诚了，还需要养吗？"周敦颐很欣慰，道："荀子还没完全理解诚。"周敦颐应该还给二程传授过佛学思想，他对二程说，一部《法华经》，只用《周易》的"艮卦"就能解释清楚。很明显，周敦颐传递给二程的，是他吸收佛、道内容之后形成的新儒学思想，亦即理学。[①]

周敦颐教授给二程十分丰富的内容，可以说对二程理学思想的塑成产生了重要影响。然而有趣的是，二程似乎并不愿意提及甚至是有意回避他们与周敦颐之间的这种师生授受关系。在二程传世的著作中，他们从未尊周敦颐为师，而是直呼其字曰"茂叔"。之所以造成这种尴尬的局面，应该是和北宋中期王安石变法以来的新旧党争有关。程氏父子三人都是坚定的守旧派，神宗熙宁初，变法还在议定阶段，上下反对声一片，程珦便是反对者之一。后来新法推出，州县守令都争先恐后地奉行，程珦仍然是为数不多的坚决反对者。程颢更是在数月间连上数十道奏折，痛斥新法之弊。程颐授崇政殿说书之后，利用经筵日讲的机会，借周公之名规劝皇帝行古法、废新法。在这场新旧党争中，周敦颐虽然没有明显的站队，但他实际上是支持变法的，并且和新党之间颇有些说不清道不明的关系。

新党领袖、变法的主持者王安石与周敦颐曾有过两次交集。一次是在景祐四年（1037），周敦颐于润州鹤林寺为母守丧，其间与范仲淹、胡宿等名士交游甚密。王安石当时年少气盛，自负才学，颇有些不可一世，他多次投刺，求见周敦颐，结果都被拒之门外，于是愤然道："吾独不可求之六经乎？"另一次是在嘉祐五年（1060），周敦颐自署合州通判任上解职回京，

---

① 梁绍辉：《周敦颐评传》，南京：南京大学出版社1994年版，第42-43页。

与王安石相遇，二人相谈甚欢，语连日夜，事后王安石退而精思，至废寝忘食。这次相会，王安石官居提点江东刑狱，已是名满天下的通儒，无论是政治地位还是学术影响力都远在周敦颐之上，要说周敦颐对王安石进行了教诲和感化，那也谈不上。不过二人这一次日夜长谈，深入交流了思想，是比较可信的。周敦颐与王安石在思想上确实有许多共通之处，比如在宇宙论上，王安石说："无者，形之上者也。自太初至于太始，自太始至于太极。太极生天地，以名天地之始。有，形之下者也。有天地然后生万物，此名万物之母。母者，生之谓也。"很明显，这和周敦颐"无极而太极"的论述基本上是一致的。在性情论上，王安石说："喜怒哀乐好恶欲未发于外而存于心，性也；喜怒哀乐好恶欲发于外而见于行，情也……有情然后善恶形焉，而性不可以善恶也。"周敦颐和王安石的性情论，都是受到唐人李翱"性善情邪"说的影响，不在性上区分善恶，而以情别善恶。正是因为二人在思想上共通，所以嘉祐五年的会晤，能够语连日夜，同时也反映出他们至少在学术上的关系是非同一般的。

熙宁三年（1070），正当王安石的新政进行得如火如荼，司马光、程颢、吕公著、赵抃等人相继去职之际，周敦颐却由尚书驾部员外郎转虞部郎中，升任提点广南东路刑狱。他的这次擢升，不能说与其支持新政的态度毫无关系。特别是到了第二年，周敦颐巡部潮州，果断处理了杜谘强占端石砚事件，沿途"尽心职事，务在矜恕，虽瘴疠僻远，无所惮劳"。这种锐意进取的作风，明显带有新政的气象。周敦颐又在病重之际给蒲宗孟写过一封信，极力称颂新政，并因自己卧病不起，无法为新政的推行效力而深感遗憾，他说："上方兴起数百年无有难能之事，将图太平天下，微才小智苟有所长者，莫不皆获自尽，吾独不能补助万分一，又不得窃须臾之生以见尧舜礼乐之盛。今死矣，命也。"正是因为周敦颐对新政的支持及其与新党的牵连，所以作为旧党头面人物的二程，要刻意回避他们之间的师生授受关系。[①]

---

① 梁绍辉：《周敦颐评传》，南京：南京大学出版社1994年版，第22—27页。

二、易有太极

北宋时期的思想家都十分重视《周易》，他们借《周易》阐释本体论、宇宙观，论述世界和人生的哲理，以维护中国古代社会后期的统治秩序。比如周敦颐的《太极图说》，就是以《周易》的宇宙生成论为基础，其《通书》阐论的主要内容也是《周易》。作为周敦颐的弟子，二程同样注重对《周易》的研究，以程颐署名的《伊川易传》即是二程理学思想的主干。二程少年时期曾追随周敦颐学习《周易》，其后便以擅长易学著称于世。程门大弟子尹焞回忆说，横渠先生张载当年在京师，坐在虎皮大椅上讲《周易》，前来听讲的人很多。一天傍晚，二程来访，与张载论《易》。第二日张载便撤去了虎皮椅，并羞愧地说道："我平日给大家讲的都是乱道，二程才是真正的深明易理，是我所不能及的，你们可以前去拜师问学。"随后，张载便回陕西去了。

二程自少年学《易》以来，一生都致力于《周易》的研究。北宋哲宗绍圣年间，程颐因党争而放归田里，后来又编管涪州，于忧患之中撰成《伊川易传》。成书之后，却迟迟不愿流布，虽经门人反复请求，仍然不肯拿出来。直到临终前躺在病床上，才授予尹焞和张绎，并仍在思考如何修改其书，足见程颐对《伊川易传》之审慎态度。《伊川易传》虽是由程颐最终完成，但其中同样包含了程颢的思想，它是系统论述二程理学思想的经典著作。尹焞就说，《伊川易传》是程颐平生用力最多的作品，它是二程学术思想的典型代表，任何记述二程言论的《语录》之类，或所见有深浅之差，或所记有工拙之别，因而都无法与《伊川易传》相提并论。程颐一生的道德践履，完全体现了《周易》的思想，其撰写《伊川易传》，完全是根据自身的道德践履而来的。《周易》因文字简略，涵义隐晦，故能包罗万象，程颐便是以自己的理学观点来训释《周易》，使之疏通明畅。但是这样一来，《伊川易传》便不再是《周易》之旧，而成为反映理学家二程思想的哲学著作。

程颐的《伊川易传》，构建起了一个包含自然哲学、政治哲学、人生哲学等内容的理学思想体系。该体系以天理论为基础，论证天地万物得天理而

"长久不已""生生无穷";论证"顺理而行"的政治哲学,即"圣人以常久之道,行之有常,而天下化之,以成美俗";论证"安于义命"的人生哲学,即进德修业、居易俟命、卑巽自处、随时之宜。这个体系的各个组成部分,都阐述了天理生成一切、支配一切的思想。天理超然独立于自然与人类社会之外,而又无所不照。中国古代有"皇建其有极"的神权说,后世学者在这个"皇极"之上加入了精神的"太极",所谓"极高明而道中庸"。然而无论是邵雍的《皇极经世书》还是周敦颐的《太极图说》,都没有将"皇极"和"太极"成功地结合在一起,直到二程洛学的开创,虚构出理学神秘主义的"道统",才从"心传之奥"的角度奠定下由"皇极"而"太极"的道学基础。

二程的易学,具有广泛的思想渊源,首先是深受周敦颐理学思想的影响。周敦颐《太极图说》的宇宙论,以"无极"为本原,而二程提出的"天理",同样具备了"无极"的本原性质。周敦颐的《通书》多处论述《周易》相关内容,他说:"大哉乾元,万物资始,诚之源也……元亨,诚之通;利贞,诚之复。大哉《易》也,性命之源乎。"其以《周易》释"诚",进而提出"性命"学说。二程的人性论及人生哲学,乃是以天理论为基础,其渊源仍是《周易》。周敦颐曾将《周易》与佛学互释,他认为一部《法华经》只用"艮卦"就能解释清楚,这种治学方法对二程产生了重要影响。在程颐看来,研究《周易》是为了"知幽明之故",知天地、人事之理,或曰"至微者理也,至著者象也,体用一源,显微无间",其"体用一源,显微无间"与佛教华严宗的"体用无方,圆融叵测""往复无际,动静一源"大体是相同的。程颐认为,《华严经》有三大要义,一曰"真空绝相观",二曰"事理无碍观",三曰"事事无碍观"。华严宗的"事理"好比是镜灯之类,包含万象,无有穷尽。一言以蔽之,即是"万理归于一理",程颐正是按照"凡事皆有理""万理归于一理"的双重逻辑去解说《周易》的。

程颐的《伊川易传》是程朱学派的重要理学著作之一,在理学成为官方意识形态之后,《伊川易传》也成为科举取士的官书,对中国古代社会后期的思想产生了深远影响。比如《伊川易传》解释《周易》"鼎卦"初六爻之爻象说"去故而纳新,泻恶而受美""出否以从贵也",意即从鼎中泻去旧的糟粕,纳受新的美好的东西,引申为在一个机体里清除废料,吸收新鲜养分,也就是我们常说的"吐故纳新"。《伊川易传》解释"蹇卦"卦象说"有所未善则改之,无歉于心则加勉",后来精简为"有则改之,无则加勉"。这些思想经过长期流传,已经成为格言或谚语,深印在人们的头脑里,甚至在现代政治生活中还发挥着重大作用。至如"天理良心""诚心诚意""修心养性""真实无妄""安分守己"等,还往往为人们所用,作为论证的依据。这些世俗语言,或者来自很久远的上古时期,或者形成于中古,但都是通过《伊川易传》的传布而益见有力。它们有些具备积极意义,有些则是消极的,但都还在现代生活里产生影响。这种影响,正是以二程作为奠基者的理学,在影响此后近千年的中国古代社会的同时,又孑留于现代社会的余波。①

三、天理性命

二程的理学思想,乃是以天理论为基础。其天理论包含两个层面,一曰凡事皆有理,二曰万理出于一理。此处所谓的"理",泛指客观事物及其法则。程颐于《伊川易传》中大篇幅论证"凡事皆有理",如解释"否卦"说"物理极而必反,故泰极则否,否极则泰",即"物极必反"乃是事物变易的法则。又解释"泰卦"说:"无往不复,言天地之交际也。阳降于下,必复于上,阴升于上,必复于下,屈伸往来之常理也。因天地交际之道,明否泰不常之理,以为戒也。"在这里,程颐区分了"常理"和"不常之理",阴阳的运动形态为往和复,有上就有下,有屈就有伸,这些都是事物的法则,故为"常理";人生的祸福与否泰则难以预料,故曰"不常之理"。所谓"常"与"不常",其实就是变易与静止的关系,静止非常道,只有变易才是常道。日月星辰有往来盈缩,故能久照;四时阴阳之气进退变化,方始生成万物;阴阳交感,男女构精,才能万物化生。凡此种种,都是二程所谓的天地万物皆

---

① 侯外庐、邱汉生、张岂之:《宋明理学史》,西安:西北大学出版社2018年版,第118–128页。

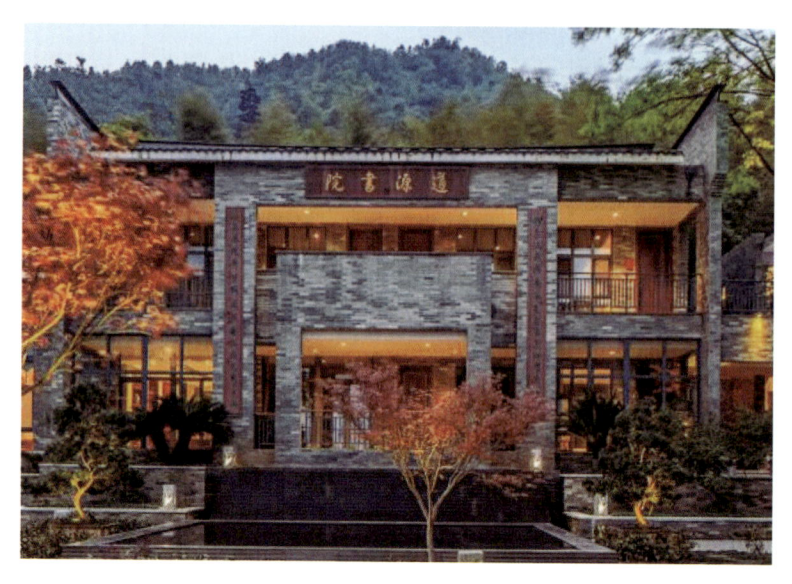

图 3-9 大余县丫山道源书院

有其理。

二程认为，万事万物皆有理，且万理都是来源于"一理"，此"一理"即"天理"，它是二程理学的最高范畴。二程所谓的"天理"是唯一的、绝对的，它是超越于万物之上的永恒存在，万事万物都是从"天理"那里产生出来的，而万物的变易转化，都是"天理"的反映，并受"天理"的支配。尽管二程说"有物必有则，一物须有一理"，但并不是说不同的事物有不同的规律，而是说"天理"所产生的每一物都具备了完全的"理"，都是一个绝对的"天理"的体现。这样的"天理"，其实就是上帝、主宰的同义语，即程颢所谓的"天者理也，神者妙万物而为言者也，帝者以主宰事而名"。"天理"又是中国古代社会等级制度的总称，二程将社会等级制度戴上神学的光环，宣称它是不变的、永恒的存在。程颐说"上下之分，尊卑之义，理之当也，礼之本也"，也就是把儒家的礼教亦即尊卑上下的等级名分描绘成了天经地义的永恒真理，并认为这种等级名分是不可变易的，是产生一切的本原。既然尊卑上下、富贵贫贱都是"天理"，是天地生人之时已经合理安排好了的，那么各阶级就应当安于其位，不得僭越，这便是"穷理尽性"。"天理"还是儒家伦理道德的总称，在二程思想中，"天理"本身就被赋予了道德律令的意义，即所谓"父子君臣，天下之定理，无所逃于天地之间"。君臣之义、父子之亲、男尊女卑等都是"天理"，由此引申出忠信孝悌、夫妇倡随等一系列伦理道德。二程的天理论，虽包含了万事万物之理，但他们主要观照的是儒家伦理道德和等级秩序，其以"天理"来塑造礼教的绝对权威，即是为了维护中国古代社会固有的等级名分和统治秩序。

二程的本体论、宇宙论，改造了张载的"气化流行"说。张载将散而无形之气称为"太虚"，认为这是气的本然状态，即宇宙的本原，它是永恒的，而一切有形的物体都是从这个本原中产生出来的暂时状态。然而在二程看来，气是不断地从一个神秘源泉中产生的，又不断地归于消灭，所以它是一种暂时的、派生的东西，它只不过是神妙造化所塑造的产物。这个神秘源泉、神妙造化，就是二程所谓的"天理"，它才是宇宙的本原，是形而上的，它支配着气的运转变化，气则是形而下的，是第二性的。

二程以天理论为基础，构建起了"格物致知"的认识论。"格物致知"出自儒家经典《大学》，在二程看来，致知格物是起点、开端、基础，通过它才能达到治国平天下的目的。"格物"是为了"穷理"，虽然"凡事皆有理"，举凡草木水火、父子君臣等皆是"天理"的反映，但"穷理"并不是穷具体的一件或几件事物之理，而是要"闻一知十"，体会到"万理皆是一理"。"格物"的目的并不在于认识客观事物的法则，而是要在人的内心恢复"天理"。"穷理"并不是只言天之高、地之深，而是要体察出鬼神之所以幽显、天之所以高、地之所以深，乃是由"天理"在背后支配的。也就是说，二程的"格物致知"，是要人们认识到事事物物都是天理权威。火之所以热、水之所以寒，是天理；君臣父子间的上下等级秩序之所以定，也是天理；人类禀性之所以有圣凡之分，同样是天理。这样便达到了道不变、理不变、自然以及社会秩序都不变的结论，而人们在懂得了这个道理之后，只要使自己的思想和行动适应于"天理"的要求就可以了。二程的认识论强调，人的感官与客观世界相接而产生的感性认识只是"闻见之知",它所认识的是事物的"形声之类",是气在起作用,没有任何价值。"心"才是认识的主体,只有通过"心"才能体验到"天理",这便是"德性之知"。这里作为认识主体的"心"具有神秘莫测的作用,它是超越时间与空间的,可以完全脱离开感官而存在,也就是说"闻见之知"与"德性之知"是完全分离的、割裂的。所以"德性之知"并不是理性认识,它不是头脑的思维作用,而是一种神秘主义的直观。

从天理论出发,二程得出了其"安于义命"的人生哲学。"安于义命"的实质就是服从天理,服从天命,它同政治哲学的"顺理而行"一样,是要把人们的全部生活,包括政治生活和日常生活,都置于天理的支配之下。所谓"义",就是"宜",即人们应当做的事;命,指天命、天理。人们知道天命、天理该当如此,就要"乐天顺命",听从天命的安排,依照天理行事。具体要求就是能固其守、谦卑退让、进德修业、知几能权。二程的"安于义命"虽有一些道德教化的价值,但其将人们的生活完全笼罩在理学的气氛之中而不能振拔,总体来说是一种消极的人生哲学。

二程祖述孟子的性善论,认为人性是"至善"的,因为人性即"天理",此为天地之性。但人世间又有善人、恶人之分,那是因为除了天地之性之外,还有气质之性。气质之性也叫作"才",它由气禀所决定,人禀清气而生则为善,禀浊气而生则为恶。欲去恶从善,就必须"养心"或"养气",即将人性当中由浊气所构成的恶的成分为本然的善所克服,这也就是所谓"穷理则尽性,尽性则知天"。二程又认为,气质之性与人的物欲有关,因此要灭私欲、存天理。此种人性论实际上是先验的,它通过人性是先天的善去论证儒家所提倡的伦理道德观念和区分贫富贵贱的名分等级秩序也是先天决定的。人性之恶虽然可以移易,但它是以儒家的伦理道德和礼教作为规范,实际上是使人们的思想行动符合"天理"亦即统治者的要求。[①]

---

① 侯外庐、邱汉生、张岂之:《宋明理学史》,西安:西北大学出版社 2018 年版,第 128–156 页。

总体而言，二程的理学思想，无论是其天理论还是人性论、道德论、政治哲学，都或多或少受到周敦颐思想的影响。虽然因为新旧党争的关系，二程刻意回避他们与周敦颐之间的师生授受关系，但"洛学"当中的"濂学"痕迹却是无法抹除的。由周敦颐开创的新儒学，经二程的发展，构建起了以天理论为基础的更为深邃而系统的思想体系，二程乃是理学的重要奠基者。

第三节 理学传承

周敦颐开创的理学，经二程奠基之后，由杨时传播到了南方，再到朱熹这里而集其大成。因为朱熹及其门人的推动，理学自南宋中期以后逐渐官学化，成为中国古代社会后期的思想权威。值得注意的是，无论是理学的开创者周敦颐、理学的重要奠基者二程，抑或是理学的南传者杨时、理学的集大成者朱熹，都曾过化赣州。可以说，赣州是周敦颐、二程、杨时、朱熹等高士大贤的理学思想实践地，更是理学从创立到发展壮大的整个延续过程的见证地。同时，理学对赣南社会的方方面面也产生了深远影响，赣南地区保存至今的大量纪念周敦颐、二程等理学大师的祠庙、书院遗迹，正是其深远影响的集中体现。

一、吾道南来

周敦颐在赣州开创了"濂学"，并教导二程。二程受学之后回到北方，创立了"洛学"，"洛学"可以说是周敦颐"濂学"的发展，是理学的典型形态。有意思的是，经二程的发展成为典型形态的理学，通过二程的弟子杨时，又重新传回到了南方，特别是传到了赣州，并对赣州产生了重要影响。

杨时（1053—1135），字中立，世称龟山先生，福建路南剑州将乐县人，北宋著名理学家，为二程弟子，是理学南传的重要人物。北宋神宗元丰四年（1081）春，杨时在汴京拜访了自己的同乡好友、太学录游酢，游酢向其介绍了自己从学程门的经历与收获。是年夏，杨时应游酢之邀，前往颍昌拜入二程门下。在二程门下问学期间，杨时善于思考、重在悟道，于老师所讲皆认真领会，在探讨学问之时无所不说、穷理至深，正如他自己所言："思之宜深，无使心支而易昏；行之宜笃，无使力浅而易夺。"杨时勤学笃思，聪慧过人，于二程门下学问日益精进，程颢十分欣赏他，总是在弟子面前夸赞说："杨君最会得容易。"程颢还把杨时与程门另一位得意弟子谢良佐相比，认为谢良佐为人踏实，但悟性不及杨时。同年冬天，杨时因念及夫人余氏分娩在即，遂向老师辞行归乡，程颢带领游酢等弟子为他送行。其时二程门下弟子皆为西北人，仅游酢、杨时二人来自南方，程颢望着远去的杨时，因对身边的弟子说："吾道南矣！"

北宋哲宗元祐四年（1089），杨时调任虔州司法。他精熟大宋律令制度，又深明理学，因而十分擅长处理各种疑难案件，在任上政绩突出，颇具当年周敦颐之风。赣南是周敦颐教授二程的地方，杨时遂于赣南大地上四处探寻周敦颐与二程的学迹，并效仿周程，在他们当年讲学过的地方传习布道、讲授理学，一时间前来问学的士子颇多，产生了一定影响。杨时还与赣南著名隐士阳孝本交好，并向朝廷极力推荐他，说阳孝本当年游学于汴京上庠之时，多有忠义之士从之。后来阳孝本果然被召为国子博士，官至直秘阁。杨时又听说南丰人、吏部侍郎曾肇因忤大臣而落职，被安置在福建汀州，遂自虔州前往拜访，经过瑞金站岭时突然闻警，只得于附近躲避，后人便在那里建起杨时寨以为纪念，又将站岭称为杨公岭。元祐五年（1090）九月，杨时离开虔州，他在虔州任职虽然只有一年多，却留下了十分丰富的思想文化遗产。

杨时思想的一大特色即"天人一体"说，也就是强调要从大自然的万物世界中去领悟理学的奥妙。在颍昌问学期间，他和游酢等曾随程颢去丞相贾宜的曲水园乘舟游览西湖，恍惚间觉得自己的身心与湖、天融为一体，顿觉物我两忘、十分惬意，当即赋诗一首，其中两句曰"飘然自得江湖趣，陡起归与万里心"。元祐八年（1093）冬，杨时与游酢同往洛阳长寿寺拜谒程颐。时天气骤冷，大雪纷飞，二人到达长寿寺，见程颐正端坐在火炉旁的椅子上闭目养神，便于堂下右廊侍立恭候。杨时想到禅宗二祖慧可拜见菩提达摩之时，也是天降大雪，其时达摩祖师正在山洞坐禅静修，慧可便顶着风雪在山洞外静候了一天一夜，达摩见其求佛之心至诚坚定，便将衣钵传于他。在雪中体悟省察，杨时茅塞顿开，又有了新的收获，即心性修养的方法，正是眼前程颐践行的"静坐体认"。程颐醒来时天已近晚，见杨时、游酢仍于廊下侍立，连忙招呼他们上厅就坐，并问："贤辈尚在此乎？"待二人离去之时，地上积雪已有一尺多厚。此后，"程门立雪"传为理学史上一段佳话，既有尊师重道、诚心问学之义，又是以心体自然、以心体道的省察方法之表现。[1]

杨时受二程之学，故重视《周易》，不遗余力地宣传《伊川易传》。另外，他也十分推崇《中庸》，认为《中庸》是"圣学之渊源，入德之大方也"。杨时著《中庸义》，即是为了追述二程之遗训，大力阐扬二程的理学思想，"以其所闻，推其所未闻者，虽未足尽传先生之奥，亦妄意其庶几焉"。北宋中后期，二程的"洛学"与王安石的"新学"是极端对立的。杨时下大功夫著《中庸义》，同样有反对"新学"的目的，他说："熙宁以来，士于经盖无所不究，独于《中庸》阙而不讲。余以为圣学所传，具在此书，学者宜尽心焉，故为之训传。藏于家，初不以示人也。"王安石"新学"并不重视《中庸》，杨时却对之大加阐发。王安石新政期间，颁行《三经新义》，作为全国学校的统一教材和科举考试的标准，其"新学"便成了官学，而"洛学"作为对立面则受到打压，两度被禁，杨时虽欲以所著《中庸义》反对"新学"，却只能"藏于家"而不敢示人。到了钦宗靖康元年（1126），杨时任著作郎，兼任国子祭酒，俨然是思想学术界的泰斗，他于是极言王安石的"新学"为邪说，败坏道德人心，认为蔡京用事二十余年，祸国殃民，就是受了"新学"的影响，于是呼吁从孔庙中毁去王安石的配享之像。此时王安

---

[1] 范立生：《客家名人杨时传记》，三明：将乐县方志办公室，2013年版，第13-16页。

石变法虽已过去数十年，但"新学"仍有较大影响力，故杨时和他的老师二程一样，极力抨击"新学"，以维护"洛学"的地位。

王安石的"新学"反对禁欲主义，反对"废情"，主张"欲当为理"。二程和杨时则是主张"存天理"，欲"存天理"，则必须"去胜心"，此"胜心"即是人欲。杨时阐发《中庸》说，喜怒哀乐未发之际，使人欲勿羼杂其间，就叫作"中节"，若能做到这一点，就是遵循了"天理"，即所谓"人各有胜心，胜心去尽，而惟天理之循，则机巧变诈不作"。杨时强调，人们皆依天理而行，上下大小就能各安其位，即"天下只是一理"，只有依据《中庸》的原则去做，方能去尽"胜心"，而"存天理"。杨时又发挥《中庸》的"诚"，以阐述二程的"格物致知"论，他将"格物致知"作为一种方法，由"诚"加以统率。对于认识事物的主体个人来说，必须笃信"万物皆是一理"，做到这种笃信便是"诚"。因此，作为一种方法的"格物致知"，在杨时看来，只不过是提供资料帮助人们去悟得万物确实是"一理"的体现而已。除了推崇《中庸》，杨时也重视《论语》《大学》《孟子》。这样一来，自二程首倡，杨时继而发挥，最后由朱熹集大成的理学"四书"体系，才得以完成。关于《孟子》，杨时强调它"只是要正人心，教人存心善性，收其放心"，实际上就是要人们从内心上真正地恪守"天理"的训条。杨时于虔州所撰的《养气说》，正是阐发了《孟子》的思想。[①]

总而言之，杨时整理、阐扬师说，丰富和发展了二程的"洛学"，在理学逐渐取代王安石的"新学"而居正统地位的过程中发挥了至关重要的作用。在二程"洛学"两度遭朝廷"学禁"的严峻形势下，杨时仍不遗余力地将理学南传至福建、江西等地，为理学在南方的传承和发展作出了巨大贡献，特别是为后来理学的集大成者朱熹创立"闽学"奠定了深厚的理论基础。关于杨时在理学史上的突出地位，后人多有评述。《宋史》即认为，宋室南渡之后，东南学者皆推杨时为"程氏正宗"，朱熹、张栻之学能得"程

[①] 侯外庐、邱汉生、张岂之：《宋明理学史》，西安：西北大学出版社2018年版，第156—161页。

氏之正"，其源委脉络也是出于杨时。明代弘治年间国子监博士杨廷用称赞杨时于理学有传道之功、卫道之功，若无龟山先生杨时则无紫阳之学，后之学者皆尊杨时为"闽学鼻祖"。

杨时离开虔州五十多年后，他的弟子张九成也来到赣南，和当年的周敦颐一样，在南安军传播理学、发展理学。张九成（1092—1159），字子韶，钱塘人。青年时曾游学京师，拜杨时为师。南宋高宗绍兴二年（1132）中进士第一名，入仕为佥判、著作郎、礼部侍郎兼侍讲。因论灾异时政，得罪了权相秦桧，又赞同赵鼎反对和金之议，被弹劾落职，出为江州太平兴国宫祠官，后谪守邵州。又有人秉秦桧之意，中伤其与禅师宗杲交游，谤讪朝政，遂遭放逐，谪居南安军。张九成在南安蛰伏长达十四年之久，虽远离政治中心，仕途受挫，却得以静下心来读书著述，闭门研习理学并教授弟子，故而学问大进。正如他在《竹轩记》中写道："吾诵书而有味，考古而有得。仰首而见，俯首而听，如笙箫之在云表，如今哲之居一堂。爽气在前，清阴满几，陶陶然不知孰为我、孰为物。盎盎如春，醺醺如醉。"张九成贬谪南安期间，自号"横浦居士"，亦称"无垢居士"，从其著述多题名为《横浦文集》《横浦心传》《横浦日新》来看，这些著作应该主要是在南安军完成的，南安可以说是张九成取得思想学术成就最为重要的地域。到了绍兴二十五年（1155），秦桧死，张九成也得以重新被起用，出知温州，四年后即病卒。理宗宝庆二年（1226），因褒崇先贤，张九成被赠太师，封崇国公，赐谥"文忠"。

作为二程的再传弟子、杨时的门人，张九成的思想既保持了"洛学"的基本特色，又有一些新的发展，其理学思想的主要内容包括天理说、格物说以及慎独说。"天理"是二程思想体系的最基本范畴，但二人对其阐发稍有不同，程颢着重论述"理"即万事万物之中的自然趋势，程颐则侧重从本体论方面说明"理"是天地万物的根源，而这两种含义在张九成的思想里都具备。首先，张九成所谓的"天理"，指存在于自然事物内部的法则或秩序，是事物之所以然的原因。他认为万物皆有其理，违反了理或昧于理，世界的秩序就要陷于混乱，即"天下无一物之非理"，"其理不穷，则天地、日月、四时、鬼神、河海、山岳、昆虫、草木，一皆颠倒失序"。其次，张九成所谓的"天理"，更多的是指伦理纲常原则。他说"天理者，仁义也"，既然"天理"就是仁义等纲常伦理，那么日常生活中符合这些道德规范的言行举止就是"天理"的表现，正所谓"或动或静，皆出于天理，或见或寂，亦出于天理"。从这个意义上说，张九成承认理不离人情而道不离事物，"理之至处亦不离情，但人舍人情求至理，此所以相去甚远"，"圣人以天理为人情，常人往往徇人情而逆天理"。虽然张九成强调"理"与"情"相即不离，但具有决定性作用和主导地位的仍是"理"。

在认识论和方法论上，张九成把"格物穷理"当作"为学之先"，他说"学者以格物为先，格物者，穷理之谓也，穷一心之理以通天下之理，穷一事之理以通万事之理"，"收万以归一，又旋著以观微"，即通过对万事万物之穷究，而后了悟万理出于一理，这正是对二程"格物致知"论的发挥。张九成的"格物"又是一种道德修养方法，他将纲常伦理原则看作是"天理"，所以"格物穷理"就是认识这些伦理原则和道德规范，以其克制"人欲"，使人的行为符合儒家伦理道德的要求。总之，张九成的"格物"既是认识"天理"的方法，又是修养自身德性的方法，用这种方法就能达到豁然贯通、万物一体的境地。

杨时十分推崇《中庸》，张九成深受其影响，同样重视《中庸》，特别是其中的"慎独"。"慎独"在《中庸》里是指一个人独处之时，也要注意道德修养，要求不论在任何时候、任何地方都不能放荡。张九成在此基础上强调"慎独"是一种至高的道德境界，即喜怒哀乐未发之时的"寂然不动"的心理状态，也就是所谓的"中"。在张九成看来，"慎独"还是一种修养工夫，以此达到"中"的境界之体，即"求中"，或曰追求"发而皆中节之用"。其"求中"工夫，乃是深致其察、独白冥思，遇到不合乎儒家纲常伦理之事，不去看，不去听，任何时候都不可违反这个原则，如此也就达到了"中庸"的境界。[1]

---

[1] 侯外庐、邱汉生、张岂之：《宋明理学史》，西安：西北大学出版社 2018 年版，第 282–293 页。

张九成与临济宗的宗杲禅师交游甚密,且深受其影响。禅学以心为根本,谓之曰"心外无法"。张九成同样很突出"心"的作用,其"穷一心之理以通天下之理",其实已经包含了"心即理"的内容。从这个角度上说,张九成的思想是二程理学与陆九渊心学之间十分重要的中间环节。值得注意的是,张九成的思想学术主要成就于赣南,而明代大思想家、政治家王阳明的学术思想与事功同样主要成就于赣南,这其中或有某些必然的关联。

二、集大成者

宋代理学自周敦颐开创以来,到了朱熹的手里,才算是确立了自己独特的学术规模与体系。朱熹(1130—1200),字元晦,号晦庵,徽州婺源人,南宋著名理学家。绍兴十八年(1148)赐同进士出身,仕高宗、孝宗、光宗、宁宗四朝,历任江西南康军知军、福建漳州知府、浙东巡抚等职,官拜焕章阁侍制兼侍讲,曾为宁宗皇帝讲学。死后赐谥曰"文",享祀孔庙,位列大成殿十二哲。朱熹可以说是中国古代社会后期学问最广博、影响最深远的学者,从宋明理学的发展历史来考察,他是理学的集大成者,是他奠定了理

图 3-10 赣州文庙(李禾丰摄)

学确然不拔的思想基础，影响了此后近千年学术思想的发展，其余波至今未已。朱熹的门人黄榦盛赞他"绍道统，立人极，为万世宗师"，此"万世宗师"的提法，与孔子被尊为"万世师表"的情况是一样的。从历史地位的角度说，孔子和孟子之后，朱熹是唯一一位地位仅次于孔、孟的"夫子"。

朱熹崇高历史地位的获得，与其在理学上取得的突出成就、作出的巨大贡献是分不开的。北宋时期的理学包括周敦颐的"濂学"、张载的"关学"、二程的"洛学"、邵雍的象数易学等不同派别，其中以二程的"洛学"为理学的典型形态。自北宋中期王安石变法以来，朝廷颁行《三经新义》，作为全国学校的统一教材和科举考试的标准，王安石的"新学"一度取得官方地位，影响力很大，而"洛学"等理学诸派别实际上是"失势"的。即便是在王安石变法失败之后，"新学"失去其官学地位，但仍然有强大的影响力。两宋之际，虽然在杨时等人的努力下，理学逐渐取代王安石的"新学"而居正统地位，但这种取代的最终完成者却是朱熹。北宋理学兴起于唐末五代以来由于社会纷乱而造成的风俗陵夷、道德沦丧之际，赵宋王朝的统治者亟欲重振以"君君臣臣"为核心的纲常伦理，而学者亦不遗余力地开展儒学复兴运动，前有范仲淹、欧阳修等学者以其高尚的人格节操奠定了理学的基本精神方向，后有周敦颐、二程等思想家建立起系统的理学体系。然而经过近百年的理学敦化，到了靖康之变、宋金对峙之时，仍有大批的士人、官员叛国投敌，道德颓坏，节操尽失。儒家伦理纲常的重振在南宋显得尤为迫切，这是此时的学者士大夫需要担起的使命，而这一使命的最终完成者仍是朱熹。

在思想层面，朱熹之所以能影响整个中国古代社会后期，余波至今未已，主要有以下几个方面的原因。首先，朱熹遍注群经，著作十分丰富，具有广泛的学术修养。其《四书》《五经》的注释，大部分成为元、明、清三代的官书，大量印行，影响深远。朱熹又注解或汇编北宋理学家的著作，如周敦颐《太极图说》《通书》，二程的《程氏遗书》《程氏外书》，张载的《西铭》等，以及收录北宋理学家语录六百多条的《近思录》。此外，他还编撰《伊洛渊源录》等，建立起了理学的传承统系。其次，在广泛而深邃的学术修养基础上，朱熹建立了严密的理学思想体系，包括天理论、性论、格物致知论、持敬说等。这个理学思想体系中的范畴与命题，总结了北宋以来理学的成就，思想更为丰富严密。同时，这个体系熔铸了传统的儒家思想及佛学思想、道教思想，更富于理论色彩。其天理论引入社会政治思想和历史哲学，使这些领域也呈现出不同的面貌。最后，朱熹长期讲学，弟子众多，其中有学术成就的不少，在政治上有地位的也不少。这些门人弟子形成了一个势力强大的学派，对朱子理学思想的传播起到了强有力的支撑作用。朱熹的学说，虽于宁宗庆元年间遭到禁止，但其学术地位是理学家所公认的。学禁解除以后，朱子学说受到统治者极力尊崇，这与朱熹自身的学术研究与讲学活动是分不开的。

就大的方面说，朱熹的理学影响了整个中国古代社会后期近千年学术思想的发展。就小的方面说，朱熹的理学对赣南地方社会的影响也同样深远。南宋孝宗乾道三年（1167），朱熹被任命为南康军知军。次年，迁任江西茶盐公事，刚到任江西便遭秋旱，朱熹致力于救灾，成效显著，上司以其救灾有方，责成他专管江西赈灾之事。朱熹在前来赣南查看灾情的过程中，先是到达宁都，而后经雩都到赣州，最后去了大庾，他一边了解灾情，一边阐扬理学、传授弟子。在大庾的时候，朱熹还特地考察了周敦颐与二程之遗迹，研读周程留下的文章，以探寻理学之根本。这次考察，为其《濂溪先生行实》的撰写充实了不少内容。朱熹有诗云："晓涧淙流急，秋山寒气深。高蝉多远韵，茂树有余阴。烟火居民少，荒溪草露侵。悠悠秋稼晚，寥落岁寒心。"[1]他在记录大余之行的同时，也阐发了一代理学家忧国忧民的思想意蕴。

从学脉传承来说，朱熹幼年受学于其父朱松。朱松师事杨时弟子罗从彦，为程门第三代传人。朱松去世后，朱熹先后从学于籍溪胡宪、白水刘勉之、屏山刘子翚等人。绍兴二十三年（1153），二十四岁的朱熹往受学于延平李侗。李侗也是罗从彦弟子，与朱熹之父朱松为同门好友。按照朱熹自

---

[1] 同治《南安府志》卷二十八《艺文十一》，同治七年（1868）刊本。

己的说法，其学初无常师，或出入于经传，或泛滥于释老，自受教于李侗之后，为学始就平实，归于孔门正传。[①]作为程门四传弟子，朱熹的理学思想与二程是一脉相承的。就天理论而言，朱熹同样是将"天理"作为宇宙的本原、主宰，是其思想体系的最高范畴。朱熹说："理也者，形而上之道也，生物之本也；气也者，形而下之器也，生物之具也。"他认为理、气二者是不可分离的，理、气本属一体，有则俱有，无则俱无，"天下未有无理之气，亦未有无气之理"。朱熹所谓的"天理"，虽是作为普遍的、绝对的、形而上的本体而存在，但此本体在绝大多数情况下其实等同于儒家的伦理道德，它是一个最高的道德原因，即"天理只是仁、义、礼、智之总名，仁、义、礼、智便是天理之件数"。如此，则社会生活的经典规范和最为基本的道德要求便合而为一了，天理就不再是悬设于百姓日用之外的玄妙不可知的存在，而是社会生活中的基本伦常律则。

在心性论上，朱熹发挥了张载、二程的学说，于"气质之性"之上安排了"天理"，强调"性只是理，然无那天气地质，则此理没安顿处"。也就是说，"天地之性"并非外在于"气质之性"，而是深陷于"气质之性"中，靠"气质之性"的变化而展现出来。至于性和情的关系，"未发"即是性，"已发"便是情，性的状态是静，情的状态是动，性体而情用，"心"的作用则是贯通于动静、体用之中。朱熹的心性论，涵盖了性、情、心三者之关系。在他看来，性即是理，它虽是人性赖以成立的形上根据，但其本身并不发生任何作用；情属"已发"，但它可能会漫荡失守，流为不善，因此要想使情之发出合乎性的内在规定，还必须对情有所节制、主宰才行，此一任务，只有"心"才能够胜任。

认识论上，朱熹也讲"格物致知"。这既有沿袭二程的部分，即物而穷尽其理，扩充主体已具有的知识和认知能力，以达到与"天理"相贯通的目的。朱熹说："所谓致知在格物者，言欲致吾之知，在即物而穷其理也。盖

[①] 侯外庐、邱汉生、张岂之：《宋明理学史》，西安：西北大学出版社2018年版，第344页。

人心之灵莫不有知，而天下之物莫不有理。惟于理有未穷，故其知有不尽也。是以《大学》始教，必使学者即凡天下之物，莫不因其已知之理而益穷之，以求至乎其极。至于用力之久，而一旦豁然贯通焉，则众物之表里精粗无不到，而吾心之全体大用无不明矣。"在此基础上，朱熹也有新的阐发，即着重讨论了"知"与"行"的关系，包括"知先行后"与"知行互发"两个层面。朱熹认为，一切实践的发生，必须以"知"为前提，没有"知"的指导，其"行"就是盲目的，而只要有了"知"，便一定会去"行"。在顺序上虽然"知先行后"，但"行"才是重点，因为只有"行"才是为学的目的和为学过程的完成，同时"行"也是用来检验"知"的重要标准。"知"与"行"并非两个前后独立完成的阶段，而是在相互依存、相互作用中不断发展，即"知行互发"，所谓"知之愈明则行之愈笃，行之愈笃则知之益明"。①

朱熹的门人杨方（1134—1211），字子直，号澹轩，福建汀州人。孝宗隆兴元年（1163）进士及第，授江西弋阳尉，未赴任。返闽途经崇安，时朱熹正讲学于武夷山麓，遂师事朱子。得朱熹传授理学精要，杨方学问大进。朱熹又将他推荐给正在广东任孝廉使的姚孝资，孝资遂以杨方为代理曲江县事，而后调任武宁县丞，由此步入仕途，官至广西提点刑狱。庆元间，杨方因受到朱学党禁的牵连而罢职，于是留居赣州，闭门读书、教授弟子，对赣南理学的传承与发展也产生了一定影响。②

三、濂学薪传

赣州为周敦颐、二程、杨时、张九成、朱熹等理学大师的过化之地，深受理学思想影响，且具有很好的理学传承。周敦颐两度在赣南为官，传播理学，教授了不少弟子，对赣南的人才培养和文化建设起到了一定推动作用。当时的赣县士绅曾准听说周敦颐在虔州讲学，便带领宗族子弟及乡人前往拜

---

① 张岂之等：《中国思想史》，北京：高等教育出版社2018年版，第275–279页。
② 天启《赣州府志》卷十一《名宦志》，顺治十七年（1660）刻本。

师问学。周敦颐见曾准刻苦好学、才华横溢,对其多有奖掖嘉勉,二人深相契合。曾准父子得周敦颐授业,皆先后高中进士。周敦颐评价曾准说:"虔州曾子忠,实开儒术之先。厥后,曾氏一门皆文学之选。"曾准的四个儿子曾弼、曾懋、曾开、曾几并称"虔州四曾",名噪一时,其中最著名的当属曾几。曾几(1084—1166),字吉甫,号茶山居士,宋代著名诗人,江西诗派的代表人物之一。徽宗大观元年(1107)诠试第一,累官至礼部侍郎、左通议大夫。曾三仕岭外,家无南物,一生为官刚正不阿、人品高洁,为世人称颂。南宋著名诗人陆游、范成大、杨万里等皆受其感召,以师事之。[1] 孝宗乾道二年(1166),曾几去世,朝廷以其清正廉洁,谥曰"文清",今赣州市区的文清路,即得名于此。又有赣县人陈衮臣,字廷辅,英宗治平二年(1065)进士。他听说曾准向周敦颐问学,遂前往拜谒,和曾准交谈甚欢,于是也去拜入周敦颐门下,用力钻研《太极图说》,阐发宗旨,终成赣南地区的一代名儒。[2]

在周敦颐等理学大家的敦化之下,赣南地区的文化教育事业呈现出一片繁荣的景象。北宋中期以来,赣南各州县的官学体系相继建设完备。到了南宋时期,赣南先后创办了一大批书院,如先贤书院、濂溪书院、清溪书院、

图3-11 赣州阳明书院(原濂溪书院旧址)(李艳摄)

---

[1] 同治《赣州府志》卷五十四《人物志·儒林》,同治十二年(1873)刻本。
[2] 同治《赣州府志》卷五十四《人物志·儒林》,同治十二年(1873)刻本。

道源书院、梅江书院、太傅书院、安湖书院、琴江书院等。这些书院兼具藏书、刻书、讲学和学术研究等一系列功能，在培养人才、传播文化和繁荣学术等方面取到了巨大的推动作用。在文教勃兴的背景下，两宋时期赣南涌现出了一大批人才，其中进士就培养出了295名。尤为难得的是，宋代赣南产生了三名状元，分别是郑獬、谢唐和池梦鲤。郑獬，字毅夫，宁都县梅江镇人，宋仁宗皇祐五年（1053）状元及第，是赣南的第一位状元。谢唐，字元龙，号南塘，别名晋卿，宁都县黄陂乡朱源村人，宋理宗景定三年（1262）特科状元。池梦鲤，字德华，赣州人，宋度宗咸淳十年（1274）特科状元，历任浙西江东制置使、知平江府等职。"宋末三杰"之一的张世杰曾为池梦鲤题写像赞，曰："名甲金榜，宴赐琼林，京兆行驺，仪曹致勤，诗轶六朝，功拟五臣，忠良并誉，千古斯文。"[①]

南宋中期以后，随着理学定于一尊，逐渐官学化，周敦颐、二程等理学家的地位和影响力也水涨船高。从这以后，赣南各地纷纷建立起纪念他们的书院、祠庙。其中最著名的当属濂溪书院，本为周敦颐与二程讲学处，原址在赣州水东玉虚观左。至元朝末年，社会动荡，濂溪书院毁于兵燹。明洪武四年（1371），赣州知府崔天赐重建。弘治四年（1491），知府何珖将之改建于郁孤台下，并扩建房屋百余间，形成了相当的规模。正德年间，王阳明巡抚南赣，再次重建濂溪书院，并集结四方学者，招收弟子，在书院内讲学传道。崇祯十三年（1640），赣县知县陈履忠改建濂溪书院于光孝寺左，并改名为廉泉书院。清顺治十年（1653），赣抚刘武元复其名为濂溪书院。乾隆年间，濂溪书院处于鼎盛时期，为吉安、赣州、南安等府书院之首。同治年间，赣州分巡白启明、知府任进爵重修濂溪书院，号召邑人捐资。因赣州久沐理学之风，邑人对周敦颐十分崇敬，所募之资竟然三倍于预估之数。[②] 光绪二十四年（1898），因受现代新式学堂的冲击，濂溪书院内也附设了"致

---

① 李云彪：《江南宋城》，广州：广东旅游出版社2023年版，第76页。
② 同治《赣州府志》卷二十六《经政志·书院》，同治十二年（1873）刻本。

用中学堂",开新学之先河。两年后,中学堂改名"致用精舍"。四年后,濂溪书院废止,更为虔南师范学堂。民国初年,又改为赣州第一中学。清道光年间,巡道李本仁创立爱莲书院,取周敦颐《爱莲说》寓意。[①] 清末,书院改为普通小学堂,其址大概在今赣州五中。除此之外,赣州还有清溪书院、周元公祠、爱莲池、濂溪路、古赣州十景"濂溪霁月"等,皆与纪念周敦颐有关。如此多的遗迹,足见赣州百姓对周敦颐推崇之至,亦见周敦颐对赣州影响之深。

大庾的道源书院,初由南安军知军范醇创建,名曰濂溪书院。南宋理宗淳祐二年(1242),漕臣江万里嘱托南安军知军林寿在濂溪书院的基础上创置周程书院。宝祐五年(1257)十月,理宗下诏南安军,命将周程书院更名为道源书院。景定四年(1263),理宗又赐御书"道源书院"匾额,寓意"道学之源,实肇于此",充分肯定了周敦颐对理学的贡献,并承认大余是理学之源头。正如南宋赣州司户欧阳守道在《重修南安军学记》中所说:"近世推本周程,以为授受之源在此。"[②] 由于官方的认可,赣南作为周子过化之地和理学大道之源的标识在以后的历史书写中也不断被强化。于都的濂溪书院,历史可追溯至周敦颐游览罗田岩之后,县令沈希颜在岩内建立的"濂溪阁"。明正德年间,阳明弟子、雩都人何春复建濂溪祠,塑像其间。崇祯十五年(1642),将濂溪祠改建为濂溪书院。名儒何廷仁、黄弘纲、罗洪先等皆在此讲过学。[③]

纪念二程的祠庙、书院则主要是在兴国。南宋宁宗庆元元年(1195),通判黄涣、知县解僖建三程祠于学古堂后,纪念二程及其父程珦。嘉定五年(1212),知县李伯坚迁祠于县学东,悬挂程氏父子肖像以祀。度宗咸淳十年(1274),知县何时创立安湖书院,于讲堂供奉三程,并以周敦颐合祀。元至正年间,三程祠复迁于学古堂后,不久毁于兵燹。明太祖洪武元年(1368),

---

① 同治《赣州府志》卷二十六《经政志·书院》,同治十二年(1873)刻本。
② 民国《大庾县志》卷九《艺文》,民国八年(1919)刻本。
③ 同治《雩都县志》卷十《人物志》,同治十三年(1874)刻本。

知县贾思复于旧址重建。洪武五年（1372），知县冯钦迁于戟门西。正德十四年（1519），知县黄泗于县治后重建安湖书院，祀周敦颐及三程，此一举措得到时任南赣巡抚的王阳明的极力推崇。万历二十七年（1599），知县何应彪改安湖书院为名贤祠，中祀三程，左为文天祥，右为王阳明（图3-12）。清康熙十七年（1678），知县黄惟桂又建三程祠于启圣祠左，与周敦颐合祀。康熙五十年（1711），知县张尚瑗改祀二程于五贤祠，而将程珦移入海瑞祠内合祀。五贤祠在兴国县治左，合祀二程和宋待制李朴、丞相文天祥，以及元学士元明善。[①]

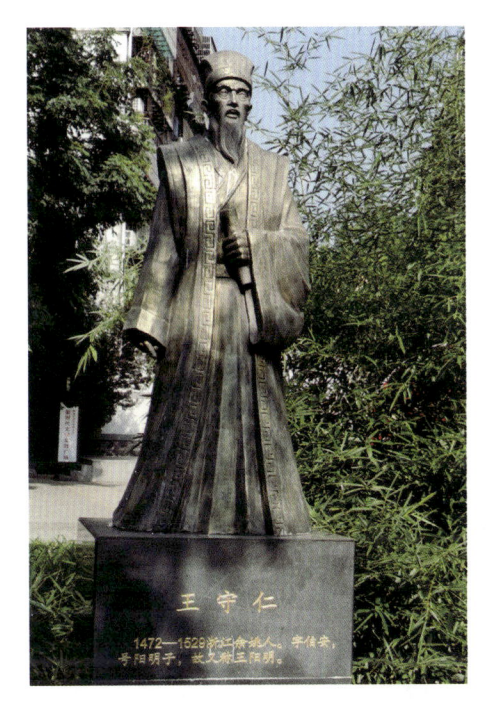

图3-12　王阳明雕塑（李禾丰摄）

明正德年间，王阳明巡抚南赣，其间平定动乱、创建新县、推行乡约、兴办学校、仁施教化、刊刻著作、揭"致良知"，并为赣南培养了何廷仁、黄弘纲、何春、管登、月华等一大批杰出弟子，理学与心学在赣州交相辉映。王阳明亦曾登雩都罗田岩，至濂溪阁，慕周子之圣迹，有诗曰："路转罗田一径微，吟鞭敲到白云扉。山花笑午留人醉，野鸟啼春傍客飞。混沌凿来尘劫老，姓名空在旧游非。洞前唯有元公草，袭我遗香满袖归。"[②] 抚今追昔，周子其声不闻，周子其人已渺，惟其学滔滔不已。

正是：士林遗爱，一州红土筑濂土；理学开山，千载道源出赣源。

---

① 同治《赣州府志》卷十三《舆地志·祠庙》，同治十二年（1873）刻本。
② 光绪《江西通志》卷五十六《山川略一·山十三》，光绪七年（1881）刻本。

赣州四贤　千古流芳（李禾丰摄）

第四章

群贤荟萃
遗泽流芳

赣州成为理学渊薮并非偶然,事实上,宋代曾有大批名士来到赣州,可谓群贤荟萃、各显其能。一方面,大庾岭驿道在南北交通中的地位日益凸显,赣州城作为商贸重要节点城市快速发展,由此带来文化上的繁荣。另一方面,宋代江西名人辈出、文风昌盛,欧阳修赞曰"区区彼江西,其产多材贤",吕本中亦云"江西人物胜,初未减前贤",在此背景下,位于江西之南的赣州自然同与荣焉。宋代来赣州仕宦或取道南下的文人不知凡几,有至今仍为百姓津津乐道的四贤,有苏轼、黄庭坚、辛弃疾这样的大文豪,还有许多随着岁月久远渐被淡忘的贤人雅士,他们的故事等待重新挖掘,在新时代焕发新的光彩。

第一节 四贤垂范

赣州郁孤台之东有一座牌坊,纪念的是四位对赣州极有影响的人物,分别为赵抃、刘彝、周敦颐与文天祥,故名四贤坊(图4-1)。四贤坊上有楹联:"赵抃疏险滩,刘彝福寿惠千古;濂溪创理学,文山丹心昭四贤。"述说的就是四位贤宦在赣州的功绩及其对赣州人文精神塑造的垂范。

图 4-1 赣州四贤坊(李禾丰摄)

一、赵抃适虔

嘉祐六年（1061），赣州迎来了一位令赣州人民永远铭记的父母官，名为赵抃（图4-2）。赵抃乃北宋著名大臣、文学家，为人正直、铁面无私、不惧权贵，时有"铁面御史"之谓。赵抃之所以会来赣州，即因他弹劾当朝宰相陈升之，被贬谪至此。虽遭贬谪，赵抃却并未因此懈怠沮丧，他一到赣州便上书皇帝说："臣敢不勤瘁公家，谋惟夙夜。颁宣宽诏，抚驭远人。"[①]可见其虽被贬远地，却依然日以继夜，勤勉为政。

赵抃对皇上的谢表绝非说说而已，其曾赋诗云"虔州之民十万家，下车公议乱如麻"[②]，可见当时

图4-2 赵抃塑像（李禾丰摄）

公务繁杂的景象。赵抃至赣州后，发现此处实为控制南粤商贸之咽喉重地，以大庾岭商运为生计的负贩们常常结群为盗，规模不下千余人，他们劫掠铜、盐等商货，严重危害到赣州地方秩序。赵抃还发现，赣州民风未开，人皆好讼，每天来告状的人非常多，问供动刑的事每天都在发生。正因如此，

---

① 〔宋〕赵抃：《清献集》卷一〇，《影印文渊阁四库全书》第1094册，北京出版社2012年版，第895页。
② 〔宋〕赵抃：《清献集》卷一，《影印文渊阁四库全书》第1094册，北京出版社2012年版，第745页。

赣州的公务非常复杂且难治理，赵抃诗云："赣川在昔名难治，铃阁于今幸少休。"①对于此种局面，赵抃在摸清情况后，颁布了一系列政策，主要理念是"遇吏民简易，严而不苛"。赵抃认为，赣州处理诉讼的制度过于繁杂，应简化程序，责任到人，实行目标管理。赵抃将政令下达给各县令，并告之说："只要你们办好事情并让百姓高兴，我就不会再过问。"由于赵抃用人信人，权力下放，免掉事务处理多余的程序，地方县令都很高兴，争相尽力办事，于是诉讼案件越来越少，甚至于监狱经常出现没有犯人的情况。赣州各地人自为治、百姓安居乐业。赵抃对于这段治理赣州的经历颇为满意，直至十二年后，还赋诗回忆说："吏散庭空讼，僧高寺欲禅。老来思旧治，尤喜获佳篇。"②

为政简易，狱以屡空，是赵抃处理赣州内务的宦绩，而四贤坊所云"赵抃疏险滩"，则体现了赵抃站在国家层面对赣州的治理。赵抃疏浚的险滩，即赣州城以北的赣江水路，因其中遍布巨石，古代又称之为"赣石"，俗称"十八滩"。这段水路从赣州开始，一直向北延伸至万安，里程达三百里，故唐代孟浩然诗云："赣石三百里，沿洄千嶂间。"由于这段水路水流湍急，又有巨石梗阻，所以舟行其间，十分危险。赵抃赴任赣州时，也需经过三百里赣石，尽管有专门的篙工负责行船，但江中层出不穷的巨石也惊出了他一身冷汗，其赋诗云："横波利石千万层，板绳缚累如山登。夷途终致险且升，自顾忠信平生凭。"③赣石之险，可见一斑。

赵抃上任后，立马开始规划疏浚赣石之事。当然，赵抃疏浚赣石并非因其受到惊吓，而是有更深层次的考虑。由于赣江水路是对接大庾岭商路的

---

① 〔宋〕赵抃：《清献集》卷三，《影印文渊阁四库全书》第1094册，北京出版社2012年版，第769页。
② 〔宋〕赵抃：《清献集》卷二，《影印文渊阁四库全书》第1094册，北京出版社2012年版，第754页。
③ 〔宋〕赵抃：《清献集》卷一，《影印文渊阁四库全书》第1094册，北京出版社2012年版，第745页。

必经之路，每日往返于此的商旅船只很多，自唐代开始，政府就会专门训练熟悉赣石水路的篙工，帮助过往的行船，以利通商，可见这条水路对于国家经济的重要性。唐代虔州刺史路应也曾"凿赣石梗阻"，但限于技术与人力，只凿掉了一些最危险的巨石。此外，作为交通要道，每日取道于此的百姓以及事务性人员也非常多，舟毁人亡的惨剧经常发生。正是基于以上原因，赵抃才决定再次疏浚赣石。此次疏浚规模大大超过唐代，一直从桃园滩凿石至靠近万安惶恐滩，极大缓解了这段江流的水势，不知多少商旅行人因此免除灾祸。

赵抃被赣州老百姓纪念的，还有他高贵的品德。在《宋史》记载中，赵抃有夜必告天的习惯，白天所做的事情，晚上一定要告诉上天，不可告之事，赵抃则坚决不做，可见赵抃为人坦荡，品性高洁。赵抃在赣州为官时，也做了一件充分体现他品格的事情。当时，有许多至岭南为官的人死在了岭南，导致其家小失去依靠，甚至无力返回家乡。赵抃至赣州后，很快发现了这种情况，于是命人造了上百只船，并写文书移告岭南诸郡："仕宦的家人，若有无法回家的，来虔州找我，我来帮助你们。"[1]消息传出后，很多人闻风而来，赵抃皆慷慨相助，安排北行的船只，并且资以路费盘缠。

赵抃在赣州任官不到两年，却让赣州的治理焕然一新，僚属尽心办事，人民安居乐业。究其施政要点，就是以惠利百姓为根本，为百姓办实事、谋福利，尽其所能帮助弱小，并惠泽邻郡。很快，赵抃在赣州的惠政就传遍全国，以至于宋神宗每次任命赣州官员，都要以赵抃作为楷模加以训导。赵抃去世后，宋哲宗命苏轼为其撰写《赵清献公神道碑》以示敬重。

当然，赵抃在赣州的惠政，一方面是因为他爱民如子、品性高洁；另一方面也离不开一群得力的僚属支持，其中有他的同年何若谷、兴国令徐师

---

[1]《宋史·赵抃传》载："岭外仕者死，多无以为归，抃造舟百艘，移告诸郡曰：'仕宦之家，有不能归者，皆于我乎出。'"〔元〕脱脱等：《宋史》卷三百一十六，中华书局1977年版，第10323页。

回、赣县令钱顗等，当然还有一位最重要的人物，同样为赣州人民世代铭记、理学的开山始祖周敦颐。

二、濂溪清德

与赵抃同一年来到赣州任官的，还有一位著名的人物，他就是周敦颐。周敦颐，字茂叔，号濂溪，宋朝儒家理学思想的开山鼻祖，文学家、哲学家。嘉祐六年（1061）冬，周敦颐被朝廷任命为虔州通判，接替离任的何若谷，成为赵抃的僚属，同时也开启了两人的真挚友谊。值得一提的是，这已经是周敦颐第二次至赣州任官。

前文已述，周敦颐第一次来赣州是在庆历四年（1044），当时他担任分宁县主簿秩满，经吏部考核优秀，调任南安军司理参军。南安军治所在虔州大庾县，辖地包括大庾、南康与上犹3县。司理参军为从七品官职，负责军州司法，掌讼狱勘鞫。周敦颐性格沉稳、遇事果决，工作十分出色。然而，其上任的第二年，便碰到一件十分棘手的事情。

当时，南安军狱中有一个囚犯，按律例罪不当死，但虔州转运使王逵却坚持要处死他，这就给周敦颐执法带来了极大的困难。首先，转运使拥有举荐和弹劾属官的权利，地方官员根本不敢得罪；其次，王逵又是当时颇有名望的文人，性格直接暴躁，喜以功名自显，所至威令大行。周敦颐为了秉公办案，早已将个人利害置之度外，与王逵据理力争，王逵哪里见过如此忤逆他的下属，于是暴跳如雷，坚持要处死这名犯人。周敦颐见事不可为，便取出自己的委任状和记事簿，掷于地上，说道："这样还做什么官，用杀人来讨好上级，这样的事情我做不出来。"[①]王逵也被周敦颐愤怒的举动吓了一跳，顿时清醒过来，并再次认真审核文件，发现周敦颐是正确的，于是免去了犯人的死刑。同时，王逵也极为欣赏周敦颐的气节，此后极力向朝廷举荐他，

---

① 《宋史·周敦颐传》载："如此尚可仕乎！杀人以媚人，吾不为也。"〔元〕脱脱等：《宋史》卷四百二十七，中华书局1977年版，第12711页。

周敦颐因此得任郴县县令。

　　周敦颐在南安军每日与刑狱打交道，饱览人性善恶、人间疾苦，更从中看到了教化对于国家治理的重要性。前文已述，周敦颐本就学问渊博、悟性极佳，在南安期间完成了其理学经典著作《太极图说》，并收程颢、程颐为弟子，悉心教导。此外，周敦颐还在南安兴办学校，与弟子"二程"一起教化民众，影响深远，后世周程书院、道源书院皆本于此，苏轼《南安军学记》说"南安之学甲于江西"即称赞周敦颐所办军学。

　　十五年后，周敦颐得授国子监博士头衔，并出任虔州通判，为正六品官员，而他的顶头上司正是赵抃。事实上，赵抃此前因听闻许多关于周敦颐的谗言，对他的印象很不好，直至在虔州与之共事，才熟知其为人，终于明白此前是误会了周敦颐。于是赵抃拉着他的手说"吾几失君矣，今而后乃知周茂叔也"，并赋诗云：

蜀川一见无多日，潮水重来复后时。古柏根深容不变，老桐音淡世难知。观游邂逅须同乐，离合参差益再思。篱有黄花樽有酒，大家寻赏莫迟疑。①

　　此诗充分表达了赵抃对周敦颐的肯定，以及相知不怕迟的意涵。正所谓"日久见人心"，此后赵抃与周敦颐相惜相知，赋诗唱和，无话不谈，一起为赣州的治理与教化出谋划策，成就了一段为世称道的施政佳话。

　　周敦颐自创办南安军学，积累了丰富的办学经验，也体会到教育的重要作用与意义，故其无论在湖南还是四川为官，必兴办学校、传道授业。至虔州通判任不久，周敦颐便与赵抃商量办学之事，赵抃本就通经史、善诗赋，同样重视教化，两人可谓心意相通、一拍即合。事实上，赣州在庆历年间（1041—1048），曾响应诏令创办州学，但规模很小、场所简陋，办学口碑并

---

① 〔宋〕赵抃：《清献集》卷三，《影印文渊阁四库全书》第1094册，北京出版社2012年版，第772页。

不好。于是，赵抃与周敦颐改选位于玉虚观左侧的屋舍作为讲学之所。办学之初，赵抃与周敦颐一样，经常亲往书院讲学。书院位于马祖岩附近，赵抃有与周敦颐游马祖岩诗，世人皆以为是赵抃与周敦颐悠游之作，却不知实为两人前往讲学之故。嘉祐七年（1062），赵抃因治理虔州政绩突出，被朝廷召回。北返之日，周敦颐送赵抃一直送到万安香林寺，两人方作诗互赠，依依惜别。周敦颐诗云："谈终道奥愁言去，明日瞻思上郡楼"[①]，可见两人分别之时，仍在谈论学问之事。

赵抃虽然离去，周敦颐仍不废州学，用力更勤。在周敦颐的不懈努力下，书院声名渐显，吸引了众多子弟前来求学，其中最为著名的，乃曾准带领四子曾弼、曾懋、曾开、曾几及族人前来拜师求学，后曾氏父子五人陆续高中进士，一时传为美谈。虔州州学终于打开局面，由此走向兴盛，引来王安石、张九成、杨万里等陆续为赣州撰写学记。周敦颐对赣州文教发展有开创之功，故赣州人民将其敬为四贤，世代纪念传颂。

三、刘彝知虔

北宋嘉祐至熙宁年间，全国处于酝酿与推行变革的浪潮之中。嘉祐三年（1058），王安石上书建议朝廷改革取士、重视人才、变革法度；熙宁二年（1069），变法正式开始。这一时期对于赣州来说，也注定是不平凡的，被赣州纪念近千年的"四贤"，有三位出自该时期，继赵抃与周敦颐之后，赣州又迎来了北宋的另一位名宦刘彝（图4-3）。

刘彝，字执中，师从著名学者、理学前驱胡瑗，是北宋的能臣，善治水。王安石举荐刘彝时称赞他："屯田员外郎温州通判刘彝，聪明敏达，有济务之材。"[②]后宋神宗任刘彝为都水丞。刘彝之所以来赣州任官，亦与水有

---

① 〔宋〕周敦颐：《周敦颐集》卷三，陈克明点校，中华书局2009年版，第72页。
② 〔宋〕王安石：《举屯田员外郎刘彝状》，《临川先生文集》卷第四十，中华书局1959年版，第436页。

关。原来，当时赣州城常有水患，且较为严重，百姓苦之久矣。赣州水患概有两方面原因：第一，古赣州城依水而建，地势不高，东西有章、贡二江环绕，于北部汇为赣江，形成三面环水的地理格局；第二，赣南属山区，大山长谷，涧溪交错，植被茂盛，加之赣南亚热带气候影响，每到三四月份，天气郁蒸，暴雨时作，溪流泛涨。正是因为这样的地理、气候条件，赣州城经常被江水倒灌入城，造成内涝，引发疫病。曾敏行《独醒杂志》载："每春夏水潦入城，民尝病浸，水退则人多疾死，前后太守莫能治。"[①] 当时，每年因水灾被淹死、或染上瘟疫而死的百姓不计其数，历任官员面对水患也是无计可施。

图 4-3 刘彝塑像（李禾丰摄）

熙宁五年（1072），刘彝从两浙转运判官调至虔州任知州，甫一上任，立即对赣州城地形及排水设施展开调查与勘测。刘彝发现，赣州因依水而建，自建城之始就十分重视排涝，经历任太守的努力，城市排水系统已较为发达，城内之水通过密布的管道通向十三座城门，在城门处排入江中。然而，由于赣州地势较低，但凡遭遇水涨，江水就会通过排水管道倒灌入城，这一问题始终没能解决。刘彝经过周密的勘测后，下令在城门排水口建造可开启闭合的水窗，当江水水位高于水窗时，可借江水之力将闸门关闭，当江

---

① 〔宋〕曾敏行：《独醒杂志》卷三，上海古籍出版社 1986 年版，第 25 页。

水低于水窗时，又可借水窗内沟水之力将闸门冲开，有效防止了江水倒灌入城。刘彝的精心设计，很好地发挥出了地下排水系统的作用。此后，赣州城的排水系统在此基础上日渐完善，成为中国古代城建史上的典范，也有了一个非常响亮的名字：福寿沟。

除了治水，刘彝在赣州任官期间，留下许多为世人称赞的善政。《宋史·刘彝传》记载了刘彝至虔禁巫鬼风俗的事迹。刘彝发现赣州地近南岭，气候温暖且多变，老百姓经常患病。然而，赣州老百姓有信巫鬼的风俗，生病时不去就医，反而信巫祈鬼，由此贻误病情致重病死亡的人很多。于是刘彝召集懂医术的人，精心编撰了一本专治伤寒疾病的医书，名《正俗方》，并对赣州的巫师登籍造册，共得三千七百余人。刘彝将他们喊来，痛斥其弊，每人发一本《正俗方》，让他们改习医术，以此为业。此后，赣州巫鬼风俗为之改变，百姓的生命健康得到了有力的保障。当时，南方大多数地区都有尚巫习俗，刘彝此举被传播甚广，引来他郡官员纷纷效仿，作为增加自己政绩的一种方式。曾敏行《独醒杂志》说："楚俗大抵尚巫，若州郡皆仿执中此举，亦政术之一端也。"[1]

北宋魏泰《东轩笔录》载："刘彝所至多善政，其知虔州也，会江西饥歉，民多弃子于道上，彝揭榜通衢，召人收养。"[2] 原来，刘彝在虔州任上，正好碰到江西闹饥荒，经常发生饥民将子女遗弃在道路上的事情。于是刘彝在赣州城张贴告示，呼吁州人收养弃婴，并规定凡收养弃婴之人每日可领2升广惠仓的米，但领养之人必须每月将婴儿抱到官府看视一次，后刘彝又将此举推行至各县镇。所以，这一次饥荒，赣州全境竟然无一例因弃子而导致婴儿夭折的事情发生。

刘彝在赣州执政期间，改良排水系统，促进农业生产，摒弃陋风陋俗，关心百姓民生，取得了良好的政绩，对赣州的城市发展以及社会进步都有着

---

[1]〔宋〕曾敏行：《独醒杂志》卷三，上海古籍出版社1986年版，第28页。
[2]〔宋〕魏泰：《东轩笔录》卷九，中华书局1983年版，第101页。

深远的影响。正因如此,赣州百姓也将其列为"四贤"之一,世代铭记。

四、文山丹心

中国历史上的民族英雄,文天祥当为最典型的人物之一,"人生自古谁无死,留取丹心照汗青",其爱国思想与自强不息的精神已成为中华民族最基本、最深沉、最持久的文化内核,而让文天祥(图4-4)彪炳史册、名垂千古的勤王故事,正是从赣州开始的。

咸淳十年(1274年),文天祥被任命为赣州知州,有《知赣州到任谢皇帝表》云"由家达国,期兴逊以兴仁;以子移臣,寓为忠于为孝"[1],其忠孝节义、家国之情溢于言表。至赣州后,文天祥以勤勉、仁义治郡,注重农事,作风亲民,深受百姓拥戴。文天祥初至赣州时,觉得此处山多地偏,郡人难治,曾云:"起视四境,山长谷荒,赤子龙蛇,未易帖服。"[2]然而文天祥自有其理政的想法,"以诗书揉强暴,衣冠化刀剑",文天祥认为,理政应以百姓为重,可用书生义理感化百姓。他非常敬重赵抃、周敦颐等前辈贤宦,尝作《赣州重修清献赵公祠堂记》《赣州重修嘉

图4-4 文天祥塑像(李禾丰摄)

---

[1] 〔宋〕文天祥:《文天祥全集》卷四,熊飞点校,江西人民出版社1987年版,第112页。
[2] 〔宋〕文天祥:《文天祥全集》卷六,熊飞点校,江西人民出版社1987年版,第222页。

济庙记》,并对赣县县令说:"濂溪为小官,不肯杀人以奉其上"①,告诫其不可依赖刑狱,以民命为儿戏。文天祥在赣州推行礼仪道德,弘扬"以老为贵"的美德;重视农桑,常与友人谈论民食关系,督促百姓务农力田;整顿十县隅团地方武装,革除积弊,肃清盗寇。文天祥以书生理想治理赣州,居然收获奇效,诸事井然有序,百姓安居乐业,他在写给友人的信中说:"某治郡以来,书生迂阔之说,颇有效验。"②

赣州虽在文天祥的治理下欣欣向荣,但此时的南宋朝廷却已风雨飘摇。元军在北方虎视眈眈,南宋政府早已腐朽不堪。咸淳十年(1274年)七月,度宗死,年仅四岁的恭帝即位,谢太后临朝听政,权臣贾似道一心议和,妄图苟延于世。十二月,吕文焕引北兵攻鄂州,鄂州降,元军兵聚长江以北,南宋岌岌可危。此时文天祥虽身在赣州,却心忧天下,他曾在郁孤台北眺赣江,赋诗云:"风雨十年梦,江湖万里思。倚阑时北顾,空翠湿朝曦。"③德祐元年(1275)元月朔日,元军渡江南下,各地守城官员非跑即降,眼看元军就要兵临杭州,朝廷急发诏令,要各地起兵"勤王"。讽刺的是,勤王诏发出后,全国竟无官员响应,唯有郢州张世杰、赣州文天祥应诏。

元月,文天祥在赣州接到勤王诏,知国家危难,泪流满面,不能自已,立即组织勤王。文天祥本一介书生,于军伍之事毫无经验,然其凭一腔热血,家国情怀,毅然决然投入勤王之事。招募军队需要费用,文天祥便遣人回吉安老家,变卖所有家产,充为军费;又派陈继周发动郡中豪杰,赣州大姓家族积极响应,有欧阳冠侯等共计33家;由于文天祥在赣州为官深得人心,以致赣南溪峒山蛮等少数民族,也纷纷加入队伍。两个月内,文天祥便组织起了一支上万人的队伍。朝廷听闻此事,以江西提刑安抚使

---

① 〔宋〕文天祥:《文天祥全集》卷六,熊飞点校,江西人民出版社1987年版,第216页。
② 〔宋〕文天祥:《文天祥全集》卷六,熊飞点校,江西人民出版社1987年版,第218页。
③ 〔宋〕文天祥:《文天祥诗集校笺》卷六,刘文源校笺,中华书局2017年版,第497页。

召文天祥入临安勤王，此时有友人出面制止，文天祥说："国家有难，征天下兵，竟无一人一骑响应，我深以为恨，所以不自量力，以身赴难，希望天下忠臣义士能闻风而起。"①四月，文天祥率领队伍到达吉安。

文天祥勤王本国家所需，但宰相陈宜中与投降派官员居然认为文天祥召集的队伍乃乌合之众，斥其"猖狂""儿戏无益"，让文天祥留屯隆兴府（今南昌），不准其入卫临安。然而，此时临安的情况已十分危急。二月，元兵渡江攻陷饶州，文天祥的老师江万里投水殉国，朝廷乱成一片，主管军事的枢密院官员和御史官相继逃跑。谢太后急切下诏说："我朝三百余年，待士大夫不薄。今吾与嗣君遭难，你们大小官员没一句救国的话。朝中官员离职逃走，外边守臣丢印弃城。此时此举，生有何面目对人，死何以见先帝？"②可惜，谢太后的恼怒并不能阻止官员的弃逃，南宋朝廷已是一片萧条。

文天祥在隆兴府反复上书，终在六月得准入卫。南宋此时大势已去，独松关不久告破，文天祥与张世杰商量与元军血战到底，被陈宜中阻止。德祐二年（1276）元月，伯颜兵至临安三十里，陈宜中逃跑，二十一日，左右丞相吴坚、贾余庆奉上降表，文天祥亦同行，见到伯颜后，文天祥大骂贾余庆等是卖国贼，骂伯颜失信，骂吕文焕为逆贼！伯颜闻之吐舌，极为欣赏其气节，连呼："男子！男子！"于是，伯颜将文天祥扣留下来，欲劝降。赵宋王朝宣告灭亡。

伯颜遣散文天祥带来的勤王义兵，大批赣州子弟散归，文天祥亦被押解北去，途经镇江，文天祥乘元兵不备，夜间逃出。此后，文天祥漂泊至

---

① 《宋史·文天祥传》："一旦有急，征天下兵，无一人一骑入关者，吾深恨于此。故不自量力，而以身殉之，庶天下忠臣义士将有闻风而起者。"〔元〕脱脱等：《宋史》卷四百一十八，中华书局1977年版，第12534页。

② 《宋史·理宗谢皇后传》："我国家三百年版，待士大夫不薄。吾与嗣君遭家多难，尔小大臣不能出一策以救时艰，内则畔官离次，外则委印弃城，避难偷生，尚何人为？亦何以见先帝于地下乎？"〔元〕脱脱等：《宋史》卷二百四十三，中华书局1977年版，第8659页。

福建，在南剑州建立都督府，号召各地起兵，原来在赣州招募的旧部以及江西各地人民纷纷响应，迅速又拉起了一支抗元的部队。文天祥的抗元活动主要在赣、闽、粤边界，景炎二年（1277）五月，文天祥进入会昌，六月，在雩都大败元军，攻下兴国，并在兴国开府，建立根据地，接连收复了赣州、吉州等几个属县，一时之间，颇有复兴气势。然而，元军随即派出大量骑兵增援，双方兵力悬殊，文天祥很快败走，游战于闽粤间。景炎三年（1278）十二月，文天祥于海丰五岭坡被捕。忽必烈欣赏文天祥的气节，欲招降，被文天祥严词拒绝，慷慨就义。

文天祥在国家危难之际，舍生忘死，自强不息，尽忠报国，一身浩然正气，鼓舞了后世无数仁人志士。同时，文天祥的勤王救国之路，又与赣州息息相关，赣州是他的起点，是他的支撑，是他在奋力抗争中的那一点希望。正如文天祥回顾这段经历时说："妾妇生何益，男儿死未休。虎头山下路，挥泪忆虔州。"[①]

第二节　名宦咸集

"四贤"是宋代赣州官员中的杰出代表，他们的出现反映了赣州独特的地理文化特征及其与中心地域在政治、经济、文化上的密切互动，有其内在的运作机理与历史的必然性。正因如此，在有宋一代，有大批名士官员来到赣州，用他们的智慧与努力描绘着宋代赣州的历史画卷。

---

① 〔宋〕文天祥：《文天祥诗集校笺》卷一○，刘文源校笺，中华书局2017年版，第859页。

一、群贤毕至

宋代是江西历史上的辉煌时期，经济发展、文化繁荣、名人辈出。《宋史》列传中江西籍人物数量多达240人，宰相、副宰相级的显宦有25人，其中尤为著名者有王安石、欧阳修、黄庭坚、曾巩、杨万里、文天祥等，他们参与决策朝政，左右时局，影响巨大。李道传曾说："窃观国朝文章之士，特盛于江西。"在此背景下，位于江西之南的赣州同样发展迅速，大庾岭商路成为对接海上丝绸贸易最重要的内陆通道，赣州为官方指定转运站，赣江水道已然是王朝发展的重要经济动脉，所以治理赣州城、疏浚赣石水路成为国家的重要发展战略。包拯在谈及任命赣州官员时说"虔州据江表上游，南控岭徼，兵民财赋，素号重地"[1]，《舆地纪胜》又载"拥麾出镇，必选名德重望"[2]，赵抃任虔州知州时亦云"愿为剧郡之请"[3]，可见朝廷在选派赣州官员时，往往高度重视，选派贤能。由此，宋代的赣州，重臣名宦纷至沓来。两宋时期究竟有多少官员曾来过赣州，目前尚无专门考证与统计。但可以推断的是，由于宋代地方官职体系庞大，层次分明，故宋代来赣州的官员数量一定非常大，这一点可通过明清时期编撰的《赣州府志》记载得以证明。表4-1即根据嘉靖《赣州府志》整理的府官情况。

表4-1 宋代赣州职官数统计表（据嘉靖《赣州府志》）

知军州事	通判军州事	军事推官	录事参军	司理参军
63人	14人	2人	1人	3人
司法参军	司户参军	教授	山长	监督税务
1人	1人	5人	2人	2人

---

[1] 〔宋〕包拯：《包拯集校注》卷三，杨国宜校注，黄山书社1999年版，第202页。
[2] 〔宋〕王象之：《舆地纪胜》卷三十二，中华书局1992年版，第1416页。
[3] 〔宋〕赵抃：《清献集》卷一〇，《影印文渊阁四库全书》第1094册，北京出版社2012年版，第895页。

由上表可知，仅赣州府官职，就有知军州事、通判军州事、军事推官、录事参军、司理参军、司法参军、司户参军、教授、山长、监督税务10种，共计94人。其中，人数最多的是知州，但自通判开始，人数锐减，人数最少的官职仅有1人。但显然这并不是真实的情况，按照配比，下属官职数只能比知州数量更多，这才是合理的情况，产生这种现象是因为职位较低的官员更难留存记载，除非其在当时有一定的影响力。如宋代赣州司法参军的记录只有1人，此人即杨时，乃程门四弟子之一，北宋著名哲学家、文学家、政治家，故其信息才得以保存。而即便是统计人数最多的知州，这一数字也一定少于实际情况，如杨万里曾任赣州知州，嘉靖版并无相关信息。再看同治版《赣州府志》的职官统计（表4-2）：

表4-2 宋代赣州职官数统计表（据同治《赣州府志》）

知军州事	通判军州事	军事推官	录事参军	司理参军
99人	43人	2人	4人	5人
司法参军	司户参军	其它		
4人	4人	7人		

由统计可见，同治版府志所载知州数量为99人，比嘉靖版足足多出36人，通判以下的官职数量也增加了38人，说明随着岁月的流逝，关于历史人物的文献搜集更为齐备，同时，更可确定宋代赣州任职官员的数量是一个庞大的数字，可以想见，宋代赣州与北方及周边地域的文人往来是多么得频繁。同时，宋代赣州的任职官员不仅数量多，质量还非常高，除了前文提及的"四贤"之外，如孔宗翰、洪迈、留正、辛弃疾、杨万里等，皆为名重一时的人物，这印证了《舆地纪胜》"必选名德重望"的说法，也反映了宋代赣州地域功能的变化。这体现在两个方面：

第一，城市的重要性极大提升。宋代以前，赣州被视为南方边界，是中原通往蛮荒之地的最后一站。宋之问诗云"度岭方辞国，停轺一望家"，白居易诗云"南迁更何处，此地已天涯"，都体现了赣州的边界象征意义。唐代赣州是贬谪重地,张子容说赣州"曾为谢客郡,多有逐臣家"。至宋代,这一情况发生了改变,尽管在地理认知上,时人仍认为赣州乃偏远之地,如王安石《虔州学记》说:"虔于江南地最旷、大山长谷、荒翳险阻。"[1]南宋末年,文天祥知赣时仍说:"赣山长谷荒,赤子龙蛇。"[2]可见赣州偏远荒凉的地理形象一直没有改变。然而,由于大庾岭南北交通地位的上升,赣州官方转运身份的确立,赣州城的重要性与日俱增。通过史料梳理发现,宋代官员被贬至赣州的例子大大减少,更多的情况是向赣州委以重臣,如宋代最重要的变法时期,即庆历至元丰年间,许多重要大臣皆曾至赣州任官,他们有庆历新政的核心人物余靖、尹洙,王安石变法中的大臣赵抃、刘彝,以及著名的官员孔宗翰、周敦颐等。他们到赣州后,或革新政务,或疏浚水路交通,或改制盐法税务,通过治理不断提升赣州的城市化进程以及对于中央政府的贡献能力,使之逐渐成为宋代南方地域的重镇。

第二,战略军事作用愈加凸显。赣州位于大庾岭之北,自秦始皇开始,此处就被当作战略要地被加以开发。淮南王刘安描述秦军征南越说:"一军守南埜之界",南埜即赣州最早被开发的地方。此后,赣州的发展始终伴随着战争,如尉佗戍边、庾胜筑城、陈霸先修崎头古城等。至宋代,大庾岭驿道以及赣江水路已成为国家的经济动脉,商贸利益巨大,大量匪盗由此滋生。淳化元年(990),分赣州大庾、南康、上犹三县,建立南安军。又分别于赣北、赣中设立南康军与临江军,目的就是为了保护赣江航道的商贸。史籍关于虔州军事的文献记载很多,如宣和二年(1120年)四月,徽宗诏曰:"虔州地接广东,江山险阻,私铸盗贩习以成俗,啸聚出没,民受其害,可于江南西路、广南东路添置路分都监各一员。"[3]至南宋末期,文天祥抗元的主要战场,也是在赣州一带。宋代赣州的军事功能为王朝所关注并日益凸

---

[1] 〔宋〕王安石:《临川先生文集》卷第八十二,中华书局1959年版,第858页。
[2] 〔宋〕文天祥:《文天祥全集》卷六,熊飞点校,江西人民出版社1987年版,第221页。
[3] 〔清〕徐松:《宋会要辑稿》,中华书局1957年版,第3532页。

显,正如李朴诗云:"金弋百战古虔州,滚滚双江日夜流。"

宋代赣州城市快速发展,地位日趋提升,大量贤臣名宦接踵而至,留下许多为后人称赞的佳话。他们远离了王朝政治中心,却仍然以天下为己任,努力将自己的理想抱负书写于赣州这座城市,搭建起赣州与中原文化互为融合的桥梁,构筑起属于赣州的独特人文精神内涵。

二、以民为本

宋代来赣州任职的官员众多,宦绩各有不同,若只是停留于对他们史料的爬梳,则会陷入无休止的考证与杂芜繁琐的事项。事实上,无论用何种方法治理赣州,用何种方式书写赣州,他们所表现出的内在精神价值是趋同的,其中最为突出的表现,莫过于"以民为本"。

以民为本,首先体现在对百姓生计的重视。北宋著名文学家孔平仲,元祐元年(1086)任赣州骑都尉,上任时恰逢赣州干旱,眼看庄稼要旱死却无计可施,便组织为百姓祈雨,后雨下,孔平仲不禁欣喜若狂,当即写下《题赣州嘉济庙祈雨感应》,诗云"但愿吾民得饱饭,年年岁岁是丰年",对百姓生计的关切之情溢于言表。赵善佐,从朱熹游学,曾任赣州知州,在赣州大力发展农业,劝民艺麦、蓄水,卒于赣州,朱熹为其撰写墓志铭赞曰:"肆其所临,霈若膏雨。章贡之间,禾黍油油。"[1]王柟,南宋官员,官至朝议大夫、秘书少监,曾任赣州知州,他看到赣州百姓喜欢种植麻苎,于是下令他们种植效益更大的桑树,发展养蚕与丝织,并规定"多者减役赎罪"[2],通过法令和赋役激励农民发展丝绸产业,让百姓得到了实惠。后王柟得罪提刑官,被弹劾罢职,离赣之日,百姓流着眼泪前后簇拥,一度无法前行。知州李雷应,咸淳六年(1270)到任,文天祥《赣州重修嘉济庙

---

[1] 〔宋〕朱熹:《晦庵集》卷九二,《影印文渊阁四库全书》第1146册,北京出版社2012年版,第169页。

[2] 〔宋〕叶适:《叶适集》卷二十三,中华书局2010年版,第458页。

记》对其宦绩述之甚详,李雷应任知州时,同样是大力发展谷物种植与桑蚕业、畜牧业,以至于出现"粟米在市,蚕麦满野,鸡犬相闻,达于岭表"的景象,百姓感恩于李雷应,歌颂其说:"田有稻粱,野无干戈。……何以报侯?万有千年。"①

宋代贤宦对百姓生计的关心还体现在蠲免赋税方面。宋代的税赋有公田之赋、民田之赋、城郭之赋、丁口之赋、杂变之赋五大类,名目繁多。加之国家常年兴兵征战,军饷皆出于民,更加重了百姓负担,地方民众因税赋无度起为盗贼,官府又为平定盗贼加征税赋,形成恶性循环。赣州的情况也是如此。一些贤德的官员看到了百姓的苦难与制度的问题,在任期间努力改善,让百姓安居乐业。南宋著名宰相留正,淳熙五年(1178)任赣州知州,其上任后,发现诸多杂税让老百姓生活困苦,部分百姓只能依靠为盗来维持生计。留正看到这种情况,决定轻徭薄赋,上书朝廷请求减少赣州供米数量,以减轻百姓负担。《宋史》记载:"(留正)知赣州,奏减上供米,不报。及为相,蠲一万八千石。"②原来,留正因得罪当朝宰相,这份奏折并未能呈递到皇帝面前,直至多年后留正出任宰相,仍然心系赣州,并终于完成夙愿,为赣州减免了一万八千石供米。赵公偁,绍兴中任赣州知州,隆兴二年(1164),赵公偁收免役宽剩钱得十余万,全部充作夏税为百姓代缴,减轻了百姓的生活压力。南宋文学家刘用行,淳祐九年(1249)知赣州,卒于官,刘克庄为其写墓志铭曰:"蠲十县米三万七千有奇,钱十五万二千有奇,释系囚二百二十二人。乞住和籴,罢贡布,皆报可。"③可知,刘用行在任时,为赣州百姓减免了大量的赋税。

赣州是一座经常发生水患的城市,治水理水则成为赣州官员们的一项重要工作。孔宗翰筑城,就是典型的例子。孔宗翰(图4-5),北宋名臣孔道

---

① 〔宋〕文天祥:《文天祥全集》卷六,熊飞点校,江西人民出版社1987年版,第218页。
② 〔元〕脱脱等:《宋史》卷三百九十一,中华书局1977年版,第11973页。
③ 〔宋〕刘克庄:《刘克庄集笺校》卷一百五十三,中华书局2011年版,第6039页。

图 4-5　孔宗翰像（李禾丰摄）

辅次子，孔子四十六代孙，以恩服族人、治理有方闻名，司马光、王珪皆上书举荐他为官。宋仁宗嘉祐年间（1056—1063），孔宗翰以进士出身，出任虔州知州，上任后，发现虔州城乃依水而建，三面环水，每年都会被洪水侵扰，尤其东北部地势较低，又处于章、贡两江汇合处，此处的夯土城墙极易遭水浸而坍塌。于是，孔宗翰组织人员重修城墙，以砖石筑城，再用熔化的铁水固基，终于修建起一座足以抵挡水侵的坚固城墙。又在城墙处修筑石楼，即今日的"八境台"，成为赣州观景的绝佳之处。孔宗翰登楼观景，怡然自得，并根据所观绘成《虔州八境图》，后于彭城请苏轼为八境图作诗，让人寄回镌刻于石，由此开融"图、诗、台"为一体的八景文化之先河，赣州八境台也由此名扬天下。

赣州城由于被水环绕，章、贡江两岸与府城往来颇为不便，百姓只能通过舟船渡江。为解决这一难题，历任知州分别于府城东、西、南建了三座浮桥（图 4-6）。第一座浮桥，是由北宋名臣刘瑾所建。刘瑾是北宋宰相刘沆之子，曾罢职为父守墓，因孝复原职，《宋史》称其"素有操尚，所涖以能称"，可见刘瑾是一位贤能的官员。熙宁九年（1076），刘瑾由知广州改为知虔州。上任后，刘瑾勤于政事，一心为民，主持修建了赣州第一座浮桥，即章江西河浮桥，刘瑾名其为"知政桥"，意思要通过此桥体察章江两岸民情。继刘瑾后，知州洪迈又修建了第二座浮桥。洪迈是南宋著名的文学家。乾道

图 4-6 赣州古浮桥（王志梅摄）

六年(1170),洪迈任赣州知州,他上任后,发现赣州常有水患,虽章江西河已有知政桥,但东河贡江并无浮桥,百姓苦之久矣!于是洪迈下决心再建浮桥,以其过人的才能,在短短四年间完成了东河浮桥这项巨大的工程,时名"惠民桥",意即建桥造福贡江两岸百姓,方便往来。第三座浮桥则是由知州周必正所建。周必正是南宋著名文学家周必大的从兄,淳熙年间(1174—1189)出任赣州知州。当时赣州已建有西河与东河两座浮桥,然而城南仍然只能以舟渡河,且河水湍急,经常出现舟覆人亡的惨剧。周必正见此情形,决定修建南河浮桥。为了不让百姓破费,周必正周转公费,并捐出自己的俸禄修建南河浮桥,并以石修路,长达数百丈,至此,赣州城南河两岸交通得到了彻底的解决,陆游称赞周必正:"有爱在民,百世不泯。"三座浮桥的修建,是赣州建城史上的大事,也是利民惠民的好事,近千年来,浮桥方便了章贡两岸居民的出行,至今仍在发挥作用,更是成为赣州珍贵的文化记忆与人文景观。

在众多官员的努力下,赣州水患的危害在不断减弱,但若碰到大的洪水灾害,赣州仍难免于灾祸,南宋文人曾丰对此述之颇详。曾丰是南宋文学家,与辛弃疾、杨万里、周必大等交游,曾在赣县、会昌等地为官,并创作了大量作品。曾丰有两首描写赣州水患的诗歌,分别为《辛丑大水》《癸卯九月赣吉大水》。诗题所云辛丑与癸卯,分别为1181年与1183年,曾丰在赣县丞任。《辛丑大水》诗云:"天公哀此生人苦,潸然出涕洒下土。五昼五夜涕不已,平陆成河山作渚。是方为邑本洼下,今者之变顷未睹。何止人家水半扉,或压或溺遍处所。……朝登山巅聊放目,流尸蔽江可胜数。……我愿天公且收涕,忧之反伤亦奚补。但令老眼开日月,苍生自然得安堵。"[①]诗歌的描写,

---

[①] 〔宋〕曾丰:《缘督集》卷三,《影印文渊阁四库全书》第1156册,北京出版社2012年版,第29页。

完全可以复现当年水患的发生过程与惨状。这次水患是由五天五夜的暴雨所致，洪流将所有的房屋全部淹没，作者登至山巅看到了水患的全貌，当时的赣县已平陆成河、流尸蔽江，这样大的天灾已非人力可挽救，作者只能向天祈祷，请求老天不要再下雨，放过苍生性命。又《癸卯九月赣吉大水》云"五月小潦似未伤，九月大潦疑非常"[①]，可知1183年其实发生了2次水患。3年间赣州竟发生了3起水患，且2次是大患，可见赣州水患的确较为频繁。通过曾丰的作品，可真实地看到宋代水患给赣州带来的损害与创伤，同时也侧面验证了众多前贤治理赣州水患的重要性。曾丰一生曾创作大量与赣州相关的诗文作品，初步统计概有60余篇，这些作品是考察宋代赣州的珍贵史料，十分值得深入研究。

无论是劝课农桑、轻徭薄赋，还是筑城建桥、防御水患，都是"民为邦本"文化价值的集中体现。宋代赣州贤宦的事迹，映射出民本观念已经成为宋代士大夫理政的普遍思想。张载云"为天地立心，为生民立命"，这既是宋代官员实现政治抱负的理想追求，也是中华优秀传统文化的核心价值体现。

三、家国天下

家国天下，是赣州贤宦文化的的另一精神特质，表现为文人对国家和人民的热爱与忧患意识，是心系国家、胸怀天下的一种担当精神。赣州自古被认为是中原至南荒最后一站，来到此地的官员往往有去国怀乡、远离中原文明的感触，如唐人刘商诗云："人到南康皆下泪。"宋代，赣州交通发展，城市地位不断提升，与中央王朝的关系愈加密切，由此形成了一种既偏远又紧密的仕宦环境。居庙堂之高则忧其民，处江湖之远则忧其君，来到赣州的官员，虽仍会嗟叹远放，但更多的是表现出以天下为己任的家国

---

① 〔宋〕曾丰：《缘督集》卷三，《影印文渊阁四库全书》第1156册，北京出版社2012年版，第32页。

精神。

嘉祐六年（1061），赵抃来到赣州后的第一件事，就是给仁宗皇帝上疏了一份《知虔州到任谢表》，其云："虔虽远方，而衢乃便道。过家上冢，恳章得尽于哀荣；跋山涉川，之任敢辞于艰险。……臣敢不勤瘁公家，谋惟夙夜。颁宣宽诏，抚驭远人。忽烦南顾之忧，少酬北阙之寄。"①意思是虔州虽远，却是交通咽喉重镇，我来到此地任官，一定会鞠躬尽瘁，治理好这片地域，为国分忧。赵抃将仕宦赣州的心态写得很精准，颇具代表性。后赵抃果然励精图治，把赣州治理得井井有条，尤其是他帮助岭南死去官员家人返回故乡的事迹，公天下之身的精神为世人所传颂。事实上，资助弱者返乡并非赵抃首创，他的前任知州余良肱已经这么做了。同治《赣州府志》记载余良肱于天圣年间（1023—1032）知赣州，更早于赵抃。《宋史·余良肱传》记载："知虔州，士大夫死岭外者，丧车自虔出，多弱子寡妇。良肱悉力振护，孤女无所依者，出俸钱嫁之。"②余良肱的事迹与赵抃十分相似，都是帮助死在岭外的官员遗孀遗孤返回家乡，可见余良肱同样是一位"天下为公"的贤宦。

余良肱与赵抃虽在赣州任官，思想上却未有管辖区域的局限，对需要帮助的人皆给予援助，这就是"家国天下"的突出表现。与此类似的，还有一位赣州知州，洪迈。洪迈是南宋著名文学家，其《容斋随笔》是宋代最具学术价值的笔记。乾道六年（1170），洪迈任赣州知州，上任后，治理有方，百姓乐业。次年，江西发生了饥荒，许多百姓饿死，而这一年赣州却有着中等程度的收成。洪迈了解到周边百姓惨况，决定调集粮食救济邻郡。洪迈的下属很不理解这种行为，进行劝阻，洪迈却回答说："秦、越瘠

---

① 〔宋〕赵抃：《清献集》卷一〇，《影印文渊阁四库全书》第1094册，北京出版社2012年版，第895页。
② 〔元〕脱脱等：《宋史》卷三百三十三，中华书局1977年版，第10716页。

肥，臣子义耶？"①意思是以秦越两地贫弱丰肥不同，就认为二者疏远各不相关，这难道是做臣子的道义吗？最终洪迈说服了僚属，及时接济了邻郡的灾民。江西百姓感念洪迈的仁义，人诵其书，家有其像，不断传颂着他的事迹。

曾在赣州平定叛乱的岳飞，则表现出对国家、对人民的另一种情怀。绍兴三年（1133），朝廷派岳飞镇压吉安彭友、赣州陈颙等动乱，不仅如此，宋高宗还给了岳飞一道密令，命令他屠杀赣州全城百姓。宋高宗如此怨恨赣州，却非因彭友叛乱，而是数年前隆祐太后在赣州曾受惊吓。②岳飞本出身军伍，执行军令是他的天职，但在平叛彭友、陈颙之乱后，他却无法做到屠戮平民。于是岳飞上书宋高宗，请求赦免赣州全城百姓，宋高宗并未予理睬，依旧要岳飞执行屠城令。但岳飞更为坚决，拒不执行命令，并再三上书请命，最终宋高宗也没办法，只好同意岳飞只杀掉义军首领，赦免了全城百姓。岳飞终于卸下心中重负，挥师北归，行至九江，得到朝廷北伐金军的命令，岳飞心情畅快，意气风发，挥笔写就千古绝唱《满江红》。"壮志饥餐胡虏肉，笑谈渴饮匈奴血。"这就是岳飞，对待入侵的敌人毫不留情，对待平民百姓宽厚包容。碧血丹心，家国天下。

从岳飞身上，可以看到家国天下更深层的内涵，那就是对国家的热爱与忧患意识。在赣州，有一座郁孤台，其建造时间已不可考。郁孤台下是章江，自古不知多少迁客骚人从这里走向大庾岭，郁孤台成为他们暂时停留在中原的最后一站，郁孤台不远处即为章贡合流处，赣江从这里向北奔赴，流向中原文明的核心。郁孤台的这种地理文化意义，极易激发出士大夫内心的家国情怀。唐代刺史李勉登郁孤台，说出"余虽不及子牟，而心

---

① 〔元〕脱脱等：《宋史》卷三百七十三，中华书局1977年版，第11572页。
② 《宋史·岳飞传》载："初，以隆祐震惊之故，密旨令飞屠虔城。"〔元〕脱脱等：《宋史》卷三百六十五，中华书局1977年版，第11381页。

在魏阙一也"①,表达了虽身在江海,却心在朝廷的思想情怀。宋代无数文人曾登郁孤台,将对国家的满腔热情述之笔端。如文天祥云:"风雨十年梦,江湖万里思。倚阑时北顾,空翠湿朝曦。"②戴复古云:"一片忧国丹心,弹丝吹笛,未必能陶写。"③在这些作品中,最负盛名的,莫过于辛弃疾的《菩萨蛮·书江西造口壁》,词云:

郁孤台下清江水,中间多少行人泪。西北望长安,可怜无数山。青山遮不住,毕竟东流去。江晚正愁予,山深闻鹧鸪。④

辛弃疾是南宋著名爱国将领,豪放派词人的代表,出生于山东济南,当时北方已沦陷于金朝。受父亲影响,辛弃疾自少年时就立下恢复中原、报国雪耻之志,后辛弃疾献俘张安国,回归南宋,以"归正人"的身份开始了仕宦生涯。淳熙二年(1175),辛弃疾担任江西提刑,驻节赣州,与知州陈天麟交游,并在其帮助下,平定茶商赖文政之乱,相互间结下了深厚友谊。关于这首词的创作背景及意蕴,唐圭璋《唐宋词鉴赏辞典》考订的是辛弃疾怀想金兵追隆祐太后事,感慨国事艰危。事实上,唐圭璋所考来自南宋罗大经的推论,罗大经《鹤林玉露》云:"盖南渡之初,虏人追隆祐太后御舟至造口,不及而还。幼安自此起兴。"⑤可见罗大经亦未能肯定辛弃疾创作之本。当然,辛弃疾在郁孤台所感,或确有对隆祐南逃的惋叹,然整首词并无一字着墨此事,若仅以隆祐典故来解释,不足以道尽此词意蕴与价值。辛弃疾作为与苏轼齐名的文学家,才思、功底极为深厚,唯有深入文本,才可发现辛

---

① 〔宋〕王象之:《舆地纪胜》卷三十二,中华书局1992年版,第1422页。
② 〔宋〕文天祥:《文天祥诗集校笺》卷六,刘文源校笺,中华书局2017年版,第497页。
③ 〔宋〕戴复古:《石屏词》,《影印文渊阁四库全书》第1488册,北京出版社2012年版,第 页。
④ 〔宋〕辛弃疾:《辛弃疾词编年笺注》卷一,辛更儒笺注,中华书局2018年版,第113页。
⑤ 〔宋〕罗大经:《鹤林玉露·甲编》卷一,中华书局2008年版,第13页。

图 4-7　郁孤台（李禾丰摄）

弃疾对郁孤台文学传统与文化象征的继承与发扬。郁孤台（图4-7）作为赣州的地标景观，已有无数前贤为之书写，赋予其江湖行远、家国天下之文化意义，如黄庭坚之"郁孤台下水如空"、李复之"郁孤水畔独登台"等作品皆蕴含此文化意义。而辛弃疾所本还不止于此，如李白之"正西望长安"、吕本中之"清江万顷正愁予"，辛弃疾皆从中汲取相似意境，脱胎化用。可以说，辛弃疾以其妙笔精准地融合了前贤对郁孤台愁赋远人、心存魏阙的书写，又创造性地抒发了自己心系家国、壮志难酬的爱国情怀，让这首词成为历代郁孤台作品中的集大成者。

郁孤台景观文化的书写与塑造，其实只是赣州城地理文化空间的一个缩影，寄托了诸多仕宦来到赣州的精神志向。正是在赣州城这一独特地理文化意义的影响下，贤宦们也以其实际行动彰显其家国天下之情怀，如聂子述重修汇刻《郁孤台法帖》、张子智重建思贤阁、陈宗礼重修清献祠等，又如杨万里称赞赣州的官员说："前赵后张俱可阁，赣民不用羡西京。"

第三节 流寓遗泽

宋代来到赣州的文人,并非只有任职的官员,还有许多因其他原因取道赣州的人,他们身份不同,有贬谪、入幕、差遣的官员;留在赣州的活动不同,或寻访名胜,或访友交游,或只是单纯的经过。这些文人因为在赣州并未有太久的停留,其出入行止往往于史籍难征。然而,这些文人在赣州曾经创作过作品,可提供进一步考证的重要信息。此外,宋代还有许多并没有来过赣州的文人,也创作过相关作品。这些作品不仅反映了宋代赣州的社会、经济、文化等各方面情况,同时也是赣州宝贵的文化遗产。

一、汉唐风韵

赣州并非只是到了宋代才有诗。宋代文人对赣州的书写,很大程度上会受到文化传统的影响。如苏轼过虔州诗云"赣石三百里,寒江尺五流"[1],实乃化用唐代诗人孟浩然来赣州的作品。刘有庆写给赣州知事杨长卿的诗中说"鲫沼迎秋月,螺亭览夕晖",则来自更为久远的书写。所以,要了解宋代文人在赣州的活动及其书写,首先应探讨赣州的文化渊源。

历史对赣州地域的书写,可追溯至汉朝。淮南王刘安曾描述秦军南下征越的情形说:"乃使尉屠睢发卒五十万,为五军……一军守南野之界,一军结余干之水。"[2] "南野之界"即指大庾岭,而南野就是今天的赣南地区。当时

---

[1] 〔宋〕苏轼:《苏轼诗集》卷四十五,王文诰辑注,孔凡礼点校,中华书局1982年版,第2429页。
[2] 〔汉〕刘安:《淮南子》,陈广忠译注,中华书局2012年版,第1090页。

图 4-8　赣州宋代八景之白鹊楼（蒋洪亮绘）

大庾岭是这片地理空间的重要标志，赣州的发展历史也与大庾岭息息相关，故后世的书写往往将大庾岭认定为这片地域的核心，赣州则是此空间中的一部分。谢灵运曾来过赣州，但并没有诗，而是过大庾岭时创作了两首作品，分别为《岭表》《岭表赋》。唐代文人张子容写给赣县好友的诗就提及此事，其云："山绕楼台出，溪通里闬斜。曾为谢客郡，多有逐臣家。"诗中"谢客"即指谢灵运。唐代写赣州的诗基本都会提到大庾岭，而写大庾岭的诗却未必有赣州。如何写给虔州刺史孟瑶的诗说"古郡邻江岭，公庭半薜萝"，崔峒赣州诗说"梅花岭里见新诗，感激情深过楚词"。所以，赣州文化的发展进程与大庾岭息息相关，故大庾岭界分南北的概念、梅花文化以及禅宗文化等，都深刻影响到宋代文人对赣州的书写。如苏轼写赣州八境台诗云："白鹊楼前翠作堆，萦云岭路若为开。故人应在千山外，不寄梅花远信来。"[1]这其中的岭路即指大庾岭路，梅花远信则取大庾岭梅花的典故，源自《荆州记》所载陆凯自江南折梅赠友的故事。

　　大庾岭是珠江水系与长江水系的连接点，历史的书写自然也会涉及赣江。《汉书·严助传》载录了淮南王刘安向汉武帝的谏文，他说："限以高山，人迹所绝，车道不通，天地所以隔外内也。其入中国必下领水，领水之山峭峻，漂石破舟。"[2]这里说的就是赣石交通，即文献对"赣石"最早的描述。原来，南康至吉州以南水路，多巨石矗立，水流湍急，舟行十分危险，古人称之"赣石"。郦道元《水经注》云："赣川石阻，水急行难。"[3]《陈书·本纪第一》载："南康灨石旧有二十四滩，滩多巨石，行旅者以为难。高祖之发也，水暴起数丈，三百里间巨石皆

---

[1] 〔宋〕苏轼:《苏轼诗集》卷一六，王文诰辑注，孔凡礼点校，中华书局1982年版，第793页。
[2] 〔汉〕班固:《汉书》卷六十四，中华书局1962年版，第2781页。
[3] 〔南北朝〕郦道元,:《水经注校证》陈桥驿校证，中华书局2013年版，第876页。

没"①，三百里赣石的说法由此产生。随着大庾岭交通逐渐变得重要，赣石之险愈加闻名，《唐国史补》云："蜀之三峡、河之三门、南越之恶溪、南康之赣石，皆险绝之所。"②唐代刺史路应、宋代知州赵抃皆曾组织疏浚赣石，皆因此路线重要之故。正因如此，唐代过往文人开始将赣石诉之笔端，孟浩然、耿湋、张籍、柳宗元等皆曾创作相关作品，成为后世相关作品的文化之源。

赣石水域还有另外一个雅称，名"西江"，在宋代诗歌作品中反复出现。苏轼诗云"竹中一滴曹溪水，涨起西江十八滩"，可见西江应为赣石某处水域称谓。赣州"西江"之名起于何时已无从考证，然其之所以被文人频繁书写，实与一位著名人物有关，即马祖道一。马祖道一为禅宗八祖，是真正让禅宗广布天下的核心人物，在推进佛教进一步中国化方面作出了重大贡献。赣州是马祖道一重要的弘法道场，马祖岩、宝华寺皆为马祖弘法遗址，马祖在此开垦荒地，创建清净梵场，宣扬其"即心是佛""平常心是道"等佛法思想，吸引了众多弟子慕名前来，以致"学侣蚁慕"，一派兴旺，使得虔州成为一处传法中心，与曹溪祖庭南华寺隔岭呼应。当时，无等、怀海、智藏、普愿等著名禅师皆在虔州求法于马祖，其中还有一位著名的居士，被胡适称为"中国禅的解剖刀"的庞蕴，在虔州与马祖有一段著名的公案。《祖堂集》记载："居士生自衡阳。因问马大师：'不与万法为侣者是什么人？'马师云：'待居士一口吸尽西江水，我则为你说。'"③此则公案影响极大，"西江"自此名盛，在宋代赣州诗歌中频繁出现，黄庭坚《见翰林苏公马祖庞翁赞戏书》诗云"一口吸尽西江水，磨却马师三尺喙。马驹踢杀天下人，惊雷破浪非凡鳞"，即是称赞马祖道一的功绩及其与庞蕴的禅机对话。

---

① 〔唐〕姚思廉：《陈书》卷一，中华书局1972年版，第5页。
② 〔唐〕李肇：《唐国史补》，中华书局1991年版，第161–162页。
③ 张美兰：《祖堂集校注》，商务印书馆2009年版，第400–401页。

图 4-9　赣州廉泉（李禾丰摄）

宋代文人对赣州的书写，还反复提及"廉泉"（图 4-9），这也有着久远的文化渊源。《晋书》记载了名臣吴隐之的一则故事，吴隐之赴广州任途中，经过一处名为"石门"的地方（今广州市白云区），有泉水名为"贪泉"，吴隐之对其亲人说："不见可欲，使心不乱。越岭丧清，吾知之矣。"[①] 吴隐之这里说的"越岭丧清"，是指越过了大庾岭就丧失了清廉，人心开始变得贪婪。贪泉则是一处有着文化象征意义的地方，据说饮此水者，廉士也会变贪。从吴隐之的话中，可以判断，这一观念早已有之，《南越志》载"俗云经大庾则清秽之气分，饮石门则缁素之质变"[②]，即是这一观念的表达，意思是大庾岭是清廉与贪秽的分界，喝了石门水就会发生根本的改变。这一观念一直流传下来，唐朝时期，文人主要围绕庾岭之南的贪泉进行创作。至五代时期，赣州据此又附会出一个廉泉，坐实了南贪北廉的文化观念，如赵抃诗云："庾岭中分泉两派，美名人爱恶声嫌。谁云酌后能移性，南有贪兮北有廉。"[③] 后

---

① 〔唐〕房玄龄等：《晋书》，中华书局 1974 年版，第 2341–2342 页。
② 〔宋〕乐史：《太平寰宇记》卷一百五十七，王文楚等点校，中华书局 2007 年版，第 3012 页。
③ 〔宋〕赵抃：《清献集》卷五，《影印文渊阁四库全书》第 1094 册，北京出版社 2012 年版，第 804 页。

图 4-10　赣州夜话亭（李禾丰摄）

苏轼在虔州廉泉边与阳孝本夜话（图 4-10），传为美谈，引来更多文人唱和。此为赣州"廉泉"文化之渊源。

"螺亭"是赣州诗歌中常见的一个人文景观，宋荦有诗云"谁写子瞻当日句，虔州城外古螺亭"[1]，说的是苏轼写螺亭的典故。然螺亭并非宋时景观，而是出自更早的南北朝时期由邓德明撰写的地理志书《南康记》，此中有关于螺亭的一段非常精彩的文字，写的是在赣江一水口岸边，多产螺，一少女在此处采螺，夜宿江边，结果被万螺吞吃，仅剩尸骨，同伴拾其骨埋葬江边林中，回去告诉少女家人，等四五天后，人们回来查看，发现埋骨处居然升起一座十余丈的石冢，顶上全是螺壳，后人们名此为"螺亭"。螺亭的传说在赣州相传甚广，颇为有名。唐代诗人陈陶从广州赴洪州幕，经过虔州，以螺亭入诗，诗云："螺亭倚棹哭飘蓬，白浪欺船自向东。"[2] 宋代苏轼受孔宗翰

---

[1]〔清〕宋荦：《西陂类稿》卷四，《影印文渊阁四库全书》第 1323 册，北京出版社 2012 年版，第 35 页。
[2]〔清〕彭定求等：《全唐诗》卷七百四十六，中华书局 1960 年版，第 8482 页。

之请，为八境台作诗，其诗云"薄暮渔樵人去尽，碧溪青嶂绕螺亭"[①]，其创作之渊源即来于此。

汉唐文献中还有不少关于虔州神异传说的记载，比较突出的有赣巨人、山都、木客等传说，这些都是古文献所记载的生活在南方崇山间的异人。如《山海经·海内经》记载"南方有赣巨人"，晋郭璞注曰："海内经谓之赣巨人。今交州、南康郡深山中皆有此物也……土俗呼为山都。"[②]《舆地志》则有关于虔州上洛山木客之详细记载，《太平寰宇记》引《舆地志》云："虔州上洛山多木客，乃鬼类也。形似人……尝就民间饮酒为诗，云：'酒尽君莫沽，壶倾我当发。城市多嚣尘，还山弄明月。'"[③]邓德明《南康记》中亦有山都、木客之详细记载。宋代苏轼八境图诗云"谁向空山弄明月，山中木客解吟诗"，就是取自于这些传说记载。

总之，赣州这片地域，并非到了宋代才突然出现文化创作。在考察宋代赣州的文人活动及作品时，应追溯其文化渊源，才能更好地理解宋代文人是如何看待与书写赣州的，这是赣州文化形成与嬗变的本源。

二、流寓过化

宋代因贬谪或其他原因来到赣州的文人很多，他们中有些人会在赣州短暂地停留，并留下诗歌作品，他们的活动与创作赋予了赣州新的文化内涵，对赣州人文精神的形成产生了深远的影响。

宋代对赣州文化产生巨大影响的文人，当首推苏轼。苏轼与赣州颇有缘分，他一生有两次来到赣州，甚至在没来赣州之前，已应孔宗翰之请为赣州作《虔州八境图》八首并序，以图中八境台、章贡台、白鹊楼、皂盖楼、马祖岩、尘外亭、郁孤台、空山八处景观分别赋诗，孔宗翰命人将图、诗寄回

---

① 〔宋〕苏轼：《苏轼诗集》卷十六，王文诰辑注，孔凡礼点校，中华书局1982年版，第793—794页。
② 袁珂：《山海经校注》，上海古籍出版社1980年版，第271页。
③ 〔宋〕乐史，：《太平寰宇记》王文楚点校，中华书局2007年版，第2176页。

赣州，镌刻于石，开"图、诗、台"为一体的八景文化之先河。

苏轼第一次来赣州，是被贬惠州时路过。绍圣元年（1094年），苏轼逆赣江而上，取道大庾岭前往惠州。8月7日，苏轼经惶恐滩时，被赣石湍急的水势所震撼，不由发出感叹，赋诗说："七千里外二毛人，十八滩头一叶身。山忆喜欢劳远梦，地名惶恐泣孤臣。"①苏轼此番被贬，实为新旧党争之结果，因太皇太后高氏病逝，苏轼成为党争牺牲品，政治上被孤立，故苏轼感叹其就像大江水流中的一叶小舟。苏轼至赣州后，经停十余日，在此期间，苏轼游览了十七年前在图中所见八境台、郁孤台、空山等景观，并发出感叹："得遍览所谓八境者，则前诗未能道出其万一也。"于是苏轼在郁孤台再作新诗：

八境见图画，郁孤如旧游。山为翠浪涌，水作玉虹流。日丽崆峒晓，风酣章贡秋。丹青未变叶，鳞甲欲生洲。岚气昏城树，滩声入市楼。烟云侵岭路，草木半炎州。故国千峰外，高台十日留。他年三宿处，准拟系归舟。②

苏轼虽然认为前作未能道出虔州美景之万一，然新旧诗其实各有其妙，旧诗乃苏轼根据对虔州的了解通过异地想象创作出来的，故用典较多，较好地体现了赣州的文化传统与渊源。新诗则是苏轼亲临其境而作，故自然灵动、意境悠远，巧妙地将八景串联起来，如同为读者现场绘制了一幅虔州八景图。由于孔宗翰命人镌刻的诗已字迹不清，苏轼应士大夫之请，再次重书八境图诗。

苏轼停留赣州期间，还造访了天竺寺，这是一段更为传奇的故事。原

---

① 〔宋〕苏轼：《苏轼诗集》卷三十八，王文诰辑注，孔凡礼点校，中华书局1982年版，第2053页。
② 〔宋〕苏轼：《苏轼诗集》卷三十八，王文诰辑注，孔凡礼点校，中华书局1982年版，第2053-2054页。

图 4-11　赣州八境台（李禾丰摄）

来，苏轼在很小的时候，早已听父亲苏洵提起赣州，当时他只有十余岁，苏洵告诉苏轼他在赣州曾造访天竺寺，并看到了白居易的真迹。原本这并没有什么，毕竟白诗数量非常大，然而，苏洵所见乃是很特殊的一首作品，名为《寄韬光禅师》，是其与韬光禅师交往时创作的，此事于当时传为佳话，后韬光来赣州驻锡，改修吉寺为天竺寺，将白居易所赠手书置于寺内，并将诗刻于石上，被苏洵所见，故将其作为奇谈告知苏轼。47 年后，苏轼没想到自己也来到了赣州，当然要亲眼去看一看父亲所说的白居易遗迹，但苏轼这次并未见到白居易的手书，只看到了石刻，想到儿时父亲为自己讲此故事，而今遭遇贬谪，亲见故迹，不由感慨万千，故作《天竺寺》云："四十七年真一梦，天涯流落泪横斜。"[1]

苏轼第二次来赣州，是在建中靖国元年（1101），时被贬儋州的苏轼终逢大赦，官复朝奉郎，北归时仍取道大庾岭路，经停赣州。经过大庾岭时，苏轼写下那句著名的"不趁青梅尝煮酒，要看细雨熟黄梅"[2]。由于苏轼翻越

---

[1]〔宋〕苏轼：《苏轼诗集》卷三十八，王文诰辑注，孔凡礼点校，中华书局 1982 年版，第 2056 页。

[2]〔宋〕苏轼：《苏轼诗集》卷四十五，王文诰辑注，孔凡礼点校，中华书局 1982 年版，第 2424 页。

大庾岭是在正月，水浅难行，故这一次苏轼在赣州停留了数月，直到赣江水涨才离赣。在此期间，苏轼访友交游，悠游赣州名胜，留下大量的故事与作品。

苏轼入赣后，首先拜访了被贬南安军的老友刘安世。刘安世，字器之，乃司马光的弟子，待人以诚，以直谏闻名，时人称为"殿上虎"。章惇掌权时，对刘安世恨之入骨，将其外贬至南安军。苏轼与刘安世早就交好，又同遭政治倾轧，经历相似，故此番相见，两人相惜相怜，刘安世一直陪同于苏轼左右。苏轼有写给刘安世的作品四首，皆作于虔州之时，通过作品，可了解到刘安世素不喜游山玩水，苏轼有《器之好谈禅，不喜游山，山中笋出，戏语器之可同参玉版长老，作此诗》，可见刘世安完全是因为陪同苏轼，才在赣州悠游了数月。另外，通过《次韵江晦叔兼呈器之》所云"归来又见颠茶陆，多病仍逢止酒陶"[①]，亦可知苏轼此时的身体状况已非常不好。

苏轼写给刘安世的诗有四首，其中三首是写佛教寺庙。不唯如此，苏轼在赣州的作品，绝大多数与佛教相关。事实上，苏轼与佛教渊源颇深，他南贬惠州度大庾岭时写过一首《南华寺》，诗云："我本修行人，三世积精炼。中间一念失，受此百年谴。"[②] 苏轼信奉佛教较早，元丰年间即与佛印禅师交往密切，在遭遇贬谪后，更是往佛理中寻求解脱，此诗乃苏轼参悟"大庾岭公案"所作，从诗歌内容来看，苏轼已深谙禅理。此次苏轼在赣州等江水清涨，停留时日较长，而赣州自唐代即为佛教传播中心，胜迹颇多，故苏轼亦多造访，如显圣寺、崇庆禅院、景德寺、慈云寺等；又与禅门大师交游，互为唱和，知名者有南禅湜老、慈云鉴长老、荣师等，尤与南禅湜老唱和频繁，留诗五首。

苏轼在赣州期间，还与本地官员士子广泛交流。当时恰逢虔州知州换

---

① 〔宋〕苏轼：《苏轼诗集》卷四十五，王文诰辑注，孔凡礼点校，中华书局1982年版，第2446页。
② 〔宋〕苏轼：《苏轼诗集》卷三十八，王文诰辑注，孔凡礼点校，中华书局1982年版，第2061页。

任，苏轼分别与两位知州都有交游。第一位是霍汉英，他刚罢虔州任，正处于待命状态，听闻苏轼到了赣州，便多次上门拜访，听苏轼说北归后想住常州，便马上派人到常州打听是否有宅子出售。苏轼有两首诗与其唱和，其中一首云"大邦安静治，小院得闲游"[①]，对霍汉英的治理多有赞誉。霍汉英还拉着监郡许朝奉陪同苏轼再次重游郁孤台，苏轼因此作第二首郁孤台诗，诗云：

吾生如寄耳，岭海亦闲游。赣石三百里，寒江尺五流。楚山微有霰，越瘴久无秋。望断横云峤，魂飞咤雪洲。晓钟时出寺，暮鼓各鸣楼。归路迷千嶂，劳生阅百州。不随猿鹤化，甘作贾胡留。只有貂裘在，犹堪买钓舟。[②]

苏轼再次以"吾生如寄耳"起兴，这是他特别喜欢的诗句，饱含了对人世沧桑的感慨，其一生共有九首作品曾用此句诗，而最后一次则是在郁孤台再兴此叹。苏轼在霍汉英的陪同下，在赣州登高览胜，颇为尽兴，原本他们两人的交往，亦为一时美谈，可未曾想到，苏轼去世三年后，霍汉英竟奏请除毁苏轼所撰碑刻，以致后人对霍汉英品格评价很低，斥其为"狗鼠之徒"。

第二位与苏轼交游的知州是江公著。江公著，字晦叔，因作《久旱微雨》得到司马光的称赞而闻名。苏轼与江公著实为旧友，公著任吉州知州时，苏轼就有诗词相赠。苏轼至赣州后不久，江公著就赶来相会，两人与刘安世一起悠游，苏轼为江公著写有《次韵江晦叔二首》《次韵江晦叔兼呈器之》三首作品。此外，苏轼在赣州还与承议郎俞括、承事吕倚、居士阳孝本、处士王子直等交游，留下诸多佳话美谈与诗歌作品。直至三月赣水春涨，苏轼在刘安世的陪同下北渡赣石，两人于寒食节同游泰和南塔寺后，依依惜别，苏轼

---

① 〔宋〕苏轼：《苏轼诗集》卷四十五，王文诰辑注，孔凡礼点校，中华书局1982年版，第2430页。
② 〔宋〕苏轼：《苏轼诗集》卷四十五，王文诰辑注，孔凡礼点校，中华书局1982年版，第2429页。

作诗相赠云:"记取明年作寒食,杏花曾与此翁邻。"① 然而四个月后,苏轼在常州逝世,已无法兑现对老友的承诺。

苏轼一生两度来到赣州,与赣州结下了深厚的情缘,他不仅游遍了赣州的山水名胜,开创了赣州八景文化,更为赣州留下了50余首作品以及诸多故事,这是苏轼留给赣州的一笔丰富文化遗产,历经千余年,已融合成为赣州传统文化里最为厚重的精神文化内涵。

说起宋代最著名的文人,黄庭坚当为其一,他亦是苏轼的弟子,与张耒、晁补之、秦观并称"苏门四学士",他还被奉为"江西诗派"的开山之祖,辞章书法,造诣极高。黄庭坚也曾来过赣州,元丰四年(1081),黄庭坚赴大庾南安贡院主考,途经赣州,稍作停留,与周道辅交游。他们一起登上郁孤台,把酒临风,酬唱不已,黄庭坚欣然赋诗曰:"二川来集南康郡,气味相似相和流。木落山明数归雁,郁孤栏楯绕深秋。"② 二川来集即指章贡二水合流。黄庭坚造访慈云寺,写给圆照禅师的诗亦云:"章川贡川结襟带,梅岭桂岭来朝宗。"③

黄庭坚历来欣赏周敦颐,尝作《濂溪诗并序》,序云:"舂陵周茂叔,人品甚高,胸中洒落,如光风霁月。"④ 而周敦颐在赣州颇有惠政,力兴文教,且留下著名作品《爱莲说》。周道辅深知此事,故特意带黄庭坚品尝赣州莲子,黄庭坚赞不决口,作《赣上食莲有感》,诗云"莲生淤泥中,不与泥同调"⑤,与周敦颐"出淤泥而不染"寓意同出一辙。由于周道辅的款待深合黄庭坚之意,两人由此结下深厚情谊。黄庭坚在大庾县主持贡试,结果发现贡院居然无酒可喝,就在黄庭坚兴致索然,想要快点结束工作之时,周道辅居

---

① 〔宋〕苏轼:《苏轼诗集》卷四十五,王文诰辑注,孔凡礼点校,中华书局1982年版,第2446页。
② 〔宋〕黄庭坚:《黄庭坚诗集注》第四册,刘尚荣校点,中华书局2003年版,第1072页。
③ 〔宋〕黄庭坚:《黄庭坚诗集注》第五册,刘尚荣校点,中华书局2003年版,第1613页。
④ 〔宋〕黄庭坚:《黄庭坚诗集注》第五册,刘尚荣校点,中华书局2003年版,第1411页。
⑤ 〔宋〕黄庭坚:《黄庭坚诗集注》第一册,刘尚荣校点,中华书局2003年版,第61页。

然从赣州送来了美酒,这可把黄庭坚高兴坏了,与周道辅时时对酌,赏花观景,好不惬意,最后竟开始担心起贡试的结束,前后心情变化,可谓截然不同。这也让黄庭坚彻底认可了周道辅,赠诗云:"闻说君家好弟兄,穷乡相见眼俱青。偶同一饭论三益,颇为诸生醉六经。"[1]可惜快乐的日子是短暂的,贡试结束后,黄庭坚在周道辅和南安军倅柳朝散的陪同下游览了大庾岭,流连忘返,不舍离去,赋诗云:"洞庭归客有佳句,庾岭梅花如小棠。乘兴高帆少相待,淮湖秋月要传觞。"[2]游过大庾岭后,黄庭坚乘舟北归。赣州的经历对于黄庭坚来说,无疑是难忘的,直至次年,黄庭坚仍在写给友人的诗中说:"樽前顾曲客姓周,学问东山继先流。梅花恼人已落尽,真成何逊醉扬州。"[3]而黄庭坚对赣州郁孤台、慈云寺、赣石、莲花以及大庾岭的书写,无疑再次丰富了赣州的人文内涵。

苏轼与黄庭坚,是宋代过往赣州最著名的顶流文人。除此之外,通过宋代文学总集、别集以及地方志的记载可知,还存在大批不同声名、地位的文人曾往来于赣州,他们是构筑宋代赣州与外来文化交流的主体,他们所创作的作品蕴藏着丰富的历史信息与文化价值,十分值得重新发掘。当然,这也是一项庞大而艰巨的系统工程,非本书可以尽述。下面仅以周必大、韦骧、金君卿等在赣州的事迹考证为例,说明问题,以观梗概。

周必大,乃前文所述赣州知州周必正的从弟,南宋著名政治家、文学家,官至丞相,封许国公,历仕南宋高、孝、光、宁宗四朝,号称四朝老臣,深得宋孝宗看重,孝宗认为他学术精深,曾说:"自此当日夕与卿论文。"同时,周必大也是继毕昇之后第一个试验胶泥活字印刷并获成功的人,对中国印刷术作出了贡献。周必大与赣州颇有渊源,其十四岁时,因父母皆亡,便跟随伯父周利见寓居赣州寿量寺至少长达八年,故周必大青少年时期是在

---

[1] 〔宋〕黄庭坚:《黄庭坚诗集注》第五册,刘尚荣校点,中华书局2003年版,第1738页。
[2] 〔宋〕黄庭坚:《黄庭坚诗集注》第四册,刘尚荣校点,中华书局2003年版,第1068页。
[3] 〔宋〕黄庭坚:《黄庭坚诗集注》第五册,刘尚荣校点,中华书局2003年版,第1566页。

赣州成长的。寓赣期间，周必大潜心读书，其伯父周利见也十分重视周必大兄弟的教育，一方面言传身教，另一方面还特别聘请了自己的太学同学陆府来教授学业。后陆府往临安参加科举考试，周必大在赣州作《送陆先生圣修（府）赴春闱》以送之。绍兴二十年（1150），周必大由赣州返回吉安参加解试，成功取解，次年，进士及第，授徽州司户参军。仅过了一年，周必大又改授雩都县尉，回到了赣南，在雩都任时，周必大亦常回到赣州，看看自己儿时居住的地方。但周必大很快又得重用，此后宦海浮沉40余年，很少再回赣州。在周必大的笔记中，能发现在隆兴元年（1163），周必大又曾至赣州，因为这一年，周必大直谏不可随意提拔东宫旧臣，触怒孝宗，乞返得批准，周必大借机回乡省亲，并再次至赣州，游览了少年时寓居的寿量寺，追忆过往，不胜唏嘘。可以说，赣州有着周必大儿时最美好的回忆，故在其仕宦生涯里，对赣州仍十分关注，也常与赣州的官员交游往来，如知州洪迈、郑汝谐、张贵谟等，主簿彭南夫，教授刘靖之等，之间常有诗唱和。周必大存世作品有赣州诗歌十余首，其他各类文章中也经常提及赣州，在周必大的笔下，描写过赣州郁孤台、八境台、白鹊楼、寿量寺、思贤阁、廉泉、赣石等诸多人文地理景观，是珍贵的文化遗产。同时，周必大也在其作品中也倾注了对赣州的深厚感情，其73岁时，仍然写诗给赣州惠宣长老说："少年日醉郁孤台，鼎立三禅屡往来。豪气虽存谁复识，形容变尽鬓皑皑。"[1]虽道尽沧桑，仍难掩对少年以及过往的追忆与怀念。值得一提的是，周必大家族不仅有多位曾在赣州任官，就连他的儿子周纶也在赣州担任过通判。

韦骧，北宋时期官员、文学家，于皇祐五年（1053）登进士第，历仁宗、英宗、神宗、哲宗四朝，以"廉不可挫、直不可抑、上不愧君、下不愧人"作为其任官准则。韦骧在科举考试时即已名显，王安石尤喜其《借箸赋》，称赞不已。《四库全书总目提要》对其诗评价云："精丽流逸，已开南

---

[1]〔宋〕周必大：《周必大全集》卷四十五，王蓉贵、白井顺点校，四川大学出版社2017年版，第429页。

宋一派。"①熙宁二年（1069），韦骧知袁州萍乡县，四年八月，韦骧至赣州公干，停留一月有余。韦骧有《至万安》《过赣石》《天柱滩》等诗，故其来赣路线很清楚，是由万安走赣石水路至虔州。韦骧至赣州后颇为繁忙，分别到了安远、宁都等地办理公务，有《安远道中》《金精岩》《游金精回书朝阳岩观壁》等作品。回到赣州后，韦骧在本地官吏的陪同下参观了郁孤台，于九月八日傍晚离赣，欲渡赣石北归，然而刚驶离十余里，便遭遇逆风与雷雨，只好暂停于白鹇滩侧，在船上度过一宿，于次日清晨方再次离赣。而韦骧与赣州的交集并未结束，次年二月，韦骧又至赣州，留有作品十余首，从《之虔推劾道远雨甚念从隶之劳》《赣州鞫劾呈同事邓宰德夫》《讯鞫有闲呈德夫》等作品来看，这一次韦骧是与金溪县令邓德夫一同至赣州审讯案件。经过搜集与考证，韦骧留有赣州相关作品近二十首，虽多为与邓德夫的酬唱之作，但有不少作品亦可反映宋代赣州的各方面情况，如《登郁孤台》云："区区倦翼傍旌旄，独上名台滞思逃。章水背流馀派合，崆山前隐独峰高。万家井落氛埃绝，千里喉襟气象豪。一见荆川胜侯印，况将佳趣慰尘劳。"②此诗对郁孤台及周边景观的描述健雅相谐，意境渐佳，颇有自然之趣。又如其关于金精岩的诗歌，可丰富宁都景观的人文内涵，其赣石水路的诗歌，可考察宋代赣州交通情况，其对鞫劾生活的描写，可观照宋代赣州的行政事务以及民俗风情等。

金君卿，字正叔，公元1055年前后在世。官太常博士，累知临川，权江西提刑，入为度支郎中。所至之地，修学校，教导诸生，仁爱为民、清正勤勉。金君卿非北宋重臣，但文学上颇有重名，与范仲淹、曾巩、王安石等多有唱和，现存《金氏文集》二卷。金君卿留有几首赣州诗，但是，关于金君卿的史料记载极少，难知其来赣州具体背景。金君卿有《南野书怀》，诗云：

---

① 〔清〕纪昀、陆锡熊、孙士毅等：《钦定四库全书总目》卷一五三，中华书局1997年，第2052页。
② 〔宋〕韦骧：《钱塘集》卷三，《影印文渊阁四库全书》第1097册，北京出版社2012年版，第439页。

"险途吁可憎，浅俗寖浇竞。……移官瘴岭下，亲闱阻温清。南荒地多暑，岚氛午犹暝。"①南野即赣南地域，诗云"移官瘴岭下"，可知金君卿曾贬官至大庾岭附近。金君卿另有《郁孤台》《清江台》二首，亦可确证金君卿曾至赣州。如《清江台》诗云："贡章湍险吁可惊，岸翻石走轰雷霆。崩奔出赣一千里，江势到此才渊渟。"②水路出赣一千里，必为北向，可知清江台应在赣江中游某处，此诗描写了从赣石水路向北行驶的水势，为金君卿北返之作。另《郁孤台》诗云"赣流东汇龙蛇走，崆阜南来虎豹蹲。乘月偶为逃暑饮，欲扪南斗当清樽"③，描写了郁孤台下章贡二水合流的景象与赣州崆峒山的形势。

通过对以上人物的考察，可观宋代流寓文人对赣州的文化输出与贡献。在地方志以及艺文作品中，还有许多曾寓居赣州的文人记录，如包拯、苏洵、苏辙、吕大防、吕倚、赵希洎等，他们在赣州的故事与作品，十分值得挖掘与研究。

三、宋韵流芳

宋代书写赣州的文人，还不止于本地任官及过往的文人，随着赣州城的发展与声名日显，许多未曾至赣州的文人亦将赣州述之笔端。他们虽未到过赣州，但仍可凭借文献与听闻，对赣州展开异地想象，创作出许多赣州诗歌，抑或藉由与赣州人物的关系，评论或书写赣州，这些文人及作品同样是宋代赣州文化的重要组成部分。

当仔细梳理文献，可赫然发现，唐宋八大家中的宋代大家几乎都与赣州有交集。前文已述苏轼父子与赣州的故事，此外，欧阳修、王安石、曾巩同

---

① 〔宋〕金君卿：《金氏文集》卷上，《影印文渊阁四库全书》第1095册，北京出版社2012年版，第357页。
② 〔宋〕金君卿：《金氏文集》卷上，《影印文渊阁四库全书》第1095册，北京出版社2012年版，第360页。
③ 〔宋〕金君卿：《金氏文集》卷上，《影印文渊阁四库全书》第1095册，北京出版社2012年版，第367页。

样与赣州有着千丝万缕的联系。如欧阳修,似无至赣州的记录,但欧阳修本吉安人,又主修《新唐书》,对赣州自然不会陌生,其《送刘半千平阳簿》云"岭梅归驿路迢迢,越鸟巢倾木半乔"[1],即用了赣州大庾岭的文化意象。尤需注意的是,欧阳修另有一首《盆池》就直接写到赣州的赣石水路,诗云:"西江之水何悠哉,经历赣石险且回。馀波拗怒犹涵澹,奔涛击浪常喧豗。"[2]此为诗歌开篇两句,西江之水指贡水,马祖道一在赣州驻锡时有"一口吸尽西江水"之名句,贡水至赣州城北与章水合流成赣江,北流至万安的这段水路称赣石,以险著称,欧阳修诗句将赣石江水波涛汹涌之势描写得淋漓尽致。然此诗既名《盆池》,可知此诗乃欧阳修咏盆栽景观之作,从创作时间来看,此诗作于嘉祐四年(1059),欧阳修正在开封府任职,故诗歌非其真实经历。事实上,从许多史料记载来看,宋代赣州地域景观已在诗歌、绘画、园林、盆景等艺术创作领域被广泛应用,欧阳修此诗即此种现象的体现,反映了宋代士大夫们对赣州的关注。

王安石也没有到过赣州的记载,但他同样有关于赣州的作品,且非常重要。王安石有两首赣州诗,分别为《游赏心亭寄虔州女弟》《寄虔州江阴二妹》,皆作于嘉祐三年(1058),时王安石提点江东刑狱,在鄱阳。从作品可知,王安石有一个妹妹曾寓居虔州,王安石有三个妹妹,与大妹王文淑关系最好,常有思念之作,二妹嫁给了江阴朱明之,故虔州女弟为大妹或二妹的可能性较大。《寄虔州江阴二妹》云:"贡水日夜下,下与章水期。我行二水间,无日不尔思。"[3]贡水指赣州之水,章水代指赣江,唐人之诗常有此用,王安石在鄱阳,故可称"行二水间",并非指在赣州行走。此诗看似描写章贡合流的景象,但实为巧妙地表达对妹妹的思念,展示了他作为一位文人的才情与内心世界。王安石另有《虔州学记》,对赣州州学、县学的创办背景

---

[1] 〔宋〕欧阳修:《欧阳修诗编年笺注》卷一,刘德清等笺注,中华书局2012年版,第20页。
[2] 〔宋〕欧阳修:《欧阳修诗编年笺注》卷一十三,刘德清等笺注,中华书局2012年版,第1595页。
[3] 〔宋〕王安石:《临川先生文集》卷第十三,中华书局1959年版,第190–191页。

与过程进行了介绍,并对当时文教的发展阐发观点。庆历年间,朝廷下诏要求各地创办官学、大兴文教,虔州当时也应诏办学,但起初条件简陋,官员常忙于政务,无暇顾及州学的创办,然而经过二十余年的努力,虔州的州学终于有了较大的改观。王安石将虔州作为发展官学的典型案例,撰文通告天下,并借机表达自己的教育理念与政治主张。可以说,《虔州学记》是王安石较具代表性的作品,同时也从侧面反映了虔州官学在当时的影响。

曾巩与赣州也有着千丝万缕的联系。曾巩在八大家中属于不太浪漫的一位,文章以记叙、议论见长,较少抒情作品。难得的是,曾巩在写给李象的送行诗中曾提及赣州大庾岭,诗云:"坞笛最宜风外听,岭梅初得醉中看。"[1]岭梅即指大庾岭梅花。曾巩对于赣州并不陌生,其伯父曾易知就曾任虔州太守,更重要的是,曾巩的岳父也曾在虔州任知州。曾巩为其撰写的墓志铭说:"其为虔州,州近盐,多盗与讼,公至,修弛废,督奸强,威信盛行,盗不敢发,而狱无系囚。"[2]此段虽重在赞扬晁之功绩,但也叙述了当时较为突出的赣州盐务问题以及由此导致的盐盗与诉讼。曾巩的这篇墓志铭可作为考察北宋在赣州实行盐法变革的重要材料。

除了以上唐宋八大家中的人物,宋代在外地书写赣州的名人还有很多。如著名文学家梅尧臣。梅尧臣的声望丝毫不输唐宋八大家,在宋代,能影响欧阳修、王安石、苏轼三位文坛大咖的文人,只有梅尧臣,他与欧阳修并称"梅欧",曾在嘉祐二年(1057)著名的科举考试中任点检试卷官,向欧阳修推荐苏轼的文章。梅尧臣的诗歌成就很高,刘克庄称其为宋代诗歌的"开山祖师"。考梅尧臣生平,没有到过赣州的记录,但梅尧臣却有多首写赣州的诗,多为送友人之作,如《送万殿丞虔州安远军》《送何都官通判虔州》等。梅尧臣书写赣州有一个特点,就是将虔州归入大庾岭地域文化,故其写赣州必谈大庾岭,尤其是大庾岭梅花,如《送杜挺之郎中知虔州》首联即云:"大庾岭

---

[1] 〔宋〕曾巩:《曾巩集》卷第六,中华书局1984年版,第87页。
[2] 〔宋〕曾巩:《曾巩集》卷第四十六,中华书局1984年版,第630页。

边无腊雪，惟有梅花与明月。"①诗人以大庾岭意象起兴，实为书写赣州，将赣州与大庾岭空间合二为一。此外，梅尧臣的作品还反映了宋代赣州的商运、铜务、盐务等诸多问题，对于考察北宋赣州经济发展与社会治理有很好的参考价值。

类似在外地书写赣州的文人还有很多，如程师孟、李觏、郭祥正、王庭珪、吕本中、吴文英、赵蕃、戴复古、刘克庄等，皆一时名流，以上人物与作品，十分值得深入考证与研究。此外，在这些文人中，有一位高丽人尤需注意，名为李奎报，其生活年代大致在南宋中后期，是高丽国一代文宗，与崔致远、李齐贤并称朝鲜半岛古代三大诗人，留有《东国李相国集》。李奎报官至宰相，一生多在高丽朝廷，不太可能到赣州，然在李奎报的作品中，居然有赣州相关诗歌 25 首，其中有 24 首虔州八景诗，1 首大庾岭诗。这反映了两宋时期赣州文化的海外传播现象。从李奎报诗题来看，虔州八景已经成为高丽文人诗词唱和的题材。这也给赣州文化研究一个重要启示，即不仅要深入挖掘本国传世文献中的记载，同时也要关注域外文献中的赣州文化传播。这对于丰富赣州的丝绸之路文化研究，重新审视宋代赣州对于国家经济文化的贡献有着重要的意义。

综上所述，两宋时期的赣州，群贤荟萃，人物众多，本章只能撷取一些代表性人物进行考察，通过分类梳理与考订，可赣州并非宋代偏远小城，相反，宋代赣州城市地位与功能在不断提升，与宋王朝政治文化中心形成了交互影响的对照场域，仕宦们带来中心文化区的精神与思想，而赣州的文化也共塑着宋代历史文化的进程。宋代的群贤大儒，又是考察赣州的一面多棱镜，通过他们，可透视出宋代赣州社会生活百态、方方面面；同时，他们亦是宋代赣州文化的缔造者，无论是八景文化、郁孤台文化、大庾岭文化、濂溪文化，还是治理中所体现与塑造的仕宦文化，皆为中华优秀传统文化的重要组成部分，是新时代文化创新发展的动力与源泉。

---

① 〔宋〕梅尧臣：《梅尧臣集编年校注》卷二十六，朱东润编年校注，上海古籍出版社 2006 年版，第 893 页。

办学兴教　人文蔚起（李禾丰摄）

第五章

崇文重教
人文蔚起

宋代赣南群贤荟萃，一方面在于外来贤臣名士接踵来赣，另一方面则在于本地文教的重大进步，孕育出了一众英才名士。赣南文教始盛于宋，由于人口增长迅速、地方社会经济发展、官府的兴学倡导以及地方官员的努力，加之理学的影响，赣南文教事业在宋代迅猛发展。本章从地方官私办学、科举家族以及文人名士等角度来看宋代赣南在文教上的突飞猛进。

第一节　大力兴学

中国古代地方办学有官办、私办、官私合办等多种形式。唐代规定，应在各府、州、县分别设立府学、州学、县学，使地方官学迅速发展，但唐代地方官学始终未出现全国性的兴盛局面，目前史料也未见赣南在唐代关于官学的记录。至宋代，赣州府城及下辖各县官学普遍建立，发展迅速，以政府为主导的书院也勃然而兴，民间私学繁荣，办学形式多样，三者共同推动赣南教育的全面发展，科举成绩也获得巨大提升。

一、官学兴盛

赣南之儒学，始肇于唐。在唐时赣南以文才入朝为官者仅数人，唐初至盛唐见于记载的仅有两人，一是钟绍京，一是綦毋潜。钟绍京是三国时大书法家钟繇的后代，其先祖因避侯景之乱迁至虔州。钟绍京有家学渊源，以书法见长，得以升迁。綦毋潜是开元十四年（726）的进士，然綦毋潜一族亦是从外地迁来，其原籍为会稽，其求学之途并非官方途径，因为此时赣南官学尚未建立，也未出现书院。书院之称谓始于唐代，且先有官家书院，始于唐玄宗开元年间，如丽正书院、集贤书院，然此等书院并非聚徒讲学之所，实是秘书机构。具有学校性质的书院始于何时，有多种看法，一是始于唐代，朱熹即认为书院始于唐元和年间，另有五代说、宋代说。[①] 无论是何种说法，都说明綦毋潜并非是通过书院这种形式接受教育。綦毋潜是否有家学渊源尚不知，但他所接受的教育应是私人途径的，且他

---

① 李才栋：《江西古代书院研究》，南昌：江西教育出版社1993年版，第1–7页。

在十五岁即去了长安游学。①之后赖棐于乾元二年（759）高中进士，赖棐有良好的家庭教育，他七岁能文，弱冠通九经。可见赣南最初的儒学是由少数黄河及长江流域的南迁家族带来，其流传范围较窄，很可能只是在家族内部传播。唐后期及五代因战乱导致的大量北方人口南迁，其中一部分到达赣南，如原为金紫光禄大夫、司天监的严天明为避黄巢乱，逃出长安，定居虔州。这些后迁入的家族并未在文化上形成气候，从虔州唐代后期至五代的科举成绩只有寥寥数人即可知。

而另一方面，唐张九龄开凿大庾岭，虔州成为中原通往岭南的必经之地，这不仅促进了商贾往来和虔州经济的发展，也使得一批南来北往的文人士子顺道游于虔州，如沈佺期、宋之问、张九龄、孟浩然等人皆留有诗篇，赣南民众逐步受到文化熏陶，赣南文化上的闭塞情况开始得到改观。②唐中后期，南来虔州官员中的儒学之士也开始在虔州传播儒学。如陕西扶风人马总在元和年间任虔州刺史，在任上以"儒术教其俗"③；河北河间人张署，进士出身，元和年间任虔州刺史，在任上以通经文的官员和儒生教民以礼，使地方民风"一时改观易化"④。于是赣南有了儒学教育的滥觞。但总体而言，此时的儒学传播处于教化民风民俗阶段，且属于个别官员的行为，也未跟科举相挂钩。

宋代是赣南社会的大开发时期，前文已述在这一时期赣南人口快速增长。人口的迅速增长使赣南山地得到巨大的开发，赣南的农业、手工业发展显著，商贸繁荣，成为经济重地，这为文教事业的发展打下了经济基础。

赣南文教快速发展于宋代。北宋时官方曾发起三次大规模的兴学运动，即宋仁宗庆历年间范仲淹主持的"庆历兴学"，宋神宗熙宁年间王安石主持的"熙宁兴学"，宋徽宗崇宁年间蔡京主持的"崇宁兴学"，三次兴学使州县学教育在宋代普遍实施。赣南文教事业在宋代起步较早，在三次兴学前，虔州、

---

① 刘珈珈：《綦毋潜生平考辨》，《江西教育学院学报》，1989年第3期。
② 严恩萱：《赣南儒学文化史概述》，《赣南师范学院学报》1994年第3期。
③ 同治《赣州府志》卷四十二《官师志·府名宦传》，清同治十二年（1873）刻本。
④ 嘉靖《赣州府志》卷八《名宦》，上海：上海古籍书店1962年版，第237页。

南安军即已建立州学/军学，另赣县、雩都、兴国、会昌、信丰、南康、瑞金、石城等8个县也已建成县学，在北宋兴学运动后建立县学的有安远、龙南、大庾、上犹等4县。

虔州州学原在赣县紫极观旁，始建时间不详。宋大中祥符三年（1010）奉诏改紫极观为祥符宫，州学一度被废止。受"庆历兴学"影响，又重建州学于澄清坊，治平元年（1064）江西提刑蔡挺、知州元积中又改建州学于丰乐寺。改建后的州学规制完善，斋戒祭祀、讲堂、会客接待、住宿、厨卫等皆各分场所，并且购置田产和书籍，以供养学者。元积中为此还遣使向王安石求记，王安石因之特作《虔州学记》。此后，虔州向学者日多，学风日渐浓郁。北宋有3篇著名的学记，即李觏《袁州学记》、王安石《虔州学记》、苏轼《南安军学记》，其中两篇讲的是赣南州、军学，因此天下皆知赣有学。苏轼在《南安军学记》中称"南安儒学之富，与闽、蜀等……南安之学，甲于江西"[1]，苏轼作该文时在建中靖国元年（1101），与《虔州学记》时间相差三十余年，可见这一时期赣南文教事业发展迅速。

虔州官学走向兴盛，与地方官员的倡导密不可分。北宋赣南的州、军、县学增修、重修、迁建次数见于记录的达17次，南宋虽无北宋时由中央政府那样倡导的大规模兴学，但兴学次数却高达50次，其中宁都县学、南康县学兴修次数高达10次之多，兴国县学兴修次数也达8次。[2] 究其原因，除了地方社会经济发展以及人口迅速增长之外，地方官员对教育事业的重视和支持是最直接的推动因素，多数地方长官都认识到兴学教化对地方治安和社会稳定的重要作用，对兴学给予了大力支持。如虔州州学在绍兴二十二年（1152）突遭火灾，时任知州赵善继重修州学，其体制和规模都超过了北宋。张九成在《重建赣州学记》中记载了赵善继希望通过重修州学，使学子体会传播格物之说，提高道德修养，传播礼教，从而达到净化社会环境、消

---

[1] 同治《南安府志》卷二十《艺文三》，清同治七年（1868）刻本。
[2] 刘玲清：《南宋赣南经济文化研究》，硕士学位论文，上海：上海师范大学，2014年。

除社会争端的目的。龙南县令曾箎针对县民生病时听信鬼神不用药,设学校以教其子弟,使县民渐渐开化。景德年间,信丰县知县方恬、雩都知县董逵与刘藻等人皆通过重建学校、崇教化、兴礼义的方式,使当地文风大振。除了校舍的兴建兴修外,为使办学稳定,保证办学质量,扩大办学规模,多数官员都比较热衷于置田赡学,如庆元三年(1197),赣县知县司马遹新置辖下六乡的闲田赡学,发给廪生生活补助比原来多了三倍;嘉定七年(1214),宁都知县廖谦增置学田 32 亩;兴国知县蔡世美则拨出部分地方税收供养地方士子。在官用不足的情况下,部分官员甚至捐赀赡学,如天圣年间,雩都知县陈希亮典当家产以兴学;嘉定九年(1216),宁都知县魏沁捐出自己的俸禄 70 万缗,购田 80 亩以赡学。除购置学田和以钱养士外,淳熙年间的赣州州学教授刘靖之因州学书少,拿出自己的藏书供学子阅读传抄,并且还出借自己的俸禄购买冠带以完善州学礼仪;淳祐元年(1241),杨珏调任州学教授后,发现原本用于赡学的经费被侵吞,导致公中无法给学子发放膳食津贴,杨珏遂捐私囊以助学;绍兴年间,信丰县知县彭合规定,凡是在县学读书的学子,可免除其徭役。所有这些举措,尤其是官员的高度重视和身体力行,有力地推动了赣南文教发展。

宋代赣南的办学质量也不断提高。虔州州学出现了多位天下闻名或治学有方的教授,如州人李朴,是宋代著名诗人、理学家,曾任西京国子监教授。李朴为人清高耿直,因直言被蔡京贬为虔州教授。在学问上,李朴主张"以天为心,以道为体,以时为用",在当时影响极大。徐时动,师从著名学者、理学家胡安国,绍兴年间曾任赣州州学教授,在任期间,善于用诱导之法教育学子,用演绎之法传播师门学说。还有前文所述的刘靖之,从小即以经学文行而知名,在任州学教授期间,他主张"读书穷理为先,持敬修身为主",因而非常注重对学子品德修养的培养。他还主张读书要和社会现实联系起来,要求学子不能忘记与金朝的国仇家恨。他对学生考核严格,每月初都会向州长官陈述诸生的学业情况,长官可即时检查考核。在他的主持下,州学学子皆自重,品行端方有志节。

二、地方书院

因社会经济的发展、人口的增长，向学之人日益增多，地方书院也开始创建与发展。民间称"书院"者最初为藏书之所，而具有学校性质的书院起始于民间、私家创设的教育机构[1]，故书院起初私学性质突出，渐而国家行政力介入，不同程度地增加了官学色彩。书院在我国古代教育体系中是一种介于私学和官学之间的机构[2]，有私办、官办、私办公助等多种办学形式。宋代赣南是书院大发展时期，见于地方史志记载的书院有9所，如表5-1所示。

表 5-1　赣南宋代书院分布情况

书院名称	所在地
清溪书院	府城
濂溪书院	府城
先贤书院	府城
梅江书院	宁都县
安湖书院	兴国县
琴江书院	石城县
通政书院	石城县
太傅书院	上犹县
道源书院	大余县

以上书院数量根据地方志统计得出。然而，根据文天祥所作的《兴国安湖书院记》提及兴国六乡有五乡之民"被服儒雅"，仅一乡乡民彪悍，故建一书院，可以推测当时兴国应不只有一所书院。这种情况可推及其他县，因而宋代在章贡二水间实际兴建书院的数量应远不止这9所。现将知名的、流传下来的这些书院的具体情况列举于下：

---

[1] 李国钧：《中国书院史》，长沙：湖南教育出版社1998年版，第5页。
[2] 王剑敏：《书院教育研究》，苏州：苏州大学出版社2018年版，"序"第1页。

清溪书院

嘉祐六年（1061），赵抃任虔州知州，至嘉祐七年七月调任礼部员外郎，其时周敦颐为通判，二人相交甚密，清溪书院乃二人在虔州讲学之所。[①]

濂溪书院

书院最初起源于周敦颐在虔州任通判时在府城与二程先生的讲学之所。后人为祠祀周敦颐，在水东玉虚观左、距府治三里处建濂溪书院。州人祠祀周敦颐与前文所述州学教授刘靖之的大力倡导有关。刘靖之到任后，发现州学原有赵抃祠，但后来被废弃，而改为生祠近几任的州郡长官，说道："按理来说，像赵公和濂溪先生这二人，都应当为其立祠祭祀，如今却中断了对赵公的祠祀，而对濂溪先生则未曾祭之，这是什么章法？"当即提出州学应祠祀二人，将其余人撤去。州学众人都感到疑惑，曾任虔州知州的赵抃众人皆知其名，但濂溪先生到底是谁？刘靖之随即向大家介绍了周敦颐的事迹，并大力引导学子读他的书。[②]因此，濂溪书院的建立应是在刘靖之任州学教授以后，在淳熙年间或之后。濂溪书院是宋代赣南的大型书院之一，南宋末书院山长成为朝廷命官，由吏部选派，刘辰翁、罗耕、彭吕等学行俱佳者曾先后担任过濂溪书院的山长。

先贤书院

书院在府城阜城坊东，原是朱熹门人杨方故宅。杨方，字子直，号澹轩，福建长汀人，宋孝宗隆兴元年（1163）进士。他专心好学，因心慕朱熹，曾前往崇安（今武夷山）受学于朱熹，是朱门高足。历任清远县主簿、吉州通判、建昌军知军、枢密院编修官等职，以廉介刚直闻名。宋宁宗"庆元党禁"，杨方因其与赵汝愚、朱熹的关系而被罢官，在赣州寓居9年，闭门读书。[③]绍定六年（1233），杨方门人陈韡知赣州府，在任期间，他寻找杨方故宅并向朝廷请赐额以祠。淳祐年间，提刑赵希龙改修为先贤书院，书院居

---

① 同治《赣县志》卷二十二《学校志·书院》，清同治十一年（1872）刻本。
② 〔明〕黄宗羲：《宋元学案》，杭州：浙江古籍出版社2012年版，第2172页。
③ 乾隆《福建续志》卷四十《理学六》，清乾隆三十四年（1769）刻本。

中为夫子燕居之所,祠祀杨方于书院北。

梅江书院

梅江书院(图5-1)在宁都县北拱宸桥旁。书院的兴建与宁都县本地文化名人、理学家曾兴宗有关。曾兴宗是乾道七年(1177)解元,庆元五年(1199)特奏名进士,曾任南昌县主簿、肇庆府节度推官等职。曾兴宗是朱熹门人,朱熹曾赞其"纯茂笃实,切己致思,用功正当"。"庆元党禁"时,他因与朱熹关系而被罢官归乡,在金精山西边的赟笃谷筑室以居,敦行古礼,聚徒讲学,从其学者甚多。① 宋理宗时理学兴盛,淳祐六年(1246),宁都知县夙子兴建梅江书院祠祀曾兴宗。书院内有梅江楼,其牌匾为南宋末年文天祥所书。②

图5-1 清梅江书院图③

---

① 乾隆《宁都县志》卷六《人物·贤达》,清乾隆六年(1741)刻本。
② 道光《宁都直隶州志》卷三十一《艺文志·梅江书院极高明楼记》,清道光四年(1824)刻本。
③ 道光《宁都直隶州志》卷首图,清道光四年(1824)刻本。

安湖书院

书院在兴国县衣锦乡。宋咸淳八年（1272），知县何时为教育乡民所建，文天祥曾为书院作记。兴国有六乡，其中五乡乡民儒雅向学，唯有衣锦乡乡民居于险要之地，剽悍难治，朝廷因而常勉励地方推广文教。何时是临川人，他到任后，指出人若不教化，则道德泯灭，遂在当年四月在衣锦乡选了安湖这一山水形胜之地，向众人倡议建书院以兴学。他召集地方乡贤长老、率领地方官员布置讲堂，召试学子，最初录取生员28人入学，带领众人举行祭祀先圣先贤之礼。因书院的设置，此后该乡皆以儒者为重。

琴江书院

书院兴建于宋代，位置在石城县治南。史料阙如，余事迹不详。

通政书院

绍兴四年（1134），知县李杞在石城县北太极观左侧的儒学学宫遗址上重建了县学，并在一侧建通政书院。

太傅书院

书院在上犹县治西北礼信乡，该乡有太傅山。唐末卢光稠节制虔州时兼治韶州，在韶州斩杀为害当地的"蛟龙"，居民因而为其立庙，宋朝廷为表彰卢光稠的功德，封其为"太傅"，太傅山因以为名。淳祐十二年（1252），南安军知军陆镇行至太傅山，见山色幽美，于是上奏朝廷，倡议在此地建立书院，书院即赐名为太傅书院，设山长以教授乡人，并拨南康妙圣寺五百余亩田以赡学。[①]

道源书院

书院肇始与周敦颐等人有关。庆历七年（1047），周敦颐为南安军司理参军，当时程珦以兴国县令暂代南安通判，与周敦颐相识，知晓周敦颐的学问和道行，因而让其子程颐、程颢二人跟随周敦颐学习。乾道元年（1165），军学教授郭见义辟屋一间以祀周敦颐、程颐、程颢三位先生。嘉定十二年

[①] 光绪《上犹县志》卷三《建置·学校》，清光绪十九年（1893）刻本。

（1219），知军刘强学改祀于旧县学东。淳祐二年（1242），江西漕运使江万里嘱咐知军林寿公创置书院。书院规模较大，有讲堂、居室，有原道、崇德二斋，最初称周程书院。① 宝祐三年（1255），知军吴革据军学教授赵希哲状上请朝廷为书院赐匾额，后知军郭廷坚又再次上请，朝廷因而下诏改周程书院为道源书院（图 5-2），仍令教授兼山长，书院有租田以赡学。景定四年（1263），宋理宗亲书"道源书院"四字以赐，藏于书院云章阁内。书院是南安作为理学渊源之地的历史明证。

图 5-2　清道源书院图②

---

①　同治《大庾县志》卷六《学校志·书院》，清同治十三年（1874）刻本。
②　同治《大庾县志》卷首《东山道源书院图》，清同治十三年（1874）刻本。

从以上介绍可知，赣南在宋代兴办书院的历史要晚于官学，赣州府城及部分属县的官学在宋初即已建立，而赣州府城最早出现的书院与周敦颐相关，大概是在仁宗嘉祐六年（1061）以后，且书院这种形式还处于萌发期，并未形成完善的规制，数量也少。赣南绝大部分书院是在南宋时建立的，且在南宋中后期，书院的规制才发展得较为完整，规模渐大；在地理分布上，书院最集中的地方是府城及赣县，有三所，次为石城，有二所。石城作为赣之属邑，在地理位置上属偏僻之所，在人口与经济方面也不突出，但书院的数量却名列前茅，这与其私学的发展带动不无关系。石城人温革，因科举累试不中，在宋仁宗宝元年间赴京上书请旨，愿捐家赀以兴义学，得到朝廷的准许，在家乡建柏林藏书楼和讲学堂，致力于地方礼乐教化。书堂求学者不限于石城，闽、粤诸省的学子亦接踵而来，推动石城文风渐兴。在柏林讲学堂之后，石城有识之士亦效仿温革之举，兴办书院，故书院数量领先于其他各县。其余几所书院分布在几个历史比较悠久且经济发展较好的大县如宁都、兴国、大庾、上犹等。此外，赣南的书院兴办还有自身较为明显的特色：

第一，办学形式主要以官办为主。

李才栋在《江西古代书院研究》一书中指出，宋初是江西书院发展较快的时期，书院与官学性质不同，性质上属于"民办"，但也出现了多种类型，如有家族兴办、有乡绅独立或集资兴办、有学者自行兴办、有地方官吏倡导兴办等多种办学形式。[1]但与江西省其他地方相比，赣南的书院由地方官员倡导兴办的占绝大多数，私人以书院为名兴办教育且成规模的情况较为少见，赣南的书院基本上都带有官办性质，这与江西其他地方以私立书院为主很不一样。

第二，书院兴办与理学密切相关。

上述大部分书院的兴建，与理学有千丝万缕的联系。清溪书院、濂溪

---

[1] 李才栋：《江西古代书院研究》，南昌：江西教育出版社1993年版，第59–60页。

书院的创建，是缘于周敦颐曾讲学于此。先贤书院、梅江书院、道源书院的创建，是缘于对周敦颐、程颐、程颢等人以及地方理学名人的祭祀。可见，理学的发展直接推动了书院的建立，而这些书院的办学也体现出赣南地方的理学渊源和特色。

三、其他私学

此处所指的私学是除官学、书院外其他具有教育性质的机构，涵盖的范围较广，名称各异，如有私人的藏书机构、家族学堂、村庄义学、个人讲堂等。宋代的赣南也出现了大量私人办学的情况，如表 5-2 所示。

表 5-2 宋代赣南地区私学名录[①]

私学名	地点	倡办者	兴办时间	办学情况
金精山讲舍	虔化	黎仲吉	约宋初	挟策弟子者数百
会秀楼讲堂	会昌	赖克绍	约咸平、景德间	市书贮会秀楼上，每集邑人讲学，从游子弟甚众
延春谷书舍	虔化	孙长孺	约大中祥符间	后世子孙多出人才
柏林讲学堂	石城	温革	约宝元间	市取国子监书，以教子弟，得钱五万
崆峒山庐舍	赣县	陈炳	约康定间	躬耕乐道，勤于著述，包拯师事之
雩岩	雩都	王鸿	约皇祐间	间推所学，以教乡间子弟
万松庄	雩都	陈维	约嘉祐间	辟义学，教授乡里，学者归之
六和精舍	会昌	尹天民	约熙宁间	公时读书，邃深经学，登进士及第
田氏经堂	南康	田辟	约熙宁间	子九人，各授一经，登第及特恩者七人
玉岩书堂	赣县	阳孝本	约元丰间	收万卷书，一时名士多从之游
天竺山学舍	赣县	刘铸	约元丰间	从业者百余人

---

① 参考刘玲清：《南宋赣南经济文化研究》，硕士学位论文，上海：上海师范大学，2014 年版。本书所引略有调整。

续表

私学名	地点	倡办者	兴办时间	办学情况
长春谷义馆	虔化	胡垫	约元祐间	藏书万卷，延名士使子弟受学
钟作霖讲舍	上犹	钟作霖	约绍兴间	从游者百余人
竹轩	大庾	张九成	绍兴间	日与生徒讲学其间
武夷山讲室	虔化	陈忠言	绍兴间	四方游学之士，从之者如市
唯庵	虔化	曾兴宗	庆元间	储书聚粮以待四方之友，为讲切之益，四方从学者日众
淡轩	赣县	杨方	庆元间	开阁读书，习人理学
何氏书堂	大庾	何源	约理宗朝	讲学授徒，一门人和二子登进士
牛石山房	虔化	黄谅	约嘉泰间	出进士数人，特科状元一名
下峒书屋	大庾	李文德	约理宗朝	读书敦行，居下峒作书屋训子，子跃麒、跃麟，俱淳祐间乡荐
登云精舍	赣县	曾苍崖	咸淳末	集师友子弟讲学之所

从上表可知，私人教育机构在地理分布上较为集中，主要是在府城及赣县、大庾、虔化三地。其中虔化县拥有的私人教育机构位列第一，虔化县本身历史悠久，其人口及经济在宋代赣州各县中均位于前列。此外，虔化县与抚州之南丰县、宜黄县以及吉安之永丰县等教育繁盛、科举发达之地相接壤，自然而然也受其影响，读书风气相较最浓。而府城及赣县、大庾紧随其后，这与二者本身有作为区域的政治中心、经济中心的优势相关。

私人兴办的教育机构，除石城柏林讲学堂外，多数规模较小、面向的招生范围有限，主要为乡里和本族子弟，且其中部分并非是专门的教育机构，如孙长孺的延春谷书舍、阳孝本的玉岩书堂等，是私人藏书室兼有讲学的功能。这些私学的办学主体，有的是科举文人，有的是民间隐士。

科举文人。如黎吉仲、赖克绍、孙长孺、陈维、尹天民、胡垫、钟作霖、陈忠言、曾兴宗等人，都是进士出身；当然也有举人，如黄谅。这些人致仕之后，通过办学的方式回报家乡，推动家乡文教发展。

民间隐士。如王鸿、阳孝本、田辟、何源等人。这些人虽未经科举入仕，但皆有才学，声名在外，与周敦颐及苏轼等名人相交。他们并非专门开堂授学，而是因其学识吸引了求学者与交流者前来，故其隐居之所也成为教育场所。另外，还出现了像温革这样全国知名的教育大家，专意办学，其兴办的柏林讲学堂，规模甚大，其影响超出了区域范围，引起朝野的关注，成为宋代赣南私人兴学的典型代表。

除本地人外，亦有贬谪或流寓到本地的官员，如张九成和杨方等，他们一边闭门读书，专意学问，一边为传播自己的思想，在地方开堂讲学，在赣南地方影响颇大。

这类私人办学在规模上虽不及官学及书院，但在赣南办学历史悠久，其发展要早于官学，且数量最多，散布城乡，其教学质量并不逊色于官学。如田氏经堂作为家族学堂，培养出了五个进士，牛石山房培养出了进士数人、特科状元一名。私学对赣州文教尤其是赣州乡村教育有很大的促进作用。

总而言之，宋代是赣南文教事业全面发展时期，无论是官学、由官方支持的书院还是民间私学，都发展迅速，这在科举取士方面有充分体现。赣南见于记载的唐代进士仅5人（表5-3），而至宋代，进士人数猛增（表5-4）。

表5-3　唐代赣南进士人名表

地　名	人　名	时　间
赣州府城及赣县	綦毋潜	唐开元十四年（726）
	李迈	唐咸通四年（863）
南康县	钟辐	唐咸通年间
雩都县	赖棐	唐乾元二年（795）
	杨知新	唐大中八年（854）

表 5-4 宋代赣南各县进士（含特奏名进士）[①]

县名	北宋进士人数/人	排名	南宋进士人数/人	排名	合计/人	排名
赣县	34	1	33	2	67	1
雩都	8	6	12	6	20	5
石城	9	4	4	8	13	8
瑞金	1	11	2	9	3	12
会昌	3	8	1	11	4	10
信丰	5	7	2	9	7	9
龙南	3	8	1	11	4	10
安远	0	13	0	13	0	13
兴国	11	3	7	7	18	6
虔化	17	2	68	1	85	1
大庾	2	10	19	4	21	4
南康	9	4	27	3	36	3
上犹	1	11	16	5	17	7
合计	103		192		295	

宋代，赣南共培养了 295 名进士，其中北宋 103 人，南宋 192 人，南宋较北宋进士数量增长了 86%。除安远县外，其他各县皆有进士，且产生了郑獬、谢元龙、池梦鲤 3 名状元。[②] 虔化县进士人数最多，为 85 人，但其中有 46 名是特奏名进士[③]，因此，从实际的科举成绩而言，应是府城及赣县最佳，有 67 人，其文教规模及成效在区域内处于领先地位。

---

① 李云彪：《"一路两江"：宋代赣南社会的开发——以商税、盐课、户口数和进士数为观察视角》，《合肥学院学报（综合版）》，2021 年第 6 期。
② 李云彪：《江南宋城》，广州：广东旅游出版社 2023 年版，第 74-75 页。
③ 李云彪：《"一路两江"：宋代赣南社会的开发——以商税、盐课、户口数和进士数为观察视角》，《合肥学院学报（综合版）》，2021 年第 6 期。

第二节　家族勃兴

唐代，赣南儒学处于起始阶段，科举并未形成规模。至宋代，伴随着赣南文教事业的迅速发展，地方社会向学之风、科举入仕之风日浓，其成效之一是科举进士人数猛增，其二是推动了地方部分家族在内部形成了普遍向学、重视读书的良好氛围。而一旦家族中有人因科举入仕，在家族内部便会更加重视读书一事，推动家学渊源的形成与传承，进而促成科举家族的产生。本章节从赣南地区科举家族的总体情况、赣州府城代表性的科举大族以及这些家族在地方的社会影响来看赣南的人文发展。

一、家族概貌

赣南在唐代，见于记录的只有赣县、雩都、南康三地有进士。至宋代，除安远外，其余各县皆有进士，且赣南的这些科举大县如赣县、虔化、南康、大庾、雩都、兴国、上犹，都产生了科举家族。有宋一代，赣南共产生了18个科举家族，其大致情况如表5-5所示。

表 5-5　宋代赣南科举家族情况[①]

科举家族	县名	人名	进士人数	时间
刘炳家族	赣县	刘炳、刘景（炳之弟）、刘应李（炳之孙）	3	自庆历六年（1046）始

---

① 本表以夏汉宁等著的《宋代江西籍进士地图》（江西美术出版社2018年版）一书中《宋代江西进士家族基本情况表》为基础，并结合地方志所作，以各家族产生的第一个进士时间为序排列。

续表

科举家族	县名	人名	进士人数	时间
孙立节家族	虔化	孙立节、孙勰（立节子）	2	自皇祐五年（1053）始，为北宋科举家族
李潜家族	兴国	李潜、李浑（潜之弟）、李格（潜之子）、李楫（潜之子）、李朴（潜之子）、李存（潜侄，浑之子）、李开端（潜之孙）、李谦（潜曾孙）	8	自嘉祐六年（1061）始，跨越北、南宋
曾准家族	赣县	曾准、曾梀（准长子）、曾开（准次子）、曾弼（准三子）、曾班（准侄）、曾概（准之孙）、曾勋（概子）	7	自嘉祐八年（1063）始，跨越北、南宋。
郭峻家族	雩都	郭峻、郭杞（峻曾孙）	2	自熙宁三年（1070）始，跨越北、南宋
李陟明家族	虔化	李陟明、李衮（陟明子）	2	自元祐六年（1091）始，为北宋科举家族。
宋瑗家族	虔化	宋瑗、宋大猷（瑗之子）	2	自大观三年（1109）始，为北宋科举家族
田如鳌家族	南康	田如鹗（如鳌仲兄）、田如鳌、田如鸿（如鳌昆弟）、田如鹏（如鳌昆弟）	5	自政和二年（1112）始，跨越北、南宋
黄有文家族	上犹	黄有文、黄有立（有文弟）	2	自绍兴二年（1132）始
刘庭扬家族	南康	刘昂（子庭扬）、刘庭扬	2	自绍兴十八年（1148）始
钟作霖家族	上犹	钟作霖、钟禔（作霖子）、钟祐（作霖幼子）	3	自绍兴三十年（1160）始
李纶家族	虔州	李绅（纶兄）、李纶	2	自乾道二年（1166）始
廖颜家族	虔化	廖光（颜兄）、廖颜、廖季高（颜从子）	3	自乾道八年始（1172）
谢荐家族	上犹	谢荐、谢苣（荐弟）	2	自淳熙二年（1175）始
黄梦良家族	上犹	黄梦良、黄梦符（梦良弟）	2	自淳熙八年（1181）始
何光龙家族	大庾	何衢亨（弟光龙）、何光龙	2	自宝祐元年（1253）始
刘举发家族	南康	刘介元（举发兄）、刘举发	2	自景定三年（1262）始
黄桂开家族	上犹	黄桂开（廷玉之后）、黄志学（廷玉之后）、黄桂林（桂开弟）	3	自咸淳四年（1268）始

由上表可知，宋代赣南不仅涌现出了一批科举家族，而且还出现了像一门八进士的李潜家族、一门七进士的曾准家族、一门五进士的田如鳌家族这样的科举大族。这类大型的科举家族诞生第一个进士的时间相对较早，且均纵跨北宋与南宋时期，在仕途上取得的成就也更高，而这种积累使得家学渊源也更加深厚，又进一步反哺家族内的其他学子。

总体而言，除以上三个巨型的科举家族外，其余的科举家族普遍较小，且集中在南宋中后期，北宋科举家族仅有三家。就赣南进士人数而言，南宋要多于北宋，但若要论士子在全国的影响力，北宋时赣南士子在全国的知名度及取得的成绩则要高于南宋。

从科举家族的数量上看，各县以上犹为最。上犹的科举起步较晚，在北宋仅有一名进士，其科举家族均诞生于南宋。南宋时期上犹的科举成绩在区域内并不突出，共16人，但其中科举家族占了该县进士总数的75%，处于垄断性地位，可见该县家族读书氛围浓厚。其次是虔化县，有4家，这与前文所述私人教育机构最多、进士数量最多是一致的。赣州府城、赣县与南康县，排在第三位。需要注意的是，李潜家族虽标记为兴国县，但兴国实际上在太平兴国七年（982）才从赣县划分出来单独设县，与赣县本身联系紧密，且地方志书记载的李潜家族的李朴、李存等人的活动区域是赣州府城，李潜墓亦在赣州府城发现，实际上李潜家族亦可算作府城的科举家族。因此，赣州府城及赣县在科举家族数量上可与虔化县并列，有4家，分别是曾几家族、李潜家族、刘炳家族、李纶家族。

赣州府城因在文教上处于领先地位，是最早孕育出科举家族之所，即刘炳家族。刘炳的父亲刘揆一生积极研学，藏书以教子，刘炳是庆历六年丙申科（1046）贾黯榜进士，刘炳及第三年后，他的弟弟刘景也高中进士，因此诞生了赣南历史上第一个科举家族。至南宋，刘炳家族再添一人，刘炳之孙刘应李高中。后李潜家族、曾准家族继之，仅李纶家族的兄弟二进士出于南宋孝宗年间。从科举家族的规模来说，府城的科举家族在区域内是最大的。

二、科举大族

科举大族的出现，不仅意味着一地教育的持续发展成熟，以及文化的蓬勃而兴，也意味着该地在全国科举地位的提升。府城以曾准家族和李潜家族为代表的科举大族，不仅家族内进士数量多，且不少成员身居高位，成为在全国亦很有分量的科举家族，是宋代赣南地区尤其是府城周围读书求学氛围浓厚、文化底蕴逐渐深厚的有力明证。

（一）曾准家族

曾准家族是宋代赣南最大型的科举家族之一，且在一众科举家族中其在全国的知名度、影响力是最大的。曾氏家族是官宦家庭，曾准的祖父曾识为泰州军事推官，其父曾平为衢州军事判官。[①] 自曾准首开文风起，曾氏家族出了七个进士，并且出现了父子四进士、兄弟三人同登榜的罕见盛况。

曾准：嘉祐八年癸卯科（1063）许将榜进士

曾楙：元符三年庚辰科（1100）李釜榜进士（曾准次子）

曾弼：崇宁二年癸未科（1103）霍端友榜进士（曾准长子）

曾开：崇宁二年癸未科（1103）霍端友榜进士（曾准三子）

曾班：崇宁二年癸未科（1103）霍端友榜进士（曾准侄子）

曾概：乾道五年己丑科（1169）郑侨榜进士（曾准孙子）

曾勋：庆元二年丙辰科（1196）邹应龙榜进士（曾概子）

作为地方上显赫的科举大族，曾氏不仅是在考取进士的数量上领先，更在于曾氏父子均是一代名臣，在此对曾准、曾楙、曾班父子三人生平事迹作一介绍。

曾准（1040—1108）

字子中，自幼聪颖好学。周敦颐任虔州通判时，曾准曾去拜会他，二人相谈许久，甚为融洽。因受到周敦颐的指导，曾准开始潜心理道，颇有所

[①] 〔宋〕陆游：《渭南文集》卷三十二《曾文清墓志铭》，明正德八年（1513）刻本。

得。因此,他与同乡胡瑜、陈衮臣等人请周敦颐每月初到州学讲学,从此地方士子开始重视理学。曾准中进士后,先任武功县主簿,在任期间处理刑狱刚直公正,后升任公安县知县。在临江军通判任上,他处理司法案件明察审慎,不以下媚上,在其主管的监狱门口曾长出了灵芝,下属劝他以祥瑞上献,他断然拒绝,认为这只是偶然现象而已。此后历任集庆军节度推官、蓝田县知县等职,任职期间皆有治绩。离任归乡后十余年间,他教育诸子,要他们谨守周敦颐之学,成圣贤事业,读书不以追求功名为最终目标。① 在他的教育和引导下,他的三个儿子和侄子皆中进士。曾准实为曾氏家族良好学风的开创者。

曾楙(1081—1155)

字叔夏,曾准次子。自小聪慧,悟性极高,所作诗文水平远高于同辈人,因此他是兄弟之中最早中进士的。靖康之变时,他任福州知州,拒绝承认以张邦昌为首的伪楚政权,并上表劝进时为康王的赵构即位。此后曾任兴仁府知府、潭州府知府、翰林院直学士等职。建炎三年(1129)五月,宋高宗以曾楙为翰林学士。因金军大举南下,宋高宗下诏以隆祐太后及六宫众人前往南昌躲避,在八月升任曾楙为礼部尚书,命他扈从隆祐太后,随后,又以曾楙兼翰林学士承旨。隆祐太后到南昌后,因金军一路追击,逃行至虔州。次年正月,隆祐太后至虔州,因虔州府库空虚,只能用沙钱(薄而粗劣的小钱)及折二钱打赏随行卫兵,士兵到市场购买物品遭到乡民拒绝,因而引起争执。在争执中乡民以枪刺士兵,后引发成当地乡兵与卫兵的对抗,卫兵纵火焚烧民居,大量民居被毁,最终导致虔州乡兵首领陈新率众数万围攻隆祐太后。事件发生后,曾楙临危受命,出任抚谕使,为护卫隆祐太后、保护地方平安尽力调解,避免了更大的祸害。② 后曾任福建帅臣等职,累官至吏部尚书,卒于绍兴十四年(1144)。著有《内外制》四卷,《东宫日记》十

---

① 乾隆《赣县志》卷十六《人物志一》,赣州市章贡区地方志办公室整理,2019年,第209页。
② 〔宋〕李心传:《建炎以来系年要录》,北京:中华书局1988年版,第603—605页。

卷，今皆无存。

曾班

在建炎初为提举两浙路常平等事，后任泰州知州。因宋高宗即位后，一路南逃扬州，不考虑如何加强军备，而是不停派人向金人"祈请"求和。建炎二年（1128）秋冬之际，金军分三路南下渡河南侵。金军长驱直下，于建炎三年（1129）二月进攻扬州，宋高宗仓皇出逃，同月，进攻泰州。金军从扬州分兵进发泰州时，得知军情的曾班立刻召集军民商议，决计率众死守，与泰州共存亡。但是，泰州民众哭泣请求曾班以一城生灵为念，请他曲节投降金军，以保全整个泰州城。最终，曾班听从了一城军民之请求，以城降金，后向朝廷自劾待罪。因此事，曾㮣、曾开向皇帝请求纳官以赎曾班之罪，宋高宗不允，曾班被罢官除名，往雷州编管。后恢复官身，于绍兴十五年（1145）以左朝请大夫主管台州崇道观。

曾准家族的其余进士，曾准的长子曾弼，官至学士，在提举京西南路学事任上，巡视部属时溺死。因其无后，朝廷特给予恩恤，以其弟曾几为将仕郎[1]（见本章第三节 文儒之士）。曾准第三子曾开亦是进士，官至礼部侍郎（见本章第三节 强干之士）。曾准四子，均为一代名臣，名噪一时。往下一辈，曾准的孙子曾㮣，曾任建康府通判。

除以科举入仕者，曾氏家族还有不少以恩荫入仕者，如曾准第四子曾几官至礼部侍郎，曾几之子曾逢曾任职尚书左司郎中，曾逮历任上饶都尉、湖州知州等职。赣县有"世臣坊"，为曾准、曾弼、曾㮣、曾开、曾几、曾逢、曾逮、曾连、曾迪、曾造、曾集、曾㮣、曾槃、曾橐父子祖孙立。

（二）李潜家族

李潜家族祖上原为陇西成纪人，唐时迁居虔州兴国衣锦乡。六世祖李超在后梁时期官拜检校司空、忠义武将。五世祖累功拜检校工部尚书，徙居于赣。李潜之高祖、曾祖皆以礼义孝悌治家，祖父亦好学。自李潜之父李士开

---

[1]〔元〕脱脱等：《宋史》卷三百八十二，北京：中华书局1977年版，第11767页。

时，家族儒学之风开始兴盛。士开大力购书，与名士相交，竭力以教子侄，此后家族文士辈出。[1]李潜家族在宋代出了八个进士，是宋代赣南最大的科举家族，不仅初有李浑、李潜兄弟二进士，更有李浑父子二进士、李潜父子四进士、兄弟同登榜的辉煌成绩：

李浑：嘉祐六年辛丑科（1061）王俊民榜进士（潜之弟）

李潜：治平四年丁未科（1067）许安世榜进士

李格：元丰二年己未科（1079）时彦榜进士（潜次子）

李存：元丰二年己科（1079）时彦榜进士（潜之侄、浑之子）

李楫：绍圣元年甲戌科（1094）毕渐榜进士（潜之子）

李朴：绍圣元年甲戌科（1094）毕渐榜进士（潜长子）

李开端：宣和六年甲辰科（1124）沈晦榜进士（潜之孙）

李谦：淳熙二年乙未科（1175）詹骙榜进士（潜玄孙）

以上诸人，学问皆高，德行雅正，既有政绩斐然者，亦有文满天下者，亦有不慕名利孑然隐居者，一门皆有时望，其中以李潜、李朴、李谦三人为最。

李潜（1027—1104）

字君行，生于天圣五年（1027）。登进士第后历任洪州司理、筠州军事判官、知临江军新淦县、监泗州粮料院等职。在新淦县任上，李潜关心百姓疾苦，邑内有豪强以高利贷盘剥平民，李潜严厉禁止。当时实行新盐法，下层官员推行盐法过于严苛急躁，民间破产者十有六七，而李潜并未完全按新法令行事，他下令"听民便"，有人告诫李潜不要以身试法，但他不为所动，不久新盐法即被罢。李潜后入祀新淦县名宦祠。在泗州粮料院任上，李潜做事踏实勤恳，不事交际，时为江淮荆浙发运使的范纯礼深知其为人，大力举荐李潜，宰相吕大防亦赞李潜为"东南贤者"，后李潜升任太学博士、校书郎，一时后学多出其门。

宋哲宗时，李潜曾任秘阁校理、蕲州知州等职，后因年事已高，请老

---

[1] 〔宋〕《宋秘阁校理致仕李公墓志铭》，藏于赣州市博物馆。

还乡。宋徽宗即位后，中书舍人曾肇、邹浩等人纷纷上书，称赞李潜"道隆德备，言约行高，笃学力行，本末如一"，是儒士效仿的典范，请宋徽宗重用李潜。李潜因而再次入京，他在面见宋徽宗时提出，皇帝应以圣政圣德为重，宋徽宗命他主官皇家宗学，李潜累辞不就，告老归乡。寿终于崇宁三年（1104），七十八岁，累官至朝散郎、勋骑都尉。[①]

李潜一生为官忠于职守，同时亦潜心于学问，尤以经学为重。他在二十余岁时跟随安退处士刘师正学习《春秋》，刘师正曾对李潜说："当今做学问的人，并不是真正地做学问。研究学问却不提高自己的修养，那还叫做学问吗？"[②] 受到启发的李潜从此成为一个笃行自守的人，做学问也以"简而易明，以行己为本，不为空言"为要。李潜读书，以儒家经典为主，他认为这类书籍就像一杆秤一样，可以称量其他学说。他主张做学问应当以去利欲为本，只有去利欲心才诚。就具体方法而言，要每日多读儒家经典，尤其要多读经典原文，因为"圣人之言易晓，看别人解则愈惑"[③]，要学会独立思考，不被各家注解所惑。

李潜一生交游甚广，与当时众多名士往来。他与范纯礼相交颇深，与苏辙亦有交往。苏辙被贬汝州时，李潜曾前往拜访，二人交谈后，苏辙深恨与李潜相知太晚。宋代理学名人吕好问及其弟吕切问均以李潜为师，吕好问因与李潜长期交游和学习，其思想也深受李潜的影响。

李朴（1063—1127）

字先之，北宋有名的理学家、诗人。生于嘉祐八年（1063），《宋史》有传。登进士第后调任临江军司法参军，后任西京国子监教授。李朴为官不忤权威，时宋哲宗废黜孟皇后，迫使其入道家，居瑶华宫。李朴曾言不当废黜皇后被审问。当时忌恨他的同僚想借此置他于死地，用言语恐吓他，李朴并

---

① 〔宋〕《宋秘阁校理致仕李公墓志铭》，藏于赣州市博物馆。
② 高涛：《言行思善清慎勤：吕本中与吕氏家风》，郑州：大象出版社2021年版，第64页。
③ 〔明〕黄宗羲：《宋元学案》，杭州：浙江古籍出版社2012年版，第911–912页。

未屈服。他因此事被停职，后遇大赦，被任命为汀州司户。

李朴后得右司谏陈瓘推荐，得以面圣，他向宋徽宗进言："从熙宁、元丰以来，国家政体屡屡变更，起初是一二大臣因所学不同、施政主张不同而进行的变革，到后来慢慢变成了互相排挤打击政敌的行为，如果现在不改变这种情况，最终国家会陷入无可救药的地步。"①他还提出国家不应拘泥于王安石之学，如此可推动人才辈出。蔡京恶其耿直，将他贬为虔州教授，又指使言官弹劾他为元祐党人，不当为师儒，后罢为肇庆府四会县县令。此后，历任临江军清江县知县、广东路安抚司主管机宜文字，所至皆有政声。在广南，李朴向帅臣提议拨赋税以助边地，反对漕使郑良引真腊取安南之计，以息边患，故人皆称他有智谋。

李朴虽官职不显，然因其才天下皆高其名，蔡京曾为招揽他，许以皇帝身边的侍从官，李朴拒而不见，蔡京虽愤怒，却始终未害其性命。当时的中书侍郎冯熙载也想拉拢李朴，打算先以路上偶然邂逅的方式结识他，李朴听闻后，大笑道："蔡京我都不见，又怎么会见你冯熙载！"可见其品行高洁。宋钦宗为太子时就听说过李朴的才名，他即位后，任命李朴为著作郎，并在半年内五次升迁其官职，官至国子监祭酒，此时的李朴因疾病缠身未能赴任。宋高宗即位后，以李朴为秘书监，但因年事已高，诏书未至李朴已去世。寿终于建炎元年（1127），六十五岁，追赠为宝文阁待制。

在学问上，李朴拜程颐为师，程颐十分器重他。李朴气节刚直，他为批判王学、复振洛学不遗余力。他批判当时士大夫读书求学不注重自己独立思考，而惟王学是从，如此行为会败坏学术风气，提出朝廷应下诏要求读书人求学不应拘泥于王学，如此国家才能英才辈出。②程颐曾评价李朴性格太直，

---

① 《宋史·李朴传》载："熙宁、元丰以来，政体屡变，始出一二大臣所学不同，后乃更执圆方，互相排击，失今不治，必至不可胜救。"〔元〕脱脱等：《宋史》卷三百七十七，北京：中华书局1977年版，第11655—11656页。
② 〔元〕脱脱等：《宋史》卷三百七十七，北京：中华书局1977年版，第11656页。

容易遭致攻击，提醒他以前事为鉴，收敛一二，对此李朴仍坚持本性不更改，程颐因而更加叹服李朴之风节。①

李朴有著作《章贡集》二十卷行于世，然今不存。李朴晚年为自己写了墓志铭，称"以天为心，以道为体，以时为用，其可已矣"，从中可窥见其理学思想之一斑。另有《丰清敏遗事》一卷，今存，现版本有朱熹为之作的后序。《千家诗》中辑有其诗作，其中《秋中》《八境台》《游通天岩》等部分诗歌流传至今。

李谦

字和卿，品行高洁，通经典。崇宁年间，欲上京赶考，因病而归。后江西诸司曾将其品行上禀于朝，朝廷征辟而不起，赐号"养素处士"。李谦自小传承家学，卓然不群，登进士第后调任安福县尉，在任上捕盗贼有功而不愿受赏。后累官至太常寺丞，提举浙东，在任上遇饥荒，他赈济有方，救活了很多人，因而被召为左司郎中，后再迁左司谏。在宋光宗、宋宁宗时期，李谦上书言事义正言辞，慷慨激昂，受到时为吏部尚书的赵汝愚称赞。他与吕祖谦之弟吕祖俭相交。庆元元年（1095），吕祖俭因直言为赵汝愚辩驳忤逆韩侂胄，而被处以韶州安置，临行前唯有李谦与他饯行，并以诗相赠。李谦此举忤逆了韩侂胄，后被罢官，归乡隐居，号白云居士。有《白云居士文集》四十卷，今已不存。②

李潜家族的其余进士，李潜之弟李浑以文学及品德著称于世，曾任为南安军司理，颇有政绩，司马光曾荐其为秘书省校书郎。寿终于南安，入祀南安名宦。③李潜之子李格，笃行博学，绍圣年间，历任江宁府上元县知县、殿中侍御史、焕章阁待制等职，后因病早逝。④李潜之侄李存，考取进士后，

---

① 李敬峰：《二程门人》，北京：中央编译出版社2020年版，第35页。
② 嘉靖《赣州府志》卷十《人才·贤达》，上海：上海古籍书店1962年版，第289-290页。
③ 乾隆《兴国县志》卷十《名宦》，清乾隆十五年（1705）刻本。
④ 同治《兴国县志》卷二十三《人物·儒林》，清同治十一年（1872）年刻本。

不愿为官，与阳孝本一同隐居于通天岩，合称为"崆峒二老"。李存有诗集四卷，今不存。李潜之子李楒，曾官至翰林院承旨，他学识渊博，为官清廉正直，是当时为官之表率。[①]李潜之孙李开端，官至晋阳县知事。

三、引领一方

赣南科举家族对地方社会的影响，不仅仅在于他们对地方科举成绩的贡献，以及所任官职的大小，更在于他们持续对地方文化兴盛产生带动作用，并且，他们也是外界对整个地方社会及社会群体形成正向口碑或评价的重要力量，具体表现在以下几个方面：

第一，助力发展地方文教事业。

赣南科举家族对地方文教事业的促进作用主要通过两种方式：一是科举家族本身的科举成绩以及教书育人之法，对于地方社会家庭及学子具有激励和带动作用。宋代赣南在全国较有影响力的士子，绝大部分出自科举家族，除前文提及的两个科举大族的成员外，还有虔化孙氏家族的孙立夫、孙勰父子，南康田氏家族的田如鳌，雩都郭氏家族的郭峻等。这些科举家族都十分重视族内读书氛围的营造、藏书资源的积累等。如曾准对几个儿子的悉心教诲；李潜之父李士开为族中子弟竭力创造良好的读书环境；刘炳之父为教子积书研学；上犹钟作霖开堂授课，在他的培育下，二子皆中进士。家族教育是宋代赣南科举教育中不可小视的重要力量，覆盖范围虽小，但宋代赣南最精英的教育实际上集中在这些科举家族的内部。这些家族的成功是向四周推广文教的最佳宣传。面对这些榜样，既有民间自发的跟随，也有官方介入的行为，如前文所述，地方官府为推广文教，将曾准家族作为典型，通过建"世臣坊"的方式，号召一县之人效仿学习。

另一种方式是科举家族以实际行为支持地方教育，传播儒学文化。如前文所述李朴，曾任虔州州学教授，以道德学问引导州人；南康田氏家族，田

[①] 同治《兴国县志》卷二十三《人物·儒林》，清同治十一年（1872）年刻本。

辟所办的私学田氏经堂，由其子各授一经，对外开放，惠及乡人；上犹钟作霖家族，钟作霖所办讲舍，从游者百余人。这些科举家族通过办学，以实实在在的行动回馈乡梓，带动地方文教发展。

第二，向外界树立地方良好形象。

在宋代，外界对于赣南以及本地民众的看法主要来源于官方记载、官员评价。然而，出现在官方文献评价常常带有负面字眼，如"虔州盗贼""虔人难治"，而主政赣南的官员也主要以此为依据。评价赣南的官员主要包括两类，一是来虔州（赣州）任职的外地官员，一是在外地为官的本地士子。外来任职的官员，亦多有虔民"多讼"之记载，以及他们推行文教的措施。当然，在此并不是要指责这些官员记载不准确，然而，对于他们推行的政策最终施行的效果如何，后续地方文教是否改观，则很少有人再持续关注，也缺乏记载。因此，在外地为官的本地士子成为构建赣南地方外界形象的重要力量，其中科举家族尤其是他们当中的代表性人物的影响力应是最大的。科举家族及其成员主要通过两种渠道为虔州（赣州）构建起正面的外界形象：

一是通过家族取得的荣誉、家族成员的学行等展示赣南在文教上的发展与成就。从王安石对虔州"椎埋、盗夺、鼓铸之奸，视天下为多"的评价，到"虔州四曾"之荣耀，短短三十余年，文教推广成效斐然。南宋史学家曾敏行称南丰之曾与章贡之曾"皆以伯仲取科第，致位通显……此二族盖甲于江西也"[①]。南宋著名的藏书家、目录学家陈振孙在《直斋书录解题》中曾言："本朝曾氏三望，最初温陵靖公公亮明仲，次南丰舍人巩子固兄弟……其次则几之族。"可见，曾准家族不仅仅在江西，放眼全国，也是与泉州曾公亮家族、曾巩家族齐名的望族。科举家族尤其是科举大族的出现，使外界对虔州文风民俗的负面评价有了转变。

刘炳家族虽不如曾几家族成绩显赫，但刘炳、刘景家族皆是高义之士。

---

① 〔宋〕曾敏行：《独醒杂志》，郑州：大象出版社2019年版，第245页。

图 5-3　赣州宋代八景之天竺晴岚（蒋洪亮绘）

二人皆为郎官，当时著名的谏臣唐介弹劾外戚张尧越职升迁，以及宰相文彦博勾结张尧一事，被宋仁宗贬出英州，朝士为避嫌都不敢相送，唯有刘炳兄弟与梅尧臣、李师中赋诗以赠，二人因得罪权贵被免官，时人皆赞其品行高贵。刘景有子刘敏材曾任广东提点刑狱，以廉洁闻名。[①] 通过科举家族成员的道德品行、学问、作品等的传播，使外界对虔人有更丰富、更深层次的认识。

二是科举家族成员通过诗文传达家乡之美。李朴留下了很多关于虔州风光的诗歌，如《天竺山》：

>天竺崎岖绝海边，何人分作赣江禅。
>鹫山巧叠三峰石，葛坞深疏两派泉。
>一醉风光能几许，十年尘迹尚依然。
>欲题豹隐还相笑，盼断长空簇暝烟。

[①] 乾隆《赣县志》卷十六《人物志一》，赣州市章贡区地方志办公室整理，2019年版，第213页。

天竺山在今赣州市章贡区东郊路。在此诗中，李朴将天竺山的绮丽风光尽数托出。李朴另有《崆峒山》《马祖岩》等诗。崆峒山、马祖岩在宋代是虔州八景之一，也是赣州文人集中吟诵之所。对崆峒山，李朴以"云根秀出碧芙蓉，烟晃霞飞瑞霭中"描绘其胜景，曾几则以"曳杖挂诗瓢，悠然适所适。息心归冥漠，山深万籁寂"尽诉悠然闲适之心态。这些地方士子自发对家乡山水的赞颂，也不自觉地成为传播赣南地理人文、让外界了解赣南社会的途径之一。

第三节　名士辈出

如前所述，赣南儒学始于唐，嘉靖《赣州府志》亦言赣州"唐始有士，宋始有名士"。唐以科举入仕者见于记载的仅有5人，且这5人在全国知名度不高，除钟绍京外，难以举出虔州在文化上的代表性人物。而至宋代，通过科举入仕的赣南学子无论是数量上还是成就上都大大超过了唐代，他们在文才、干才、品行、气节等方面都出现了佼佼者，他们与名士相交，为名士所叹服，其言行不仅在当地广为流传，亦为天下人所知。在此分列文儒之士、刚直之士、隐逸之士，略述一二。

一、文儒之士

文儒，王充《论衡·书解》道"著作者为文儒"，即指儒者中从事著述之人；晋葛洪《抱朴子·广譬》道"干戈兴则武夫奋，《韶》《夏》作则文儒起"，此"文儒"指讲求礼乐教化的儒生。宋以前，章贡之邦堪称文儒之士者寥寥，自南朝刘宋之邓德明始，至唐开元年间之綦毋潜，南唐之廖凝、廖匡图、廖正图、廖邈、廖融，有著作者仅数人，且其著述局限于地记和诗集。至宋代，因文教兴盛，章贡大地涌现出了以李潜、李朴、曾几、温革、孙勰等为代表的一大批文儒之士，他们既讲求儒学之身心教化，又将自身所学撰以成册，其内容既有经解、诗集、文集，亦有奏议、史记、杂记等。其中的佼佼者曾几，经学与文学并重，文行于天下，为世人所重。

曾几（1084—1166），字吉甫，赣县人，自号茶山居士，《宋史》有传。生于神宗元丰七年（1084），自幼聪慧，他的舅父礼部侍郎孔武仲、秘阁校理孔平仲都称他为"奇童"。未及弱冠，曾几跟随兄长曾弼往郓州（今山东郓城县），补试州学为第一。当时的州学教授是虔化人孙勰，乃是苏轼的弟子，苏轼对其气质与才华都极为赞赏。孙勰在阅卷时对诸生的答卷都不满意，当看到曾几的答卷时，十分自豪地跟一众考生说："这就是我们江西人写的文章。"众人看过曾几的文章后，纷纷叹服。[①] 曾几后入太学，在太学考试屡屡名列前茅，名声极大。原本曾几也要参加科举考试，但曾弼在提举京西南路学事任上落水溺死，因曾弼无后，朝廷特恩补曾几为将仕郎，在吏部铨选时曾几为优等，赐上舍出身。初任国子监学正兼钦慈皇后宅教授，后历任辟雍博士、校书郎、应天府少尹、提举淮东茶盐公事、提举荆湖路茶盐公事、广西转运副使、荆湖南路转运副使、江西提刑、浙西提刑等职。因秦桧主政，曾几侨居上饶茶山寺七年。秦桧死后，被起为浙东提刑，后历知台州、秘书少监、权礼部侍郎等职。

曾几无论是在地方还是在中央为官，皆干练果决、体恤民情。靖康初年，女真入侵，围京城，盐商无法从太府获取盐钞，用以支领和运销食盐，导致商贾不通。此时的曾几在提举淮南东路茶盐公事任上，他以便宜行事，果断发出太府盐钞与盐商，获钱六十万，这笔钱在当时是金人退后国家财政的最主要来源。后改提举荆湖北路茶盐公事，当时因孔彦舟的匪军窜扰荆湖地区，钟相乘势起兵，荆湖各郡皆破，独存辰、沅、靖三州，在如此艰难的情况下，曾几利用朝廷的库盐与当地的少数民族进行交易，得钱数巨万，送

[①] 〔宋〕陆游：《渭南文集》卷三十二《曾文清公墓志铭》，明正德八年（1513）刻本。

至中央，为政府增加了收入。绍兴二十七年（1157），吴、越发生大水、地震，时为秘书少监的曾几向宋高宗反复论奏消灾之道与赈济之策，受到宋高宗的采纳与嘉奖。

曾几为人正直，有气节。宋徽宗宠幸道士林灵素，林灵素著符书《神霄录》，朝臣竞相巴结林灵素，上门求取此书，唯独李纲、傅崧卿以及时为校书郎的曾几未去。曾几任应天府少尹时，府尹是曾为宰相的徐处仁，一日，宋徽宗的近臣传旨来取库金，但并没有带相关文书，徐处仁召集僚属商议，决议让其先取走库金，当时曾几极力反对，徐处仁最终并未采纳他的意见，但对曾几讲求原则、不畏权势的气节甚为佩服。曾几在任提举荆湖北路茶盐公事时，因朝廷无力镇压孔彦舟，所以暂时以孔彦舟为湖北副总管，借以镇压钟相起义。孔彦舟虽自称官军，然四处杀掠抢劫，并以总管之名要求曾几给盐以充军食。曾几的属下畏惧孔彦舟，纷纷请求曾几给盐以避祸，但是曾几坚决不给。之后鼎澧镇抚使也想强夺库盐，曾几也坚决不给。在台州知府任上，其治下的黄岩县县令受贿，被知情的两个下属要挟，县令将二人迫害致死。曾几知晓后，追问该县令的罪责，有人告诉曾几，县令是丞相沈该的门人，曾几知道后并未退缩，而是毫不犹豫地处置了此人。

曾几更为人所知的实是其文名，他在经学和文学上皆有不凡的成就，撰写了大量书籍和诗作。他年少时从学于舅父孔文仲、孔武仲。在应天府为少尹时，与师从司马光、以直谏闻名的刘安世相交，后又师从经学大师胡安国，因此他于经学上造诣颇深，尤精于《易》《论语》，他坚持每日必读《论语》。著有《经说》二十卷，《易释象》五卷，《论语义》二卷，另有《胡氏传家录》五卷，可惜今皆不存。

在文学上，曾几之文纯正雅健，尤以诗著名，有文集三十卷，然今只存《茶山集》八卷，其中爱国伤感之诗占了很大一部分。南渡之后，国破山河碎，曾几念念不忘恢复故土。如他在南渡之初所作之诗歌《寓居吴兴》：

相对真成泣楚囚，遂无末策到神州。
但知绕树如飞鹊，不解营巢似拙鸠。
江北江南犹断绝，秋风秋雨敢淹留？
低回又作荆州梦，落日孤云始欲愁。①

曾几在诗中感叹中原沦落，流露出故土无人收复的哀愁凄苦之情。绍兴末，完颜亮南侵，朝廷欲通使以缓其来，此时的曾几年事已高，卧病在床，听闻此事，奋起上书："遣使请和，增币献城，终无小益，而有大害。为朝廷计，当尝胆枕戈，专务节俭，整军经武之外，一切置之。如是，虽北取中原可也。"②他在回复弟子陆游问候的诗歌中亦言"问我家居谁暖眼，为言忧国只寒心"③，可见其忧国之心深切，自始自终不忘恢复中原一事。这种情绪也深深影响了他的弟子陆游。

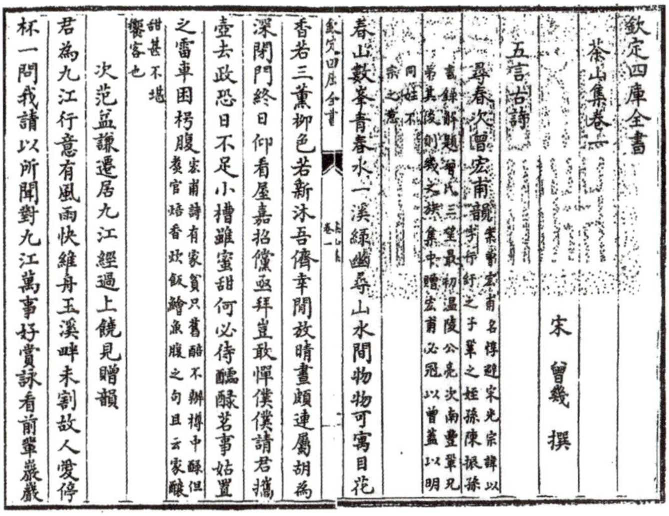

图 5-4　曾几《茶山集》

---

① 〔宋〕曾几：《茶山集》卷六《寓居吴兴》，文渊阁四库全书本。
② 〔宋〕陆游：《渭南文集》卷三十二《曾文清公墓志铭》，明正德八年（1513）刻本。
③ 〔宋〕曾几：《茶山集》卷五《雪中陆务观数来问讯用其韵奉赠》，文渊阁四库全书本。

《茶山集》亦有不少生活气息浓郁且轻快活泼之诗，如《三衢道中》：

> 梅子黄时日日晴，小溪泛尽却山行。
> 绿阴不减来时路，添得黄鹂四五声。[①]

与前文的爱国诗歌愁苦不同，此诗语言轻快，风格清新自然，朗朗上口。曾几是宋代江西诗派的杰出代表，也是赣南文学史上的翘楚人物。寿终于乾道二年（1166），因在文学上的突出成就，故谥号为"文清"，今赣州市文清路之名即来源于此。

二、刚直之士

刚直之士，指为人正直刚强，不畏权势，不顾个人利益，敢于直言。在章贡之邦，无论是在北宋还是南宋期间，均出现了名动天下的刚直之臣，如不惧权势带头举报三司长官的能吏陈恕，当面拒绝王安石的许官、且力拒上司草菅人命之令的刚夫孙立节，反抗宋高宗、秦桧对金屈辱求和之举的曾开。尤其是出身于科举大族的曾开，他身居要职，但不计个人前途命运，从国家大义、百姓生存所系出发，面对权势的威吓和诱惑而坚持不屈，成为后世刚直的代表。

曾开（1083—1152），字天游，《宋史》有传。自小好学，长于文章，仕经宋徽宗、宋钦宗、宋高宗三朝。在考取进士后，最初为真州司户，累迁至国子监司业、起居舍人、权中书舍人等职。他为人刚直，在宋徽宗朝任权中书舍人一职，曾因起草诏令时，对当时的丞相之意多有论驳，被贬为太常少卿，负责监督大宁监盐井。但他并不以官小而自卑，后被召回，一度复任中书舍人。宋钦宗即位后，除显谟阁待制、提举万寿观、知颍昌府，兼京西安

[①]〔宋〕曾几：《茶山集》卷八《三衢道中》，文渊阁四库全书本。

抚使，后奉祠。①宋高宗时复职，知潭州、湖南安抚使，成为地方要员。后历任平江府知府、广东经略安抚使等职。绍兴七年（1137）八月，曾开第三次成为中书舍人，他不改直言本色，很快就向宋高宗提出："自古以来，能转衰为兴、拨正乱世的帝王，都有坚定的国策，然后才能成功。我们现在也面临着同样的情况，希望能在朝堂集议，讲明国之大计，断而必行，如此则可如周宣王一般，中兴宋业。"②宋高宗在即位之初，大张旗鼓地声称要中兴宋家基业，但十余年过去了，他依旧左右摇摆，一面向金国不断派出求和使者，一面抵抗金军的进攻，抗金决心并不坚定，故曾开向宋高宗直言应尽快确定国家的根本大计，方可谈中兴之业。

曾开深谋远虑，鉴于金军多次进攻川陕地区，他指出，圣驾在东南，朝廷兵力集中在东南一代，加上有长江为防，金军难以突然进犯东南地区，图谋蜀地的可能性更大，一旦蜀地失首，则国家危矣，因此他向宋高宗建议择重臣加强四川的边防。③又言朝廷禁军单薄，提议应依北宋旧制增补禁军。因进言多有见地，屡屡得到宋高宗的嘉奖和采纳，官职不断升迁，从中书舍人至权刑部侍郎、礼部侍郎、学士院权直，后又兼侍读，为宋高宗读《三朝宝训》。

绍兴八年（1138）三月，宋高宗以秦桧为右相兼枢密使，因秦桧专主和议，时为礼部侍郎的曾开极力反对秦桧之主张，为此他写长文向宋高宗上疏，毫不留情地指出，朝廷不思抵抗，看不清现实，一味希冀求和，既屈辱且不现实，要宋高宗抱以春秋越国卧薪尝胆之心，坚定决心，提高自身实力，方为上策。④宋高宗不听，执意屈辱求和，曾开遂自请罢官。为减少反对力量，秦桧想收买曾开，以宰相之位引诱他，曾开以"儒者所争在义，苟

---

① 〔元〕脱脱等：《宋史》卷三百八十二，北京：中华书局1977年版，第11769页。
② 〔元〕脱脱等：《宋史》卷三百八十二，北京：中华书局1977年版，第11770页。
③ 〔元〕脱脱等：《宋史》卷三百八十二，北京：中华书局1977年版，第11770页。
④ 〔宋〕李心传：《建炎以来系年要录》，北京：中华书局1988年版，第1989页。

为非义，高爵厚禄弗顾也"①，断然拒绝，并且质问秦桧究竟打算以何种态度与金国往来。秦桧说："就像高丽对我们国家一样，即称臣纳贡。"曾开说："主上以圣德登大位，受到臣民的拥戴。你作为宰相，应当想着如何富国强兵，尊主庇民，想不到竟自辱到如此地步。"②收买政策最终以不欢而散。

过了几天，曾开又到政事堂问秦桧对金的策略是否如前所言已完全确定，秦桧说："圣意已定，不用再说了。你想要博得清高之名，请自便。"宋高宗借口宋徽宗棺椁未还，其母及宋钦宗也还未归，坚持求和，此时朝内反对的声音很大，他只好下诏集议对金一事。曾开上疏提出，当前应修德立政，对金严为戒备，以我之仁敌彼之不仁，以我之义敌彼之不义，以我之戒惧敌彼之骄泰，如此坚持下去，不用屈辱求和，也自然可以如皇帝所愿。对此提议，秦桧应道："与金议和一事，乃是关系到国家安危的大事。"曾开激动地争论道："今日不当说安危，只当论存亡。"③即如此与金议和，何谈安危，实是关系到宋之存亡问题。面对这一慷慨激昂之辩，秦桧甚是惊惧。当时枢密院的编修官胡铨也上书痛骂秦桧，极力称赞曾开，曾开由是被罢礼部侍郎一职，出为婺州知州。对此，曾开拒绝出任，申请归乡。绍兴九年（1139）正月，曾开被命提举太平观、知徽州，他称病申请免职，此后居闲十余年，其间多次遭到秦桧等人的诋毁。

曾开不仅为人刚直，且孝顺亲老，厚待同族，对朋友也极讲信义。他笃信好学，在安徽历阳任职时，跟随理学名家游酢学习，每日坚读《论语》；在学术上，遇到求之于文字记载而无所获时，他就反过来向自己的内心寻求答案，每当有所领会时，就高兴得忘记吃饭。曾开在应天府遇到以直谏闻名的刘安世，与他一见如故，定交终身。曾开在朝上直言，遇大事而志不可夺，亦有其师友上的渊源。终年七十一岁。秦桧死后，绍兴三十二年

---

① 〔元〕脱脱等：《宋史》卷三百八十二，北京：中华书局1977年版，第11770页。
② 〔元〕脱脱等：《宋史》卷三百八十二，北京：中华书局1977年版，第11770页。
③ 〔元〕脱脱等：《宋史》卷三百八十二，北京：中华书局1977年版，第11770–11771页。

（1162）追复为敷文阁待制，并尽还致仕遗表恩数。[①]

三、归隐之士

归隐之士，乃指腹有诗书而不求仕进之途，独善其身，归于山林者。章贡之地自唐始，始见隐士之记载，如唐代于都之赖棐，以弱冠通九经，登乾元二年（759）进士，拜崇文馆校书郎而不就；虔化五代之廖融，结诗社隐南岳，湘守杨徽尝访之，然终生不仕。[②]宋以前，府志所载隐士仅寥寥两人，至宋时，隐逸之人较唐代增多，自然这跟宋代文教较唐代大为兴盛、士子人数增多相关。然与唐代相比，宋代归隐之士在个人声望、对外界的影响、对地方的发展上均有显著不同。唐代的这两位隐士其声名局限于地方，对地方实际产生的影响也较小，而宋代的隐士，如阳孝本、王鸿等人，其声名远远越过虔州府一地，在当时整个宋朝的官宦及士人群体中均有一定的知名度，名士、官宦皆与其相交。其中，尤以阳孝本为代表。

阳孝本（1039—1122），字行先，虔州赣县人，隐居于通天岩。《宋史》有传，《宋史》称其"学博行高"[③]。杨时在虔州为官时，曾为当时的知州郭知彰作《代虔守郭知彰荐阳孝本传》一文，向朝廷举荐阳孝本，其中称虔州进士阳孝本学富五车，品行纯良，在京城游历时，忠义之士多跟随他学习。[④]阳孝本的这次京城游历使他声名在外，此事发生在熙宁年间[⑤]，他居于太学，因其学行吸引了众多名士与其相交。蒲宗孟因赏其学识延请他教授府中子弟，阳孝本在京师任教两年，当时苏颂、蒲宗孟等人都曾向朝廷荐举他。

因蒲宗孟等人的荐举并未奏效，两年后阳孝本辞归。此后他对官场心灰意冷，不求仕进。回乡后，选择在通天岩隐居不出，以一鹿一童相伴。阳

---

① 〔元〕脱脱等：《宋史》卷三百八十二，北京：中华书局1977年版，第11771页。
② 嘉靖《赣州府志》卷十《人才·隐逸》，上海：上海古籍书店1962年版，第296页。
③ 〔元〕脱脱等：《宋史》，北京：中华书局1977年版，第13448页。
④ 乾隆《赣县志》卷二十一《艺文志一》，赣州市章贡区地方志办公室整理，2019年，第273页。
⑤ 乾隆《赣县志》卷二十一《艺文志一》，赣州市章贡区地方志办公室整理，2019年，第277页。

孝本酷爱读书买书，他离京时将所得束脩尽数购书，带以归乡，蒲宗孟称其"收书万卷日沉酣""家无四壁堪投足"。阳孝本虽选择避世隐居，但不消极萎靡，以自身所学回馈乡里。他在通天岩藏书之所玉岩书堂开堂讲学，所收之束脩，也全部用于购书。乡里故旧以其清贫，合力周济他，他坚决不受。《宋史》称其在通天岩隐遁二十年，然庐陵人梁盛节所作《送玉岩赴诏序》一文称其自京师南归后"卧三十年"[①]，梁盛节此文是崇宁年间送阳孝本赴京应诏之文，他与阳孝本相交，所述应更为可靠。在通天岩隐居讲学，使阳孝本声名进一步扩大，他被赞为"郡中士行常称第一"[②]，一时间名士多从之游。

阳孝本交游广泛，虔州的历任军政长官对其皆以礼相待，纷纷登门拜会，地方志中留下不少双方酬酢之诗，其中知州以林颜、郭知章为代表，林颜赞其"万卷收书肯为贫，长年石室谢纷纭"的淡然，郭知章则延请名士举荐其入仕。地方士人与其相交者亦甚多，李朴留下了《次韵玉岩应诏》《忆玉岩二首》等诗作，分别为庆贺阳孝本应诏入京为官及回忆之作。赣县士人王奇，官至殿中侍御史，亦有诗赠阳孝本，赞其"清隐有名"。赣县人陈光，是阳孝本的学生，他在《祭玉岩先生文》中，称阳孝本品格高尚有节操，善与人相处又不随波逐流；世上的隐士，能忘世而不出，追逐利禄之士，往往贪进而失了羞耻之心。唯独先生坚持与道为谋，在隐世与出仕之间出入进退，品德仍完洁无瑕[③]，堪当高名。

阳孝本与外来名士亦保持良好的交往，其中以张商英、苏轼为代表。张商英，曾在宋徽宗大观年间为相，他曾到虔州拜访阳孝本，并以诗相赠，赞其"散尽黄金有简编"的豁达心态，以及与野鹿为伴的自在生活。元祐元年（1094），苏轼被贬岭南，途径虔州，慕名造访阳孝本，并直呼其为玉岩居士。苏轼在虔州期间，二人往来频繁，阳孝本也多次造访苏轼停留的慈云

---

① 乾隆《赣县志》卷二十一《艺文志一》，赣州市章贡区地方志办公室整理，第277页。
② 乾隆《赣县志》卷二十七《艺文志七》，赣州市章贡区地方志办公室整理，第405页。
③ 乾隆《赣县志》卷二十一《艺文志一》，赣州市章贡区地方志办公室整理，第277页。

寺，二人同游郁孤台、真君楼、廉泉等地，在廉泉二人秉烛夜谈，后人在廉泉旁边建夜话亭，亭内刻"苏阳二公夜话图"，以纪念二人之交谊。苏轼留下了《用郁孤台韵赠玉岩先生》《玉岩隐居阳先生真赞》等诗文，赞阳孝本"道不二，德不孤，无人所有，有人所无"，二人的相交乃是一段佳话。

宋徽宗即位后，恢复乡举里选之法，崇宁年间，举八行科[①]，阳孝本重燃入仕之心，大观元年（1107）六月应诏，授登仕郎，成为国子录，后转为博士，后自请归乡，朝廷进职挽留，即直秘阁，赐绯鱼袋，领宫祠以归。晚年其妾生有二子，寿终于宣和四年（1122），84 岁。

阳孝本因其渊博的学识、谦虚的品格、不为名利、安于清贫的高洁品行，带动乡里及一众士人，对地方文化产生了积极正向的影响，为时人所称道："闻先生名，贪者警，懦者激，不义者惧。先生其古之所谓有道者哉！"[②] 阳孝本身故后，宋人游通天岩时留下了众多忆及其言行的诗文，其中既有州府长官，亦有普通士子，甚至是无名人士。如曾知赣州、官至宰相的留正，其留下《玉岩题石》一文以自警，赵希鄂《题玉岩事编》中赞阳孝本"朝市红尘未可游，束书即日隐林邱。生前富贵片云去，死后声名千古留"。其事迹流传广泛，影响溢出赣州一地，故得以入《宋史·隐逸传》。

[①] 以孝、悌、睦、姻、任、恤、忠、和八种德行选士的科目。
[②] 乾隆《赣县志》卷二十一《艺文志一》，赣州市章贡区地方志办公室整理，2019 年，第 277 页。

艺术瑰宝　万古垂青

第六章
艺术珍品 传世瑰宝

宋代赣州经济繁荣，文化兴盛，造就了一批宝贵的文化艺术珍品。比如，建筑艺术、石窟艺术、绘画艺术、雕塑艺术、书法艺术等，并且其中不乏精品或孤品，历史价值、艺术价值极高。这些艺术瑰宝，展现了宋代赣州"江南宋城"的风采，提供了一扇管窥宋代赣州人生活风习的窗口。本章选取最具影响的通天岩石窟艺术、慈云寺塔出土文物和宋拓《郁孤台法贴》等艺术精品给予介绍。

第一节 通天石窟

通天岩石窟位于赣州市章贡区水西镇，距赣州城区约 12 千米，因"石峰环如屏，巅有一窍通天"得名，由忘归岩、观心岩、龙虎岩、通天岩、翠微岩等组成，是我国东南地区最大的一处石窟寺，被誉为"江南第一石窟"。现存佛教石龛造像 297 龛窟 363 尊[1]，北宋至民国时期摩崖题刻 128 品。丹霞地貌，景色宜人，历史悠久，人文胜境，千百年来吸引了诸多名士来交游、览胜，苏东坡、阳孝本、王阳明等即是其中代表。因其独特的历史文化价值，1957 年通天岩石窟被公布为省级文物保护单位，1988 年被公布为全国重点文物保护单位。

一、开凿背景

石窟寺是在河畔山崖开凿的佛教寺庙，其开凿与建设是一项重大工程，若非强有力的因素推动和经济保障不可为。赣州通天岩石窟规模庞大，其开凿与营建和当时的时代背景和赣南地域社会的发展密切相关。

（一）唐宋时期赣南佛教的兴盛

石窟寺是佛教传播与发展的产物。佛教初传赣南约在东汉末年，《南康县志》载"佛教于汉代传入南康，当时建有慈喜寺"[2]，在赣县田村也有一座

---

[1] 李荣华、杨卫、李娟：《江西省石窟寺（含摩崖造像）调查与研究》，《南方文物》，2024 年第 2 期。

[2] 南康县志编纂委员会：《南康县志》，北京：新华出版社 1993 年版，第 597 页。

始建于汉代的契真寺。该寺初名"弃假",后改为"契假",唐时改名"契真"。[①]慈喜、契假两寺为赣南地区最早的佛寺。

三国时期,江西属吴,赣南建有南康瑞安院和信丰延福寺。"瑞安院在水南一里,吴宝鼎中建,名万安,后易今名。"[②]"宝塔寺,初名延福,今更名祝圣,在(信丰)县治北孝义坊,中为大雄殿。殿后宝塔,相传吴大帝赤乌年造,高九级。"[③]延福寺宝塔是文献记载年代最早的赣南佛塔。

魏晋南北朝时期,赣南创建的佛寺越来越多,清同治《赣州府志》载:景德寺……刘宋(420—479)时建;光孝寺……创于晋;明觉寺……梁天监(503—519)中建。[④]崇福寺……晋永和中建;掬水寺、青莲寺……西晋时建,[⑤]等等。于都县现存一方唐代青石碑刻《唐虔州雩都福田寺三门记》,即记载了福田寺的始建年代,以及当年古寺的恢弘气势和香火繁盛之景。此外,还有一批始建年代早于唐代的佛寺,推测多数也兴建于魏晋南北朝时期。

唐宋是赣南佛教大发展的鼎盛时期,各地建寺之风兴盛。现今的赣州市辖区,相当于清乾隆年间的"两府一州",即赣州府、南安府和宁都直隶州。根据清同治《赣州府志》、清同治《南安府志》和清道光《宁都直隶州志》,以及20世纪80—90年代赣南新修的地方志关于"佛教寺观"的记载,互为补证,统计始建于唐宋时期的佛寺达百余座之多(表6-1)。

---

① 赣州市佛教协会:《江西赣县契真寺隆重举行大雄宝殿奠基庆典法会》,《法音》,2010年第5期。
② 清同治七年《南安府志》卷七《寺观》。
③ 清同治十二年《赣州府志》卷十六《寺观》。
④ 清同治十二年《赣州府志》卷十六《寺观》。
⑤ 清道光四年《宁都直隶州志》卷三十《寺观志》,1987年重印版,第670–679页。

表 6-1　赣南地区唐宋时期兴建佛寺

时代	县域	佛寺	数量
唐代	赣县①	笔峰山寺、慈云寺、兜率天宫寺、寿量寺、舍利寺、戒珠寺、宝华寺	7
	于都	智明寺、慧明禅院、慧明塔院	3
	信丰	谷山寺	1
	兴国	大乘寺、三檀寺、普惠寺、灵山寺、东龛寺、妙明寺、圆觉寺、延寿寺	8
	会昌	仰山寺、六祖寺、龙归山禅庵	3
	安远	大兴寺、妙兴寺	2
	龙南	东山寺、清修山寺、塔下寺、国清寺	4
	宁都	超化院、印土寺	2
	瑞金	胜因寺、东山寺、合龙寺、罗汉岩庵、铜钵山庵、龙雾嶂庵②	6
	大余	兴教寺、普化寺、灵岩寺	3
	南康	传法寺、净慧院、资圣院、灵岩院、显圣院、东林寺、万安寺、净乐寺、西林山寺	9
	上犹	广教寺、妙药寺、极乐寺、安清寺、智林寺、灵岩寺、万年院	7
	石城	罗云禅古寺	1

---

① 唐宋时期赣州府衙设在赣县，即今章贡区。清同治《赣州府志》载："笔峰山寺，在光孝寺后，唐时建。""慈云寺，在府城隍庙左，唐时建。""（寿量寺）在郡城东，梁防御使卢光稠为僧道诚建。"此三寺皆位于今章贡区赣州古城内。

② 1993年版《瑞金县志》"佛教"载："罗汉岩庵，相传五代后汉期间，由'伏虎禅师'创建，建寺时掘地获十八罗汉而得名；铜钵山庵，唐朝乾符元年由开山祖师慈风和尚（俗名罗雪锋）主持创建；龙雾嶂庵，五代后周恭帝柴宗训时（960）开山兴建。"

续表

时代	县域	佛寺	数量
宋代	赣县	丰乐寺[①]、化城寺、万法寺、合龙山寺	4
	全南	光相寺	1
	信丰	金文寺、东禅寺、长寿寺、祖教寺	4
	兴国	定光寺、觉林寺	2
	龙南	西山寺、演教寺	2
	安远	海印寺、慈光寺、慈云寺、祖印寺、净业寺、方广寺、广法寺、惠日寺、东林寺、寿昌寺	10
	崇义	金仙寺	1
	瑞金	南塔寺、狮子坪庵	2
	大余	宝界寺、广化寺、宝积寺、法华寺、护法寺、常乐院	6
	南康	大中祥符寺、寿昌寺、觉慧院、法寂院、圣安院、莲花山寺、婆婆岩寺、秀峰寺	8
	上犹	龙归寺、东山寺	2
	石城	宝福院、永福寺、大梵院、清禅院、内宫禅院、海藏寺	6
合计			104

　　唐宋时期赣南佛寺如雨后春笋般遍地开花，一方面和全国佛教发展大形势相关，另一方面也和佛教高僧在赣南弘法分不开。其中，在赣南弘法的唐代高僧，尤以马祖道一最为著名。马祖道一（709—788），汉州什邡（四川成都）人，师从慧能的弟子南岳怀让，是中国禅宗南宗一派的传人。《景德传灯录》载，马祖道一"开元中，习禅定于衡阳，始自建阳佛迹岭，迁至临

---

① 清同治十二年《赣州府志》载："丰乐寺，在城东南隅，宋时建。"该寺位于今章贡区赣州古城内。

川，次至南康龚公山"。《赣州府志》又载："马祖居龚公山，学者云集。相传山有邓隐峰、松庞居士竹、灵照女莲，盖皆其入室弟子当时遗迹云。"[1]相传，为马祖道一首选结茅驻锡之地为佛日峰，即今赣州市郊的马祖岩，当时"马祖欲栖此岩，一夕山鬼忽为筑垣，马祖曰学道不至，乃为邪鬼所测，此非吾居也，乃居龚公山"。因被山鬼识破，才转至赣县龚公山授徒弘法。他在龚公山弘法期间，广收僧徒，门下法嗣众多，达百余人。无等禅师、怀海、自在、齐安等名僧，都是在这一时期投龚公山皈依马祖道一的。[2] 龚公山宝华寺大觉殿内至今留存有一座为大觉禅师而建的唐代高僧墓塔——大宝光塔。

宋代赣南佛教的发展延续了唐代的盛况，大余县"唐宋时全县有寺庙30余座"[3]，安远县始建于宋代的佛寺达10座[4]，足见赣南佛教之兴盛。据统计，当时赣南地区存在的佛寺，多达上百座。

佛教寺院的兴建是历史上赣南佛教传播与发展状况的缩影。综观东汉至宋代赣南佛教寺院的兴建，至唐宋时达到顶峰，所建佛寺之多，在当时南方州县罕见。特别是唐代马祖道一等高僧长期在赣南驻锡授徒传法，使赣州成为禅宗南宗的重要弘法中心之一。通天岩石窟的开凿即是在此时期赣南佛教鼎盛的大背景下开始的。

（二）赣州通天岩石窟的开凿

《魏书·释老志》载："及开西域，遣张骞使大夏。还云：身毒国有浮图之教。"浮图即佛陀，佛教初传中国，早期称作"浮图"或"浮屠"，足见我国始知佛教应在西汉武帝通西域之后。因此，通常认为佛教初传中国是在两汉交替之际，首先通过丝绸之路传入的。

---

[1] 清同治十二年《赣州府志》卷十七《名迹》。
[2] 王国荣：《马祖道一传法活动考论》，《宗教学研究》，2006年第2期。
[3] 江西省大余县志编纂委员会：《大余县志》，海口：三环出版社1990年版，第618页。
[4] 江西省安远县志编纂委员会：《安远县志》，北京：新华出版社1993年版，第628页。

佛教初传中国时的主要活动是翻译经书和传播佛学思想经义。为了更形象地宣讲经义，佛教僧人都会将佛像和经书一并带入中国。作为外来宗教，佛教为了适应在中国的传播与发展，逐步走上一条积极融合儒、道思想的汉化道路。以石窟寺为例，中国早期石窟形制和佛像具有浓厚的外来色彩，形制以塔堂窟为特色，佛像有浓厚的天竺人特征，僧衣为袒右肩式、通肩式，以贴身显肉为美。后来，经过中国工匠们的模仿、融合与创新汉化改造后，才形成具有中国特色的石窟艺术：形制融合了中国的传统木结构建筑，形成前殿后窟的格局；佛像以中国人的形像雕凿，甚至直接为皇帝造佛像，谓之"菩萨转世"；服饰僧衣也转为汉式的双肩大衣，以大袖宽袍为美，尽现中国人的含蓄审美观。

石窟是修建给佛教僧侣礼拜修行的场所，中国开凿石窟寺约始于3世纪，盛于5—8世纪，最晚的可到16世纪。[①] 最初开凿石窟寺是在新疆地区的古龟兹，即在天山南麓塔里木盆地北沿一线，今库车、拜城一带，现存有克孜尔、温巴什等石窟。十六国时期，开始沿着河西走廊开凿，先后开凿有北凉、炳灵寺等石窟。北魏统一北方后，黄河流域石窟寺发展进入大规模营建和遍地开花时期。此时期开凿的山西大同云冈石窟和河南洛阳龙门石窟均成为佛教圣地。后来北魏云冈石窟风格甚至一度影响了莫高窟、麦积山等石窟的后继开凿风格。隋唐时期，佛教进入极盛时代，石窟寺发展迎来了高峰。石窟佛像风格随之一变，大量出现大佛龛及造像，洞窟绘就大量精美壁画，尽显气势磅礴的盛世气象。龙门石窟卢舍那大佛，莫高窟北、南大像，四川乐山大佛等，都是该时期的经典之作。

晚唐五代是社会的重构期，哲学思想发生一定程度的转向。至宋代，理学被广为推崇，佛学因创新乏力，与儒学、道教等出现大融合，佛教思想日益世俗化。表现在石窟造像艺术上，佛造像褪去了高高在上的神秘感，增加

---

① 宿白：《中国石窟寺研究》，生活·读书·新知三联书店2019年版，第1页。

了世俗色彩。盛唐之后的五代十国及宋、辽、金、西夏等政权并峙的局面，导致石窟寺的发展失去了统一的开窟造像中心，样式与风格再难一致，开窟造像之风由黄河流域向长江流域发展之势更加明显。

此时的石窟寺开凿已遍布大江南北：北至内蒙古、东北地区，西至新疆、西藏，东至浙江、山东，南至云南等地到处都开有石窟寺。北方以河西走廊不断地持续开窟造像为主，南方以四川地区为主，江西此时期即有赣州通天岩石窟和上饶弋阳南岩石窟等。此时石窟艺术看似遍地开花，实则由盛转衰，其开凿规模和艺术水平再难比肩北魏、隋唐时期的石窟艺术。元、明、清时期，石窟寺的发展渐入尾声，仅有少部分地区还在继续开窟造像，大部分石窟寺逐渐衰败、荒废。

综观中国石窟寺的兴衰发展，前后延续了十多个世纪，整体呈现由西而东、由北而南的传播路线特征。古龟兹国石窟群为肇始，高峰出现在魏晋南北朝至隋唐时期，这也是佛教在中国最为兴盛的时期。唐"安史之乱"使社会进入动荡期，直至北宋统一全国。时局对佛教产生了重大影响，促使唐宋时期石窟寺开凿由黄河流域向长江流域发展。元明清时期为梵音余响。地理分布主要以新疆地区、河西走廊，以及黄河中下游的陕西、山西、河南、山东等地为主。南方石窟寺主要以西南四川为中心，江苏、浙江、江西、云南等地均有零星分布。

赣州通天岩石窟（图6-1）即是在我国石窟寺发展已经越过高峰期后，由黄河流域向长江流域发展传播的结果。石窟寺的发展之所以由北而南，除了文化交流因素外，也和北方动荡不安、南方相对稳定的时局密切相关。其时，大量的北方人口向南方迁移，其中不但有大量的佛教信徒，也有营造石窟的石匠手艺人，这为南方进一步弘扬佛法、开龛造像营造了宽松的社会环境、提供了技术条件。

石窟寺的开凿耗资巨大，一般得到中央政权或地方权贵的支持。赣州通天岩石窟的开凿，除了当时赣南佛教兴盛和中国石窟寺发展南移外，还和唐

图 6-1 通天岩石窟（钟庆禄摄）

宋时期赣州经济繁荣、社会稳定、地方权贵支持等密切相关。唐宋时期，随着大庾岭古道的拓宽，彻底打通了南北交通大动脉，一方面促进了经贸的繁荣，另一方面也增进了文化思想的传播交流。作为赣江第一城的赣州，此时社会稳定、经济繁荣、佛教兴盛、文化交融，又恰逢外来人口大量流入，终于孕育了通天岩石窟的开凿与兴建。

二、时代分期

通天岩石窟寺的开凿与兴衰过程，未见著于史籍文献。但诸如"莆阳陈进之，率温陵林安节、杨子常、肖如晦、曾宝臣，熙宁癸丑孟春二十六日同来"，"赣令许贲来游，崇宁四年二月"等题刻表明，宋代之时通天岩已开凿石窟，并成为人文游览胜地。考证通天岩石窟的年代，以及进行分期，其石龛造像题记成为关键资料。

（一）开凿时代

通天岩石窟佛造像沿忘归岩、龙虎岩、通天岩、翠微岩一线分布，目前可见留有题记的造像共有13龛（表6-2）。

表 6-2 通天岩石窟佛造像题记

序号	位置	窟龛编号	题记	时代
1	忘归岩	1号龛	西头供奉兵马监押任方舍	北宋
2		4号龛	广胁山位居第十三圣号因揭陀尊者，劝缘僧明鉴	
3		5号龛	僧伽茶州位居第七圣号迦里迦尊者，劝缘僧明鉴；承奉郎知瑞金县事陆蕴舍；石匠冯知古男冯绍	
4		6号龛	毕利飓瞿州位居第十一圣号罗怙罗尊者，劝缘僧明鉴；左司理参军张激舍	
5	龙虎岩	8号龛	通议大夫前尚书左丞张觷舍；石匠冯绍	南宋
6		9号龛	耽没罗州位居第六圣号跋陀罗尊者，劝缘僧明鉴；承议郎签书郎魏闶舍	北宋
7		10号龛	钵剌拏州位居第八圣伐阇罗弗多罗尊者，劝缘僧明鉴；提刑司检法官路□□舍	
8	通天岩	74号龛	迦湿弥罗国位居第二圣号迦诺法蹉尊者，劝缘僧明鉴	
9	翠微岩	267号龛	劝缘僧明鉴；右司理参军蔡披舍	
10		268号龛	朝散大夫知军州事朱敏功舍	
11		273号龛	虔州赣县右通利坊朱氏同男吴豫施觉华如来，座飞凤，追召亡夫吴十四解元受生净域	南宋
12		274号龛	虔州赣县右通利坊朱氏同男吴豫施弥勒尊像，追召亡女吴氏小娘受生净域	
13		285号龛	东胜身州位居第三圣号尊者迦里迦跋□堕阇尊者，劝缘僧明鉴；石匠冯知古男冯绍全敬刊	北宋

1号龛位于忘归岩正面，是一尊写实风格的老年罗汉造像（图6-2）。佛龛题记提到的施造人"任方"未见史籍记载，"西头供奉"为宋代武阶官第四十六阶，"兵马监押"为宋代地方军事长官，资品低者称监押，资品高者称都监，在诸路、府、州皆置，主要负责掌管所属州县的屯驻、兵甲、训练

等事务。① 根据北宋的统兵制度，可知"西头供奉兵马监押"为北宋官职，说明该龛凿于北宋。

4—6号龛、9—10号龛、74号龛、267号龛和285号龛均为僧人"明鉴"劝缘施造的。明鉴何许人？根据文献记载，他是赣州慈云寺的名僧。北宋绍圣元年（1094），苏轼被贬往岭南惠州安置，七年后（1101）被赦北归，两次途经赣州，均逗留月余。在赣州期间，苏轼与当地名士阳孝本及慈云寺明鉴大师等人成为好友，还专门作诗一首赠予明鉴大师——《戏赠虔州慈云寺鉴老诗》：

图6-2 北宋老年罗汉像（钟庆禄摄）

"居士无尘堪洗沐，道人有句借宣扬。窗间但见蝇钻纸，门外惟闻佛放光。遍界难藏真薄相，一丝不挂且逢场。却须重说圆通偈，千眼熏笼是法王。"②这说明明鉴与苏轼为同时代之人，故该8龛造像凿于北宋。

其实，从这8龛的施造者信息，也可以推测出这些佛龛造像造于北宋。比如，5号龛施造者陆蕴为福州人，崇宁年间提举河北、两浙学事，官至礼部员外郎、太常太卿等职，北宋大观三年（1109）贬为瑞金县知事。6号龛施造者张激，据考，擅画，曾与阳孝本、李公麟等人交游，与北宋阳孝本为同时期人。267号龛蔡披"字明发，绍圣四年（1097）何昌言榜进士，承议

---

① 张政烺：《中国古代官制大辞典》，河南人民出版社1990年版，第822页。
② 〔宋〕苏轼：《苏轼诗集》卷四十五，王文诰辑注，孔凡礼点校，中华书局1982年版，第2450页。

郎"①，在北宋崇宁年间任虔州司理参军一职，等等。268号龛的施造者朱敏功，"北宋福州闽县人，字彦仁。朱敏中之弟，熙宁三年（1070）进士。元丰四年（1081），以宣德郎知定海县。大观中，以中大夫知兴化军"②。可知，268号龛也是北宋时凿造的。

285号龛佛像与前述罗汉像同为十八罗汉像，但其施造者张鬵，字柔直，福建福州人，南宋绍兴八年（1138）知虔州军，可知此龛凿于南宋早期。273、274号龛均由赣县朱氏施造，雕凿的佛像分别是觉华如来像和弥勒佛像，施造目的是追召亡夫和亡女的，且觉华如来像的题记还打破叠压在了一条宋代杨之刚题写的游记题刻上。弥勒佛像和觉华如来像与北宋时期施造的罗汉像风格迥异，朱氏施造的目的与北宋开凿佛像的目的完全不同。南宋绍兴二十三年（1153），虔州因"虎头州，非佳名"，改称"赣州"。由此推断，该两尊佛像很大可能造于南宋。

285号龛题记刻有石匠冯知古和冯绍父子，与北宋开凿的5号龛一样，说明285号龛也是北宋时期开凿的。而到了南宋时期开凿的8号龛，题记中却仅有石匠冯绍，说明其父亲冯知古可能已经去世了。南宋嘉定年间（1208—1224），赣州知州胡榘在龙虎岩题刻了一首诗："万龛石佛坐观空，安用悬崖架梵宫。纵使风雷窒岩窦，此心元自与天通。"从诗作内容看，至南宋初年通天岩石窟即已停止了开龛造像。

因此，在相当长一段时间，一般认为通天岩石窟的开凿时间早至北宋中晚期，晚至南宋早期。直至1962年，著名文学家、中国古代服饰研究开创者沈从文先生来赣州考察通天岩石窟时，对石窟开凿于宋代提出了质疑。他从佛像容貌、服饰风格，以及石龛格局与题记官职辨识等出发，首次提出通天岩石窟"早或可到五代南唐，晚亦属两宋"的观点。③20世纪90年代，北京

---

① 正德《瑞州府志》卷八。
② 杨倩描：《宋代人物辞典》（下），河北大学出版社2015年版，第1256页。
③ 沈从文：《游通天岩》，《文汇报》，1962年3月4日。

大学考古系主任、石窟寺研究专家宿白先生，因赣州古城保护工作，受邀数次前来赣州考察。1991年，他从石窟寺佛教考古的专业视角考察了通天岩石窟造像的整体布局和观音菩萨像的艺术特征，认同了沈从文先生通天岩石窟始凿于晚唐的结论，有其诗为证："早龛菩萨像，晚补罗汉群。创始云晚唐，千古映赣江。"自此之后，通天岩石窟"始凿于唐，兴盛于宋"成为业界共识。但遗憾的是，沈从文和宿白两位先生或许因时间匆忙，对通天岩石窟始凿于晚唐五代的观点仅是初步判断，并未进行深入阐释，也未见他人专题研究。

沈从文、宿白等人认为始凿于晚唐五代的佛龛造像是分布于通天岩的7龛菩萨像。该组菩萨像没有任何题记，且风化严重。经考证，他们的判断是可靠的。

一是从佛造像题材来看，通天岩菩萨造像与其他宋代罗汉像风格迥异。通天岩石窟宋代开凿的佛造像以罗汉为主，极少其他类型，并且留有诸多题记，这是通天岩石窟宋代造像的显著特点。但是通天岩菩萨像却没有任何题记，并且在同一个窟龛中，将菩萨像与胁侍像同雕，这也是通天岩两宋罗汉造像中所未见的风格。

二是从造像艺术风格看，通天岩菩萨造像具有唐代遗风。与盛唐时期的其他石窟寺菩萨像相比，通天岩菩萨像整体造型稍显高挑，但不失盛唐时期秾丽丰肥的姿容和雍容华贵的气派。晚唐与盛唐造像风格的差异在于更加世俗化，这与晚唐五代时局动乱，中国石窟寺发展越过高峰，走向渐变期，以及与当时的社会哲学思想变化密切相关，佛教发展日趋世俗化的表现之一即是石窟寺造像世俗化。

同时，通天岩石窟（图6-3）菩萨像中的观音造像、地藏菩萨与赣州慈云寺塔出土的观音像和地藏菩萨风格相近。慈云寺塔出土的观音像共有3幅绘画、2尊泥塑和1尊瓷像。3幅绘画观音像分别为水月观音、白衣观音和坐像观音，除观音瓷像体态瘦长外，其他观音像体态丰腴，不失唐代遗风。同时，二者的地藏菩萨像的服饰风格极为接近。因通天岩和慈云寺塔出土

图 6-3　江南第一石窟通天岩（章贡区文化馆供图）

的水月观音像、地藏菩萨像均没有确切的纪年，但慈云寺塔出土文物的年代在晚唐五代至北宋初期，而通天岩石窟造像可考年代为北宋中晚期及南宋早期，说明通天岩石窟水月观音像和地藏菩萨像的年代极有可能至迟为北宋初期或更早。从艺术风格看，应为更早，或到晚唐五代时期。

三是从地理位置看，在通天岩首先开龛造像在情理之中。从清代李君涵《游通天岩纪略》和廖寅《游通天岩记》等可知，古人游览通天岩的线路刚好与今人的参观线路相反，是按翠微岩、通天岩、龙虎岩、忘归岩的顺序游览的。[①] 翠微岩与通天岩位于同一山崖，左为翠微岩，右为通天岩，通天岩又紧邻佛寺，位于佛寺左侧，在通天岩首先开龛造像似在情理之中。

四是从历史发展背景看，唐末五代开凿通天岩石窟符合中国石窟寺发展

---

① 常雪超：《赣州通天岩摩崖石刻题记研究》，《赣南师范大学学报》，2021 年第 1 期。

的历史条件。赣南佛教经过魏晋南北朝时期的长足发展，于唐代达到高峰，赣州境内宝华寺、慧明禅院、寿量寺、慈云寺等名寺林立，马祖道一及其弟子智藏禅师、无等禅师、怀海禅师等名僧辈出，使赣州成为佛教南宗的传法中心。恰在唐代，中国石窟寺的发展越过高峰，黄河流域不再大规模开凿石窟寺，而在长江流域石窟寺却迎来了发展的春天。同时，安史之乱及唐末战乱造成大规模的北民南迁，其中不乏石匠等各种工匠，为通天岩石窟的开凿提供了人才和技术保障。这为开凿通天岩石窟提供了宽松的社会环境、思想基础和技术条件等。

（二）分期

通天岩为典型的丹霞地貌，石质易于雕刻，佛造像一般为单龛雕造，浅龛拱形。菩萨像和十八罗汉像龛较大，五百罗汉像因数量众多，一般浅龛、小像，成组雕凿。晚唐五代为初创期，佛像雕造以菩萨像为主（图6-4），形式多样，有一龛一像，也有主从同龛多像的。北宋时期，佛像以罗汉造像为主，南宋则以民间施造为主。从地理分布来

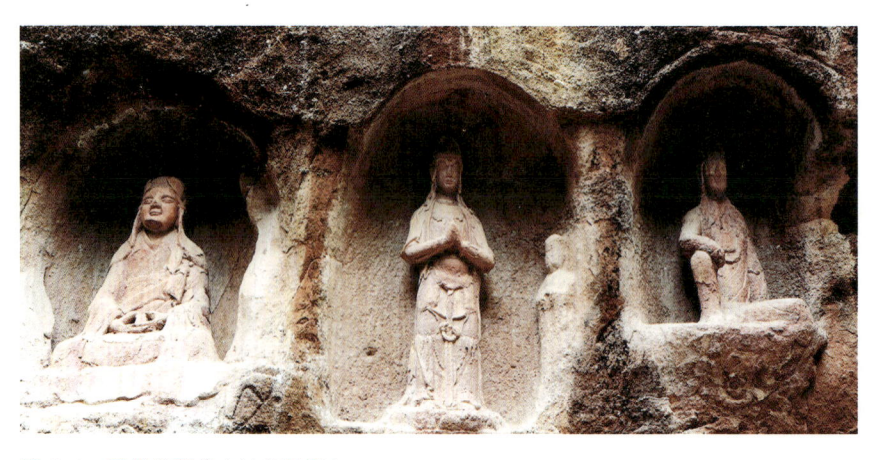

图6-4　五代菩萨像（钟庆禄摄）

看，佛造像沿忘归岩、龙虎岩、通天岩和翠微岩一线分布，其中忘归岩正面保存有罗汉像1尊，背面保存有罗汉像6尊，龙虎岩保存有罗汉像3尊、菩萨像1尊，其余造像分布在通天岩及其相毗邻的翠微岩。[1]根据不同时代的造像风格特征，通天岩石窟可以分作三期：

第一期为始凿期，即晚唐五代在通天岩开凿的7龛造像。该期造像以菩萨像为主，并有少量胁侍像。与盛唐时期中国北方石窟寺造像相比，通天岩石窟该组造像有一定的差异，但造像脸部丰盈，肌肉丰圆，体态飘逸，形神兼备，不失高贵端庄；刀法柔和，雕刻尤精，不失盛唐佛教造像之神韵。唐代是佛造像从域外形态向本土化发展的过渡阶段，造像形态既具有脱离尘世的威严与神秘，又具有人间的温情与形态，与现实生活更为贴近，通天岩石窟这组造像均符合这些特征。

第二期为兴盛期，即北宋中后期在通天岩山崖上部开凿的500罗汉拱卫毗卢遮那佛的组群造像，以及沿忘归岩、龙虎岩、通天岩、翠微岩一线分布的十八罗汉造像。[2]此时期造像以罗汉像为主，除华严三圣及十八罗汉像外，其余均为小罗汉像，且基本为浅龛浮雕。十八罗汉像一般为单龛造像，造型生动传神，大多由地方官员施造，并留有题记等信息，是通天岩石窟造像的精品。小罗汉像则具有数量多、造像艺术相对粗糙的特点。

第三期为尾声期，即由南宋初年张斅施造的一尊罗汉像，以及由赣县朱氏在翠微岩施造的觉华如来、弥勒佛二尊像。北宋灭亡进入南宋，全国性的统一格局再次被打破，各政权间长期抗衡，全国石窟寺开凿呈逐渐衰落之势，此时通天岩石窟开龛造像也已进入尾声，仅延续北宋晚期之势开凿了少数几尊造像。造像的施造对象也由官员、佛

---

[1] 赣州市政协学习文史委员会：《丹霞悠悠——赣州市通天岩摩崖石刻集锦》，中国文史出版社2001年版，第1页。
[2] 个别十八罗汉像雕造时间延至南宋初年。

僧延自民间百姓。

三、石窟艺术

通天岩石窟是我国南方地区重要的石窟寺之一，石龛造像和摩崖题刻数量均居江西之首。江西省石窟寺共有龛窟342个，其中通天岩石窟龛窟297个，占全省总数的86.84%，是一座重要的古代艺术宝库。[①]

（一）晚唐五代造像

晚唐五代石龛造像位于通天岩，当前可见仅7龛，共计7尊菩萨像和数尊胁侍像。保存较好的有4尊菩萨像，其他风化严重，其中有几尊菩萨像仅剩轮廓，面目、服饰等模糊不清。胁侍像风化更加严重，仅存部分，基本不可辨识。

该组造像凿成一排，龛高及造像大小相近，保存较好的是水月观音、立像观音和地藏菩萨等像。从其形像看，这些菩萨像面容和衣饰已经汉化了，为中国传统衣式。

地藏菩萨像龛高1.71米，佛像高1.28米，戴风帽，着袈裟，结跏趺坐，手持禅定印，鼻部和下颌部残。龛左右有两尊作礼拜状的胁侍像，已风化不清。立像观音双手合十，戴宝冠，佩项圈、臂钏、璎珞，裙带飘落，足踏莲台。龛左为倚善财童子，双手合十，风化严重。水月观音像龛高2.12米，佛像高1.61米，半跏趺坐，屈左腿舒右腿，戴宝冠、佩项圈、着袈裟。龛内胁侍像为善财童子，双手合十，风化严重。水月观音像左侧另有2尊菩萨，一尊坐像，戴风帽，双手相握，作礼拜状；另一尊立像，微侧身，手执荷莲，风化严重。该组造像服饰、体态、造型灵动飘逸，具有唐代风骨。

中国的菩萨形象，既未脱离拯救众生的印度佛教功能，又体现了中国民众信仰者的丰富想象，成为神通广大、法力无力、有求必应的多功能神明。

[①] 李荣华、杨卫、李娟：《江西省石窟寺（含摩崖造像）调查与研究》，《南方文物》，2024年第2期。

菩萨一般塑造成慈眉善目、温柔慈祥的艺术形象,因此深受信众的喜爱。特别是观音菩萨成为中国信众最受欢迎的菩萨。

(二)北宋造像

通天岩石窟始凿之后,沉寂了一段时间,直至北宋中期又才接着开龛造像。这次造像活动从北宋中期延续至南宋初期。北宋造像共有两组,一组是在通天岩山崖上部开凿的500罗汉拱卫毗卢遮那佛的群组造像(图6-5),另一组是沿忘归岩、龙虎岩、通天岩、翠微岩一线分布的单龛罗汉造像。该期造像题材以罗汉为主,另有华严三圣。雕像形式为浅龛佛像,其中五百罗汉为小龛浅浮雕,龛高约为60厘米,成组群雕。单龛罗汉和华严三圣为圆拱形高浮雕,为精华之作,龛高约在1.5米至2.5米之间。

图6-5 北宋五百罗汉群像(钟庆禄摄)

北宋时期，佛教与儒学、道教进一步融合发展，进一步世俗化。因此，该时期通天岩石窟造像有写实化和世俗化的两面特征。比如，忘归岩正面的老年罗汉像，脸庞皱纹尽显，喉结突出，嘴唇肥厚，非常写实，真实地展现了一位老者的形像（图6-6）。而其他罗汉像或跌坐，或脱鞋盘腿，姿态随心所欲，神情怡然自得，表情丰富多彩，已经脱离了早期石窟寺佛造像的神圣感和神秘感，增加了生活化和世俗化的色彩。

在广福禅林寺院后山崖上开凿有华严三圣像，中为毗卢遮那佛，左为骑狮文殊菩萨，右为乘象普贤菩萨。在《华严经》中，文殊菩萨以智、普贤菩萨以行辅佐释迦牟尼佛的法身毗卢遮那佛，故"华严三圣"又尊称为"释迦三尊"。毗卢遮那佛像位居中央，龛高2.5米，像高2.1米，身着佛衣，交脚盘座，双手托螺，佛衣下摆及座。

图6-6　北宋罗汉像（钟庆禄摄）

在华严三圣左侧下方通天岩至翠微岩上，雕有拱卫毗卢遮那佛的五百罗汉。五百罗汉像为浅浮雕小龛像，受雨水冲刷等原因影响，通天岩上的一些小罗汉像已风化严重，仅剩轮廓。翠微岩因上部凸出，下部雕凿的小罗汉像免受雨水冲刷，保存较好。当前可辨小罗汉像约300尊，大都禅定坐姿，部分手持有法器。五百罗汉像雕工圆润，形态千姿百态，形像万千，非常写实，生活化、世俗化风格鲜明。

北宋中晚期开凿的单体罗汉像为单龛高浮雕造像，部分刻有题记，显示了罗汉名、施造者和劝缘者的信息，是为精品。部分单体罗汉题记刻有罗汉名字，可知为"十八罗汉"。"十八罗汉"之说源于唐代，但彼时仅有十六罗汉，唐末增添了降龙和伏虎两位罗汉，才演变成为十八罗汉，宋代极为盛行。佛教传说，十八罗汉是派驻人间的护持正法的尊者，其中慈云寺明鉴大师劝缘施造的有7尊罗汉刻有罗汉名。这些罗汉雕造刀法自然、圆润，生动传神，姿势各异，有的持杖，有的盘腿，有的脱鞋交脚而坐，有的抚头沉思，世俗化和生活化色彩浓郁。

（三）南宋造像

南宋早期通天岩石窟造像进入尾声，可明确为南宋时期雕凿的仅有张嵲施造的一尊罗汉像，另有两尊由赣县朱氏施造的造像推测为南宋造像。张嵲施造的罗汉像位于龙虎岩"龙树王金龙双虎岩"洞内，高约135厘米，宽约87厘米。上部已残，身着袈裟，头部有肉髻，五官模糊，双唇闭合，左手掌朝上放于腿部，右手抬于胸前，右脚盘于左脚上。佛像左侧刻"石匠冯绍"，右侧刻"通议大夫前尚书左丞张嵲舍"。张嵲于南宋绍兴八年（1138）知虔州军，该龛佛像即为其在赣州任上请石匠冯绍沿袭明鉴大师劝造佛像风格所造。

在翠微岩，赣县朱氏为亡夫和亡女分别施造了一尊觉华如来像和弥勒佛像，二者相邻。觉华如来像高约124厘米，宽约90厘米，头戴宝冠，双目低垂，双颊丰满，身着袈裟。左侧雕有一只巨型展翅飞

图 6-7　觉华如来像（钟庆禄摄）

翔的"金凤"，觉华如来跌坐于凤尾，右侧留有题记（图 6-7）。该题记叠压了另一条宋代杨之刚的游记。

弥勒佛像高约 129 厘米，宽约 102 厘米，光头赤脚，面丰耳大，袒胸露腹，左手握珠，右手抚衣，半跏跌坐，敞怀大笑，龛左侧有题记。一般认为，大肚弥勒佛的原型是五代时期的布袋和尚，他原名契此，是五代梁时期浙江明州（今宁波）一带的游僧。大肚弥勒佛形像后来代替交脚弥勒佛，是佛教中国化的经典案例之一。

南宋绍兴二十三年（1153），虔州改称赣州。由此推断，该两尊佛像的年代不晚于南宋绍兴二十三年。朱氏施造该二尊佛像，目的是追悼亡夫和亡女，好让他们在佛祖的保佑下前往净土，这与北宋时期官吏施造佛像的目的完全不同。施造的佛像也脱离了北宋的罗汉题材，故推断该二尊造像更有可能为南宋初年造像。

除佛造像外，通天岩石窟还有大量的摩崖题刻，现存 128 品题刻，其中宋刻 56 品。通天岩石窟是江西的艺术瑰宝，这些造像、题刻内容涉及历史、宗教、文化和艺术，是研究我国佛教思想、文化艺术和地方历史的重要实物史料。

第二节 慈云壁龛

2004年，慈云寺塔全面维修时在塔身第四层内壁发现一个神秘暗龛，出土了一批珍贵文物，含书画、经卷、木雕、泥塑、青铜、瓷像等宗教文物和世俗文物。后经中国社会科学院考古研究所修复，共计出土文物57件套（实数60件），部分文物属我国首次发现，价值极高。

一、塔与暗龛

慈云寺塔位于老城区西北隅，毗邻赣州文庙、武庙和南市街古建筑群，距赣州城墙、灶儿巷及东津浮桥也极近（图6-8）。明嘉靖《赣州府志》卷十二《寺观》载"慈云"寺名，清同治《赣州府志》则载明"慈云寺，在府城隍庙左，唐时建。《一统志》云：旧名景德，宋僧修

图6-8 慈云寺塔（钟庆禄摄）

惠重建"①。北宋黄庭坚（1045—1105）作有《慈云寺诗》，开头即云："城南宝坊金碧重，道人修惠剪蒿蓬。一瓶一钵二十载，琼榱碧瓦上秋空。"②可见，慈云寺始建于唐代，重修于宋代。

唐宋时期赣南佛教兴盛，赣州城内佛寺林立，重要佛寺即有光孝寺、慈云寺、寿量寺等。慈云寺至宋代时，名气日隆，文人士子慕名来游。北宋绍圣元年（1094），苏轼（1037—1101）被贬往岭南，七年后（1101）被赦北归，两次途经赣州均逗留月余。他在饱览赣州名胜时，又结交当地名士，与本地名士阳孝本和慈云寺僧人明鉴大师等人成为好友。他为崇庆禅院写有《藏经记》，并写诗一首《戏赠虔州慈云寺鉴老诗》赠予明鉴大师。明鉴大师利用慈云寺和自身的影响力，广结善缘，当地众多权贵委其在通天岩施造佛像。这从侧面反映了慈云寺在北宋时期成为名寺，在当地有重要的社会影响力。

根据佛教规制，佛寺一般塔寺并举，即大型寺院一般建有供僧人礼拜的佛塔。清乾隆《赣州府志》载："慈云寺塔，在寺内。高十数仞，九级，檐栏周回，唐初建。砖上有'尉迟监造'四字。"

1962年，对慈云寺塔进行考古调查时，在塔座上发现了"天圣元年弟子鲍俊舍塔砖一千五百口""天圣二年女弟子陶氏一娘舍砖一千口""舍利塔砖僧□""弟子王仁欲舍砖四百口追存□魂□二娘"等铭文砖。③2004年，维修慈云寺塔时又在塔身上发现了"孝仁坊女弟子黄氏四娘舍砖二千伍佰口记""万历三十二年吉日""会昌县施砖信女肖氏□愿偕化缘□□"铭文砖。"天圣"为北宋仁宗赵祯的年号，"孝仁坊"为宋代赣州地名，说明现存慈云寺塔建于北宋天圣元年至二年（1023—1024）间，塔名叫作"舍利塔"。

历代对慈云寺塔进行了多次维修。

---

① 清同治十二年《赣州府志》卷十六《寺观》。
② 清同治十二年《赣州府志》卷十六《寺观》。
③ 中国社会科学院考古研究所、赣州市博物馆：《慈云祥光——赣州慈云寺塔发现北宋遗物》，文物出版社2019年版，第7页。

1957年，慈云寺塔被江西省人民政府公布为省级第一批文物保护单位；1963年，对慈云寺塔进行了一次加固维修；2004年，对慈云寺塔进行了全面维修并出土了一批文物；2013年，国务院公布"赣南佛塔"为全国重点文物保护单位，其中含慈云寺塔、无为寺塔、大圣寺塔、嘉祐寺塔和保福院塔等5座赣南宋代佛塔。

2004年慈云寺塔发现的暗龛（图6-9），面宽55厘米、进深33厘米、高117厘米。经赣州市博物馆抢救性清理，共清理出经卷16件、木雕造像13件、泥塑造像6件、青白釉瓷观音像1件、铜佛像1件，共计37件整件，以及残破经文、纸绢彩画、各种零散构件400余件（片）。

因年代久远，龛内文物损坏严重，文书、纸本画、经卷等已经深度霉烂、变质和结块，彩绘泥塑佛像大部分已经碎裂。2006年，在制定好详细的保护修复方案后，赣州市人民政府拨款70万元，将该批文物送至中国社会科学院考古研究所，由大国工匠、纺织考古学家王亚蓉团队负责修复。2012年，该批文物全部完成修复。

图6-9 暗龛（赣州市博物馆供图）

图 6-10　大中祥符六年《瘟使供养图》下堂寺题款

二、时代来源

在慈云寺塔出土文物中，有 4 件文物具有绝对纪年，另有一枚铜币，是判断该批文物年代的重要依据。

第一件为纸本设色《瘟使供养图》，此图描绘了道教五瘟神——东方使者、南方使者、中方使者、西方使者、北方使者向灵岩大圣礼拜的场景，其中在下堂诗题款出现"大中祥符六年三月二十九日庚申"（1013）纪年字样（图 6-10）。

第二件是纸本"佛教版印残画"，画中可见飞天一具，以及流云纹饰装饰，边框中部刻印"赵家□□装印"，框外残存手书"大中祥符七年申寅岁"（1014）字迹（图 6-11）。

图 6-11　大中祥符七年纸本佛教版印残画（赣州市博物馆供图）

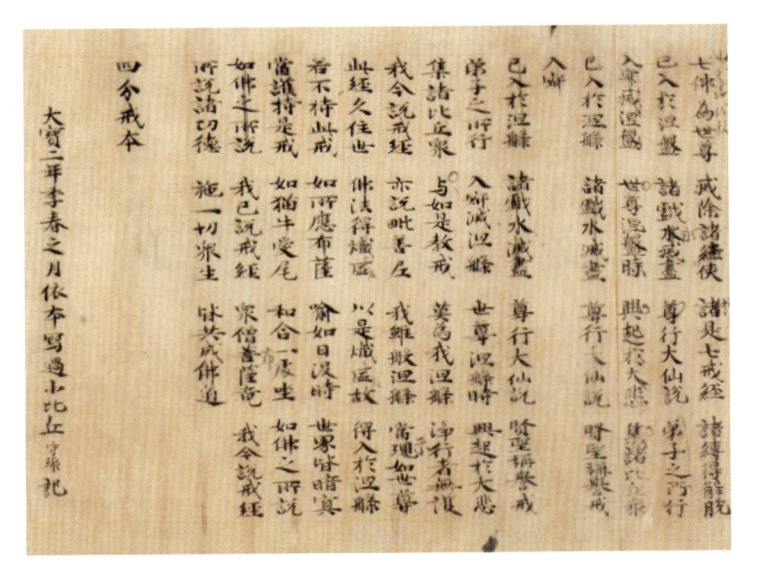

图6-12 大宝二年《四分戒本》(赣州市博物馆供图)

第三件为纸本写经"大宝二年《四分戒本》"。《四分戒本》,后秦佛陀耶舍译,又称《四分律僧戒本》《四分律戒本》,或称《昙无德戒本》《无德戒本》,系昙无德部所传的比丘戒本。内容主要是列举《四分律》中的比丘具足戒之戒条。[①]卷末出现"大宝二年季春之月依本写过小比丘守环记"题记(图6-12)。

第四件是纸本设色"开明禅师像",画中右侧题款"衢州乌巨山开明禅师寿年壹佰壹拾叁岁"(图6-13)。据《十国春秋》《五灯会元》等记载,开明禅师仪晏,湖州许氏子,生于唐乾符三年(876),卒于宋淳化元年(990),寿115岁。端拱初,宋太宗曾诏入对。由题款可推此像作于宋太宗端

---

① 中国社会科学院考古研究所、赣州市博物馆:《慈云祥光——赣州慈云寺塔发现北宋遗物》,文物出版社2019年版,第158页。

图 6-13　开明禅师像题款

图 6-14　"开元通宝"（赣州市博物馆供图）

拱元年，即 988 年。① 据考证，左侧漫漶不清的题记为"□（端）拱元年肆月玖□（日）"。②

第五件是一枚完整的"开元通宝"铜钱币，直径 2.5 厘米（图 6-14）。《旧唐书·食货志（上）》载："武德四年七月（621），废五铢钱，行开元通宝钱。……开元钱之文，给事中欧阳询制词及书，时称其工。其字含八分及隶体，其词先上后下，次左后右读之。自上及左回环读之，其义亦通，流俗谓之开通元宝钱。"③ 宋代"开元通宝"仍是流通的主要货币，在赣州市大余县嘉祐寺塔地宫出土了约 10 公斤铜钱币，但大部分能辨认的即是"开元通宝"，

---

① 中国社会科学院考古研究所、赣州市博物馆：《慈云祥光——赣州慈云寺塔发现北宋遗物》，文物出版社 2019 年版，第 116 页。
② 钟芳华：《浅祈慈云寺塔瘗藏文物的纪年》，《南方文物》2022 年第 4 期。
③〔后晋〕刘昫等：《旧唐书》卷四十八，中华书局 1975 年版，第 2095 页。

少数为宋代钱币"太平通宝"。① 在浙江北宋雷峰塔地宫也出土有大量的"开元通宝"。

由上可知，"佛教版印残画""五方使者拜谒图""开明禅师像"三件文物均为北宋时期的，且慈云寺塔建于北宋天圣元年至二年（1023—1024）之间。根据现场文物出土情况，以及2012年在北京召开的专家座谈会专家意见，认为该批文物是当时建造慈云寺塔时瘗埋进去的。由此可知，该批文物的下限为建塔时间，即北宋天圣元年至二年（1023—1024）之间。

当前存在争议的是《四分戒本》的"大宝二年"。历史上，我国曾有两位皇帝使用过"大宝"年号，分别是南朝梁简文帝萧纲（550—551）和晚唐五代南汉后主刘䶮（958—971）。南朝梁大宝二年为551年，南汉大宝二年为959年，二者相距400余年。潘旭辉从书法艺术的角度进行了考证，认为该写经是目前在南方发现的唯一一卷有准确纪年的六朝萧梁写本，是江西境内发现最早的纸本墨迹，是《四分戒本》目前存世的最早版本。② 但王亚蓉从服饰艺术发展史的角度进行考察，认为慈云寺塔出土绘画所见服饰信息涉及人物首服、发髻、服饰组合等具有典型五代—北宋特征。③

其实，这批慈云寺塔出土文物相当驳杂，从泥塑、瓷器、木雕的残损情况看，应当是慈云寺在建塔之时，将寺院所用但已遭损坏毁弃的宗教神佛道像、绘画、经卷，以及信众施赠的供养画等，因神迹不便随意丢弃而瘗埋塔中。这批文物之所以未按惯例，将之埋藏于天宫或地宫之中，从出土了大量供养画即可知当时佛教已经相当世俗化了，和慈云寺塔塔砖捐赠来源多样的情况一致。从时间上看，南朝梁大宝二年（551）距慈云寺塔建塔时间相距473年，写经墨写至瘗埋时间跨度近500年，估计难以存世。而南汉大宝二

---

① 苏晓春、雷鸣鸿：《江西大余县宋代嘉祐寺塔被盗地宫出土文物》，《南方文物》，2017年第4期。
② 潘旭辉：《赣州慈云寺塔发现南朝梁定恓〈四分戒本〉初考——兼谈其在六朝写本楷化嬗变中的地位》，《南方文物》，2022年第4期。
③ 王亚蓉、石钊钊：《江西赣州慈云寺塔出土绘画修复研究》，《南方文物》，2022年第4期。

年（959）与慈云寺塔建塔时间相距仅65年，二者极为接近。从空间上看，南朝梁为北方政权，与赣州相距千里，隔山隔水，交通不便。而南汉国地处岭南地区，与赣州相邻，二者仅相隔一条大庾岭山脉，且五代时期赣南的行政范围曾一度到达广东韶关。唐开元四年（716），张九龄开凿大庾岭新路之后，途经赣州的南北交通大动脉被彻底打通。即是说，此后的南汉国与赣州的联系有地利交通之便。因此，慈云寺塔出土的《四分戒本》应来自于南汉国。

以上说明，慈云寺塔出土文物的时间上限虽无确切的年代，但大致可以判断为晚唐五代至北宋初期之间。当然，不排除个别文物或许要早于晚唐五代。从文物信息看，其来源多样，大致可以断定主要来自赣州及其周边地区。主要来源有：

一是浙江地区。从纸本设色"开明禅师像"右侧题款可知，开明禅师来自浙江"衢州乌巨山"。开明禅师信仰是江浙一带的民间信仰，《宋衢州乌巨山开明禅师碑铭》和《五灯会元》均记载有开明禅师帮助吴越国王忠懿治愈"目疾"和端拱初年被宋太宗入召应对等事。另一件来自浙江地区的是纸本设色《瘟使供养图》。该图是一幅民间瘟神信仰图，图中下诗堂款记载了灵严大圣信仰的起源，"缘于越中人民，悉皆敢仰，后传于世，供养不绝"。"越中人民"即指晚唐五代的吴越国。吴越国于907年由钱镠创建，国都杭州，强盛时拥13州，疆域大致为今浙江省全境、江苏省东南部及上海市、福建省东北部一带，历三代五王，立国七十二年（907—978）。吴越国与赣州所属的南唐相邻，文化交流实属正常。

二是岭南地区。此前已考证，大宝二年《四分戒本》即来自岭南地区的南汉国。南汉国由刘䶮于贞明三年（917）创立，建都番禺（广州），国号大越，次年改国号为汉，史称南汉。管辖疆域为广东、广西、海南全境，以及云南一部分。立国55年（917—971），历四主。

三是赣南地区。慈云寺塔出土了众多的供养画，表现内容非常丰富，有宴饮、茶饮、休闲观景、观舞等日常生活内容。这些供养图虽无确凿证据表明与赣州当地相关，但从慈云寺塔发现众多当地佛教信众捐砖造塔的铭文砖可知，赣州当地人民踊跃参与了慈云寺塔的建造，非常热衷佛事，说明赣南佛教已经深入民众，并且世俗化程度很深。这批瘗藏文物是在慈云寺塔建塔之时瘗埋进去的，供养画的世俗表现内容与信众捐砖造塔何其相似，因此推测这些供养画的来源应与当地信众紧密相关。

四是其他地区。五代十国时期，赣州属南唐管辖，与周边的吴越、南汉等政权相邻，从慈云寺塔出土文物看，即使在割据时代，各割据政权间的文化交流也较为紧密。其中，有三幅"胡人进献图"绘画出现4位"胡人像"，另有两件木雕呈胡化特征。有两幅"胡人进献图"胡人进献宝物的主人衣饰华丽，侍仆环列，身份高贵，旁边还有官员似在宣读文书或进献物品清单。而其中一幅"胡人进献图"出现了一位戴宋代幞头的男子，表明此画为北宋画作，描绘的是北宋初年汉人接见胡人的场景。这些表现胡人的作品，推测是通过海上丝绸之路进入赣州的，有可能来自北方北宋政权的中心地区。

三、绘画艺术

纸质文物出土时，病害严重，结块硬化，霉变脆化，比较完整的有16件，以及数百件残片、碎片。经修复，共有纸本绘画32件，以下择要介绍。

（一）宗教画

1.《五方使者拜谒图》

纸本设色《五方使者拜谒图》纵62.7厘米，横34厘米，描绘"五方使者"礼拜"灵岩大圣"。画作上下留白，作本纸诗堂。题签散佚，仅存一个"苏"字，右侧五位使者，分别题为"北方使者""西方使者""中□使者""东方使者""南方使者"。

据考，《五方使者拜谒图》中的"五方使者"，与南宋《无上玄元三天玉堂大法》记载的"五方瘟神"，以及清刻本《绘图三教源流搜神大全》中的"五瘟使者"一致，应为一脉相承的"五瘟神"。此画反映了在缺医少药的古代，人们在瘟疫面前基本束手无策，舍医药而就鬼神成风，瘟神信仰成为一种普遍现象。但早期五瘟神信仰的信息常见于文献记载,而少有实物遗存,此画的出土无疑弥补了这一遗憾。它使今人可以一睹千年以前的瘟神信仰实物,使我们了解到宋人面对瘟疫等重大危机时的应对策略与价值取向。

2. 北斗信仰图

出现北斗信仰图像的画作共有两幅,分别是《北斗仙人图》和《山水人物图》。纸本设色《北斗仙人图》纵51.1厘米,横32.4厘米(图6-15)。图中上方为北斗八星,其中一颗隐星,略小,八星对应八仙,表现北斗仙人现身祭祀的场景。《山水人物图》是一幅画意山水人物图轴,下方绘古树山峦,人物二三;上方绘七位仙女和一位小星官,按斗宿状排列,小星官位于斗柄部第二位仙女旁。

此二图反映了我国古代北斗信仰风俗。北斗星因其在夜空中的辨识度高,且能指北极,可以指示夜间时间的早晚和一年四季的变化。观象授时对古代农业发展具有重要意义,同时古人观测天象是缘于对灿烂星空的浪漫想象,是自发的对日月星辰的自然崇拜,形成精神信仰,故考古发现北斗遗存极为丰富,据笔者粗略统计,唐代以前的北斗遗存不少于25处,历史文献对北斗的记载也繁多。

考古资料显示,目前我国发现最早的北斗形象遗存,是山西吉县柿子滩发现的一幅距

图6-15 《北斗仙人图》(赣州市博物馆供图)

今近万年的朱绘岩画。一位女巫"头部上方有七个呈弧形分布的红色圆点，两腿周围分布有六个圆点"①，被认为是头顶北斗七星、脚踏南斗六星的女巫禳星祈福场面。②此后，北斗形象遗存发现众多：在河南濮阳西水坡45号墓，也出土了约6000年前由蚌壳和人胫骨构成的北斗形像。③在河南安阳出土的商代甲骨卜辞也有众多祭斗的记载，殷商之人已将北斗与日、岳、河等自然神祇共同祭祀，可能作为司命之神……还被认为有保佑君王的神力。④1978年在湖北省随县擂鼓墩战国早期曾侯乙墓，一件漆箱盖上发现粗笔写成的篆文大"斗"字，周边还环绕一圈二十八宿的名称。⑤至秦汉时期，已有为北斗立庙祭祀之俗，同时在墓祠或墓葬中发现大量的北斗形象遗存，主要有画像砖（石）、壁画、木刻画、镇墓瓶、带钩、厌胜钱、式盘等。北斗信仰之俗一直延续至今，一些少数民族地区依然流行。

综观历史上发现的北斗形象，一般为北斗七星，为何慈云寺塔出土的北斗形象却是八星？其实在上古中国即有北斗九星之说，2020年在河南郑州发现一处距今约5300年的仰韶文化中晚期巨型聚落遗址，被命名为"河洛古国"，其中发现一处用九个陶罐模拟的北斗九星天文遗迹，在北斗七星的第六和第七颗星旁各有一颗星。在与其相距30多公里的荥阳广武青台遗址也同样发现用九个陶罐摆放的北斗九星遗址。《后汉书·天文志》注引《星经》云："璇、玑者，谓北极星也。玉衡者，谓斗九星也。玉衡第一星主徐州……第九星主并州。"⑥在古人的观念里，神州共分作九州，天上的北斗九星各主一州。根据他们的观测，北斗星另有两颗附域的小星，只不过七星明亮，二

---

① 山西省临汾行署文化局：《山西古县柿滩中石器文化遗址》，《考古学报》，1989年第3期。
② 冯时：《中国天文考古学》，中国社会科学出版社2010年版，第137页。
③ 濮阳市文物管理委员会等：《河南濮阳西水坡遗址发掘简报》，《文物》，1988年第3期；冯时：《濮阳西水坡45号墓的天文学研究》，《文物》，1990年第3期。
④ 朱磊：《中国古代北斗信仰的考古学研究》，博士学位论文，山东大学，2011年，第32页。
⑤ 王健民、梁柱、王胜利：《曾侯乙墓出土的二十八宿青龙白虎图象》，《文物》，1979年第7期。
⑥ 〔宋〕范晔：《后汉书》志第十，北京：中华书局1965年版，第3213-3214页。

星若隐若现，不易观察，故称此二星为"隐星"。但至宋代，其中有一颗隐星又不见了。《宋史·天文志》载："第八曰弼星，在第七星右，不见……第九曰辅星，在第六星左，常见。"① 其中明确标注明了二隐星分别叫作"弼星"和"辅星"。这或许是由于岁差等缘故，其隐星逐渐脱离了恒显圈。故宋代人们仅能观测到八星，北斗遗存实物形象就变成了八星。

北斗信仰是古人自然崇拜的结果和天人感应思想的体现，而赣州慈云寺塔出土的北斗八星对应八仙星神的形像为全国首见，具有重要的文物价值和研究意义。

3.《开明禅师寿像》

纸本设色《开明禅师寿像图》，纵71.1厘米，横31.8厘米。画中开明禅师结跏趺坐于云台之上，左右灯树宝塔，身后为山川日月飞鸟，旁边弟子双手合十。左侧题记漫漶不清，右侧题记为"衢州乌巨山开明禅师寿年壹佰壹拾叁岁"。从中推知左侧题记为"端拱元年□月□□"，可明确此画的创作年代。

4. 菩萨像

共出菩萨像绘画作品6件，其中观音菩萨像3幅、文殊菩萨像1幅、菩萨坐像2幅。观音菩萨像有《白衣观音像》和《水月观音像》，另有一件菩萨坐像头部残损，但从其身姿坐像及臂饰臂钏、座前童子像等推测，应为观音像。

5. 天王像

共出天王像3幅，分别为《北方多闻天王像》1幅、《南方增长天王像》2幅。佛教"四大天王"分别是东方持国天王、南方增长天王、西方广目天王和北方多闻天王。相传，四大天王护世于须弥山，东方持国天王持玉琵琶，护持东胜神洲；南方增长天王持宝剑，护持南赡部洲；西方广目天王持赤龙，护持西牛贺洲；北方多闻天王持宝伞，护持北俱卢洲。

---

① 〔元〕脱脱等：《宋史》卷四十九，北京：中华书局1977年版，第975页。

6.《三尊及弟子像》

纸本设色《三尊及弟子像》，纵54厘米，横41.5厘米。绘有三尊及弟子、护法各一对。三尊坐像，弟子手执笏板立像。道教神仙系统庞杂，有神话人物、历史人物和道教领袖等。魏晋南朝时，陶弘景作《真灵位业图》，第一次比较系统地为道教诸神排列谱系，奉元始天尊、元始天王、太上大道君、金阙帝君等为最高神，而其他神谱却各奉不同的神仙为最高尊神。随着道教各派的融合发展，约在南北朝末期，出现了统一的最高尊神：玉清元始天尊、上清灵宝天尊和太清道德天尊。"三尊"的出现，标志着道教神仙谱系的最终定型。

此外，慈云寺塔还出土有《佛僧像》《崔生水墨图》等图。其中纸本《崔生水墨图》具体鲜明的民间信仰特色，反映了古代生育习俗和信仰。

（二）世俗画

1.庭院观舞图

《庭院观舞图》为轴图，纵64.7厘米，横44.1厘米。场面宏大，人物众多，描绘了宋代观舞场景。其中，舞者位于庭院中心，戴幞头和面具，似表演傩舞；主人坐于亭中，陪客二人；观舞人群中，有执鞭者、执弓者、牵马者和扛长伞者等；另有乐伎，有打鼓者、吹笛者和击磬者等。门前立有二位门吏，后院可见宝珠、金银锭等物（图6-16）。此图为宋人饮宴观舞图，绘制精细，

图6-16 《庭院观舞图》
（赣州市博物馆供图）

人物众多，表情丰富，表现了宋人的精神生活。图中出现有建筑、服饰、乐器，以及伞等生活用具，以及各种职业者，是研究宋代社会生活的珍贵资料。

2. 宴饮、茶饮图

共出多幅表现宴会、茶饮的绘画作品，是研究晚唐五代至北宋初期饮食文化及相关礼仪的重要实物资料。其中缣本设色《三人围桌宴饮图》为轴图，残损较多，纵62厘米，横34.5厘米。三人围桌就餐，满桌美味佳肴，可辨有鸡、果盘等，生活气息浓郁。此外，慈云寺塔共出土了4幅同样以山石花树为背景，主人落坐，桌上摆茶点水果，两旁立童子的茶饮图。

3. 胡人进献图

共出三幅胡人进献图，其中两幅完整，一幅残损。共有4位胡人形象，主人身份高贵，侍女环列。纸本设色《胡人进献图（一）》左侧残损，现画纵49.8厘米，横31.7厘米。胡人短发、浓须、白袍，手捧金盘，向贵妇进献宝珠。贵妇发白年长，盘脚坐椅；青袍男子戴幞头，着青袍，似文官，正在展卷宣读（图6-17）。

纸本设色《胡人进献图（二）》基本完好，对轴布局，纵53厘米，横31.2厘米。左侧绘有三人。右侧图人物众多：一位弓腰、卷发、浓须、着白袍的胡人手端水晶碗，向

图6-17 《胡人进献图（一）》
（赣州市博物馆供图）

贵妇进献宝物；地上席地而坐二人，一人赤裸上身从盆中捞取宝物，一人手握成串的宝物；边上站立绿袍男子似官员，似在展卷宣读。纸本设色《胡人进献图（三）》残损严重，仅存可辨识的胡人二人。

胡人进献图俗称"胡人献宝图"，识宝、献宝题材是我国艺术创作的一个重要题材。自汉代丝绸之路开通以来，特别是唐宋，识宝、献宝题材大量出现胡人形像。此类题材反映了我国与西域和南海诸国的交往与贸易日益频繁。赣州慈云寺塔之所以出土多幅胡人进献图，应和唐代赣州大庾岭古道的开通，赣州成为海上丝绸之路的节点城市密切相关。

4. 亭阁休憩图

纸本设色《亭阁休憩图》，纵 44.7 厘米，横 35.5 厘米，描绘了三位仕女围桌而坐，亭中小憩的场景。亭中置有屏风，后有巴蕉树石。三人服饰、头饰、发式相同，富有生活情趣，是研究宋代园林建筑和服饰的珍贵材料。

5. 军戎甲士图

纸本设色《军戎甲士图》，条幅，残损严重，仅存下栏，现存纵 46.8 厘米，横 32.2 厘米。图中四位军士围石而坐，中间持碗执剑、座垫虎皮者，是为将军，其他为军士。石台上置高脚器，周边杂草丛生，似表现军士在室外休憩的场景。

此外，还有《三人围坐图》《官吏五人图》《帷幕人物图》等图，反映了宋代官员及民间百姓的世俗生活。

四、经卷塑像

（一）经卷

慈云寺塔共出土佛教经卷 4 件，分别为《佛名经》《千佛名经》《妙法莲华经》和《四分戒本》。其中，《妙法莲华经》为纸本版印经书手卷，其他为纸本写经手卷。《佛名经》纵 29 厘米，横 1368.5 厘米，列出了数千佛、菩萨及辟支佛之名。《千佛名经》残损严重，现纵 30 厘米，横 450 厘米，每一佛名下捺印一尊佛像。《妙法莲华经》简称《法华经》，残损严重，现纵 27.6 厘

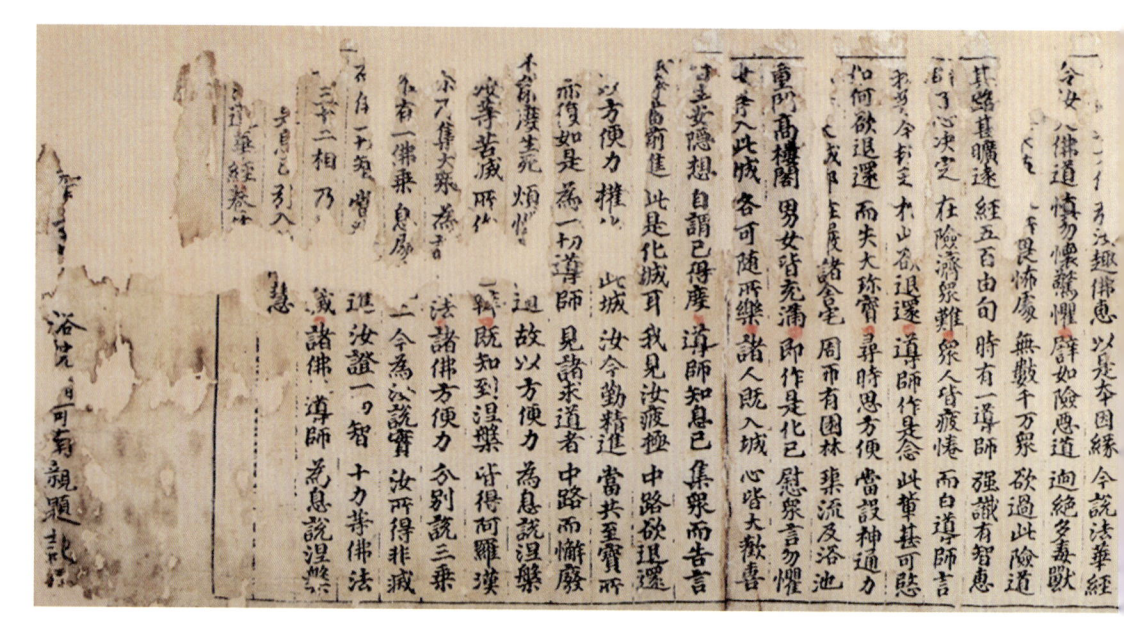

图 6-18 《妙法莲华经》局部（赣州市博物馆供图）

米，横 824 厘米（图 6-18）。《四分戒本》纵 27.4 厘米，横 782.5 厘米，为佛教戒条，落款为"大宝二年春之月依本写过小比丘守璟记"。

敦煌藏经洞出土有大量经卷，其中有目前我国发现最早的西凉建初十二年（417）十二月写本《四分律》，以及唐代《佛名经》和《妙法莲华经》等。在与慈云寺塔同时期的佛塔中，发现佛教经典的案例也不少，尤以《妙法莲华经》为多。以江浙地区为例，宋代净光塔出土有"大乘妙法莲华经"铭文砖；慧光塔出土有写本《法华经》（全本卷一至卷七，书于大中祥符八年，即 1015 年）、写本之残本（存卷一，书于明道二年，即 1033 年）；白象塔藏经龛发现宋刻《法华经》（全卷本一至卷七）以及抄本之残本；平阳大日塔发现阴刻"大乘妙法莲华经"塔图砖；东阳南寺塔墨书抄本（建隆二年，即 961 年）、温州龙泉东大寺东西二塔、金沙寺华严塔北宋银书抄本，苏州虎丘云岩寺塔（建隆二年，即 961 年）、苏州瑞光寺塔（1004—1030）、湖州飞英塔（968—976）均有写印本，等等。①

宋代佛塔中常见佛教经典的原因，是这些经典中有介绍修持、传抄、诵读本经的功德，信众相信传抄经典、念经诵佛可远离诸难，消灭诸罪。

（二）塑像

1. 泥塑

泥塑出土时残损严重，经修复共5件，其中观音像2件、童子像2件、罗汉像1件。彩绘泥塑观音2件，其中一件残高68厘米，跽坐，腿部残损。梳髻戴冠，眉宇间嵌一珠，左手上扬，右手托举状，姿态丰美（图6-19）。另一件残像，残高25.3厘米，腹以下残，仅存左腿，盘坐姿。

彩绘泥塑童子2件，其中一件残高16.4厘米，光头丹口，右腿及左手掌、左脚掌残，仅着一件红色肚兜，似奔跑状。另一件彩绘泥塑童子残高19厘米，下部及右臂残，光头，面部施红赭色面妆，项戴白色项圈，丰润圆肥，似天竺人。贴金泥塑罗汉残高18.2厘米，残损严重，仅存头部及躯干，双臂与下部无存。脸部夸张，螺发，大耳，朱唇似笑，袒胸露乳，着斜肩式天衣，似为胡僧。

图6-19 泥塑观音
（赣州市博物馆供图）

2. 木雕

共修复木雕13件套，实数16件。其中，彩绘执荷童子一对、罗汉1件、金漆莲花座菩萨1件、束腰台座菩萨一对、金漆坐佛3件、比丘立像1件、地藏菩萨2件、彩绘木凳一组3件、金漆鸟

---

① 温州博物馆：《净光塔出土文物图录》，中国民族摄影艺术出版社2014年版，第10页。

形木雕 1 件。

彩绘执荷童子一对，圆雕，手执木荷，头顶莲蓬，脚呈迈步状，似在举荷前行（图 6-20）。另一件彩绘木雕执荷童子与此件相似，童子装束、动态相同，仅持荷与抬足动作相反，二童应为相向一对。

金漆坐佛像共 3 件，圆雕，风格基本相同，均为坐佛结跏趺坐于重瓣莲花座上，宝珠状肉髻，面部漆金，身着袈裟，一件完整，一件基本完整，另一件稍残。彩绘木雕童子合龛一组 3 件，残，高 20.5 厘米。龛分两块，打开为龛，闭合为棒。龛内莲座上立一圆雕童子，上身赤裸，系红巾，着肚兜。

金漆彩绘木雕立鸟高 19.8 厘米，有残损，头大喙厚，作回首状。腹两侧有一对斜向榫眼，表面金漆大部已脱落。

3. 瓷像与铜佛像

慈云寺塔仅出土瓷器和铜器各一件，另有一枚铜钱币。瓷器即青瓷观音坐像，高 13 厘米，基本完整，出土时颈部断裂。观音戴宝冠，饰璎珞，坐于石台之上，双手轻放于膝，神态自若，应为水月观音像。

图 6-20 彩绘执荷童子
（赣州市博物馆供图）

铜佛像仅存下部基座，残高 11 厘米。基座高足圈，鎏金，三面开孔。基座之上残存佛像下半部分，体态清瘦。出土时未曾发现佛像上半部分，推测瘗埋时即为残像。

慈云寺塔出土瘗藏文物是近年我国发现的重要宋代文化遗产，种类丰富，反映内容广泛，具有重要的价值。一是唐宋时期佛塔一般在地宫或天宫瘗埋佛舍利或法身舍利，并有特制的佛教舍利函装容器，而慈云寺塔出土文物发现于塔身暗龛，且没有舍利或函装容器，出土文物也在瘗埋之时即已残损，形制为全国首见。二是慈云寺塔瘗藏文物的性质与敦煌藏经洞相同，瘗埋时间也与藏经洞的最后封洞时间接近。慈云寺塔出土部分文物属我国首次出土，除宗教题材外，还有大量反映宋代世俗生活内容的绘画，种类之丰富，内容之罕见，艺术之精美，为我国其他佛教考古发掘所罕见。既真实反映了赣南在佛教禅宗传播与发展史中的重要地位，也为今人了解晚唐五代至北宋初期中国的社会生活、文化艺术、哲学思想等提供了实物资料，具有极高的历史价值、艺术价值和研究价值。

第三节　金石丹青

现存与赣州相关的宋代金石丹青作品，以宋拓《郁孤台法帖》最为知名。该帖是一套书法汇刻丛帖，收入苏轼、黄庭坚、石延年、李建中、周越、程嗣真及宋徽宗赵佶等书家作品，尤以苏、黄为主，集中展现了北宋一流书家的书风书艺。其他作品为碑刻、石刻，以通天岩、罗田岩、儒岩等石刻最为精美和影响最广。

一、郁孤法帖

《郁孤台法帖》由南宋进士聂子述辑刻，为国内孤本，国家一级文物。聂子述于宝庆三年（1227）由瑞金徙知赣州府，次年即汇刻了《郁孤台法帖》。原石久逸，原有多少卷，无从考证，现唯有二函残帙藏于上海图书馆。

（一）基本概况

聂子述，字善之，南宋建昌军（今江西南城）人，绍熙元年（1190）进士，官至四川制置使、工部侍郎等。喜爱收藏古物，收集了大量北宋名人墨迹，著有《定斋文集》，今已失传。聂子述转任赣州知州的当年即修葺了郁孤台，次年（1228）又将自己收藏的前代名家书法汇刻成帖，并以"郁孤台"为名。

《郁孤台法帖》以原书作上石，摹刻精良，册高49.6厘米，宽31.1厘米，其中帖心高39.5厘米，宽22.7厘米，其尺寸之大在宋代刻帖中实属孤例，也是现存法帖中版心最大的一部。传世近800年，却甚为神秘，清代以前几无著录，世人罕知。后为清代方濬颐访得，此后相继由李葆恂、李放、龚心钊收藏，期间历经多次重裱。1935年，龚心钊请王仪堂在上海重装《郁孤台法帖》，形制为蝴蝶式册页，册页装采用传统的挖镶工艺，即今所见之重装本。1960年，龚心钊后辈将珍藏的500件文物，一起捐献给上海市文物管理委员会，《郁孤台法帖》就在其中，由时任上海博物馆馆长徐森玉负责接收，现为上海图书馆镇馆之宝。1999年，上海图书馆、上海书店出版社联合影印出版《宋拓郁孤台法帖》（图6–21）。

《郁孤台法帖》为宋拓孤本，又经后世多次重裱，帖序混乱，帖中作品残缺、遗失及次序错乱的情况较为严重。因此，龚心钊收藏该帖时，以题跋形式进行考订题记，对帖中大部分草书作品作出释读，并抄录早期藏家杨守敬、李葆恂等人题跋。但龚心钊所作考证和草字释读多有不当处，这次重新装裱也对原帖次序造成很大的混乱。于是，徐森玉对龚心钊所作部分考证提出质疑，如指出蔡襄书后的行书尺牍十九行为李建中书迹，不是石曼卿所书，但限于体例与时代条件，并未进行系统深入研究。[①]1999年，上海书店出版社将《郁孤台法帖》按原本尺寸样式影印出版，由仲威重新考订帖目、编订目录、撰写前言，对该帖的研究作出了很大的推进。进入21世纪，水赉佑、仲威、孔凡礼等多位学者沿着前辈学人的足迹，对《郁孤台法帖》提出

[①] 徐森玉：《郁孤台帖和凤墅帖》，《文物》，1961年第8期。

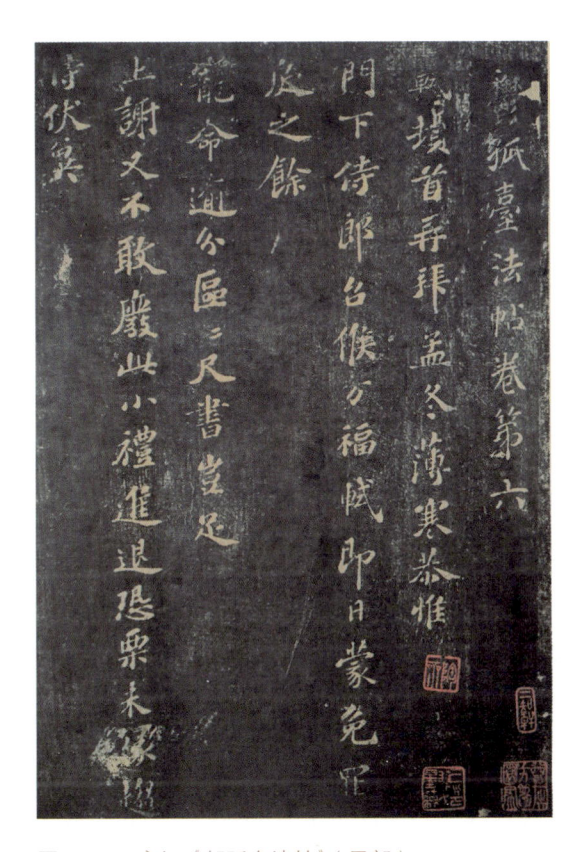

图 6-21　宋拓《郁孤台法帖》(局部)

新的考证结论，进一步深化了《郁孤台法帖》研究。①

郁孤台，始建于唐广德至大历年间（763—779），位于赣州市章贡区郁孤台历史街区内的贺兰山顶，因其隆阜郁然孤峙而得名。祝穆描述此台"冠

---

① 参见水赉佑：《〈郁孤台法帖〉考》，《宋代帖学研究》，上海：上海人民美术出版社 2001 年版，第 81-132 页。仲威：《宋拓孤本〈郁孤台法帖〉》，《中国法帖全集》，武汉：湖北美术出版社 2002 年版，第 12-16 页。孔凡礼：《〈郁孤台法帖〉所收苏轼作品考》，《宋代文史论丛》，北京：学苑出版社 2006 年版，第 410-428 页。黄君：《宋刻孤本〈郁孤台法帖〉山谷书迹研究》，《黄庭坚书法全集》卷五，南昌：江西美术出版社 2012 年版，第 1496-1501 页。雷浩鑫：《〈郁孤台法帖〉新考》，《艺术工作》，2022 年第 2 期。郑楷聪：《郁孤台法帖》之〈去国十五年帖〉新考》，《名家名作》，2023 年第 4 期。

冕一郡之形势，而襟带千里之江山"①。郁孤台下美不胜收的自然风光，吸引了数不尽的名流高士登台远望，吟唱不断。苏轼《虔州八境图八首》之"郁孤台"云："烟云缥缈郁孤台，积翠浮空雨半开。"辛弃疾《菩萨蛮·书江西造口壁》"郁孤台下清江水，中间多少行人泪"更是千古绝唱。到了明代，郁孤台得天独厚的自然资源和文化积淀，让其成为当权者心中赣州文运的象征。康熙《江西通志》记载："正德间知府邢瑜因议者谓此台秀拔，关一郡文运，迁察院于城西，文笔耸然复旧。"②

聂子述辑刻《郁孤台法帖》之缘由，从其生平及其所处之时代背景观之，既是个人兴趣爱好，又与当时的社会政治环境有关。北宋帝王注重文治，多次诏刻法帖，法帖刊刻之风盛行。当然，这当中也有着政治上的考量。赣州是北宋有名的盗区，由于宋代食盐专卖体制和榷禁政策，又位处闽、粤、湘、赣四省交界处，交通位置优越，陆路有梅关驿道，水路有赣江航运，为"交广闽越铜盐之贩，道所出入"③，加之，境内"峒""畲""瑶"等少数民族与汉族杂居，情形复杂。从地形上看，万山盘结，相对闭塞且易于躲藏的地形地势也为寇乱频发提供了有利条件。于是，盗贼问题成为赣南地方官进行地方治理的一大难题。为此，作为一方父母官，聂子述一到任便修葺名胜郁孤台，拉拢当地士人，与其同游、交好，营造出"一城和气千里乐"④的良好氛围，随后又拿出家藏的宋代名家墨宝立碑林做拓本，以此作为教化手段，意图在文治氛围的带动下达到稳定赣南的目的。

（二）书法鉴赏

有宋一代，以文治世，特别重视文化艺术。同时，受到明心见性的禅宗

---

① 〔宋〕祝穆：《方舆胜览》卷二十《赣州》，北京：中华书局2003年版，第356页。
② 谢旻修：《江西通志》卷《古迹·赣州府》，影印文渊阁《四库全书·地理类·史部》第514册，第386页。
③ 〔宋〕王安石：《临川先生文集》卷八十二《虔州学记》，北京：中华书局1959年版，第858页。
④ 〔元〕刘埙：《隐居通议》卷二十三《聂侍郎上梁文》，《丛书集成初编》第212册，北京：中华书局1991年版，第235页。

思想影响，北宋书法也一改唐代对"法度"的推崇，转而强调对"我书意造本无法，点画信手烦推求"[①]的个性张扬。正是在这一背景下，《郁孤台法帖》所收书作充分传达出创作者主体人格的自我意趣与精神气质，具体到每幅作品，各尽其态，从而具有高度的书法艺术价值。以下选取部分书家代表性作品分述如下：

苏轼，为"宋四家"之首，是尚意书风的代表人物之一。其书迹占了《郁孤台法帖》上册三分之二的篇幅，法帖收录其作品共二十件[②]，皆为苏轼中晚年之作，大多为小行书作品。在这一时期，苏轼的书风已经成熟，具有强烈的个人风格，这主要归结于他与众不同的执笔姿势，即"偃笔"，将毛笔侧卧于虎口处，类似于执硬笔的姿势。相比于悬手转腕，侧锋书写不能动腕，毛笔在手中是倾斜的，笔锋是侧毫着纸，笔画呈现擦出的效果，故点画肥硕，横细竖粗，"左秀而右枯"[③]，结体扁平而宽阔，且体势向右上欹侧，呈左低右高的倾向。

苏轼一生仕途坎坷，因乌台诗案而被贬黄州是苏轼人生的重大转折点，也是他书法笔法转变的重要节点。清代书法评论家裴景福曾言道："坡书圣境，均在元祐初年。殆忧患之余，道与艺俱进耳。"[④]"乌台诗案"发生前，苏轼仕途得意，意气风发，故书风姿媚，中规中矩。而在经历了人生的大起大落之后，苏轼的书艺大增，笔力遒劲雄放，字态变得扁长肥硕，书风趋于个性，追求"尚意"。《满庭芳帖》写于元丰七年（1084），即将离开黄州之时，

---

① 〔宋〕苏轼：《苏轼诗集》卷五，王文浩辑注，孔凡礼点校，北京：中华书局1982年版，第210页。

② 雷浩鑫考证苏轼作品21件，包括《去国十五年帖》和《子敦龙图帖》（残）。郑楷聪根据文本信息与书写细节两方面考证，认为《去国十五年帖》和《子敦龙图帖》（残）同属一帖。参见雷浩鑫：《〈郁孤台法帖〉新考》，《艺术工作》，2022年第2期；郑楷聪：《〈郁孤台法帖〉之〈去国十五年帖〉》，《名家名作》，2023年第4期。

③ 卢辅圣：《中国书画全书》第一册 上海：上海书画出版社1993年版：第687页。

④ 〔清〕裴景福《壮陶阁书画》卷三《宋苏东坡兴龙节侍谯前一日清虚堂吟雪诗卷》，载王燕来：《历代书画录续编》第六册，北京：国家图书馆出版社2010年版，第431页，

用笔娴熟练达，笔法肉丰骨劲，笔画粗细对比明显，自然流畅，富有韵律感。从章法上看，疏密有度，体势宽博，笔画厚重圆劲，气韵沉凝，情随笔韵，给人以轻松和超然之感。

黄庭坚，"宋四家"之一，以行书、草书著于世。他的执笔方式与苏轼"以手抵案使腕不动"不同，采取"高执笔"，"令腕随己意左右"，创作出中宫紧敛、四周舒展的"辐射式书体"，笔画如同"长枪大戟"，奇崛张扬，视觉冲击力很强，给人以凌厉之感，个性十足。

《郁孤台法帖》存有黄庭坚书法作品6件[1]，帖前有"山谷先生"四字题识，其中草书作品主要为晚年所作。黄庭坚晚年被贬涪陵，于石扬休家见到怀素《自叙》真迹，自谓"忽得草书三昧"[2]，书法造诣大增。自此，他的草书多以欹侧取势，结体恢诡谲怪，用笔瘦劲瑰奇，断笔多而错落自然。通盘观之，气势连贯，给人以峻拔奇险之感，又富有韵味。《香严十九颂卷》笔法细腻纯熟，笔力老辣、遒健，用笔曲折回环、行云流水。线条瘦硬雅健，线条内部提按多，富有变化。从章法上观之，不追求字与字的连缀，反而尽力使字与字分离，字与字的大小差别大，具有强烈的节奏感，整体古朴稚拙，笔势跌宕欹侧，行气贯通，前呼后应，给人以浩然大气之感。

李建中，生于945年，时值五代十国中期，是五代到宋早期中国书法的代表性书家，黄庭坚在《题瘗鹤铭后》中品评李建中书法为"法师参禅"[3]，开"尚意"之先河。他在草、隶、篆、籀等书法形式上都有涉猎，尤其擅长行书。他将篆籀笔意融入行草，用笔多用中锋，线条内部提按变化少，笔画偏向丰腴，下笔平稳，没有欹侧、夸张的表现，节奏缓慢，其书法呈现出苍

---

[1] 雷浩鑫根据帖文内容、笔法特征和相关史籍，考证现存《郁孤台法帖》中黄庭坚书法作品有《杜诗三首》（残）、《香严十九颂卷》（残）、《谈道章卷》（残）、《无此暇尔帖》（残）、《雁过长空帖》（残）、《𰻞酒帖》（残）。参见雷浩鑫：《〈郁孤台法帖〉新考》，《艺术工作》，2022年第2期。

[2] 〔宋〕黄庭坚：《山谷题跋》，杭州：浙江人民美术出版社2016年版，第86页。

[3] 〔宋〕黄庭坚：《山谷题跋》，杭州：浙江人民美术出版社2016年版，第67页。

重朴厚、沉稳静谧等特点。《郁孤台法帖》收录李建中作品一件,即《宠书律至帖》,为小行书,有晋人之韵,古拙淳厚之气,节奏和缓,笔画肥瘦得中,秀雅流畅,单字造型略欣长,显得简静安然。

周越是北宋初年的书法家,曾任国子监书学,编纂《古今法书苑》十卷。苏黄米蔡都表示受过他的影响。[①]他的真、草、行书落笔苍劲有力,笔画绵密流畅、瘦劲刚健,尤以草书为佳,学养博厚,灵动而不失法度。但可惜传世书法并不多,大多还在为他人所书题跋之中。《郁孤台法帖》收录其作品三件[②],帖中草书作品《贺秘监赋》,字势平正,几乎每个字的中轴线都是垂直的,字与字相连少;用笔刚劲,流畅生动,线条蜿蜒流转,一气贯之,富有张力,给人酣畅淋漓之感。《小县春山口帖》为真、行、草三种书体相结合的作品,初以行楷,随着情感的自然流露,至第二列"新"字处杂以草法,继而行、草混杂,用笔前半部分厚重有力,后半部分牵丝映带,气势豁达。章法上前半段紧密,后半段疏朗,极富艺术感染力。

宋徽宗赵佶,精通楷书和草书,所书瘦细劲挺,飘逸清润,以其独特面貌,自成一家,世人称之为瘦金体。《郁孤台法帖》收录其作品一件,为《草书千字文》(残)。此帖线条劲瘦,笔触极细,用笔干净爽利,毫无倦笔,一气呵成。圆转多于方折,笔意飞扬飘逸,苍劲有力,犹如长江奔腾,一泻千里。结字大小错落,结体潇洒大气,运笔迅疾流畅,点画随心所欲,看似无定式,却每笔都合乎草书法度,牵丝使用频繁,又营造出了一种长袖广舒、磅礴高远的意境。章法布白也独具特色。行与行之间的排插、谦让颇为雅致,如"步射"二字末笔与首笔的排插,"笔"的撇笔向左争而"伦"字

---

① 《东坡后集》中《六观堂老人草书诗》这样写道:"草书非学聊自娱,落笔已唤周越奴。"黄庭坚在《山谷题跋》卷七《书草老杜诗后与黄斌老》自述说:"予学草书三十余年,初以周越为师。"张丑《元章四帖》记米芾自述:"余年十岁写碑刻,学周越、苏子美札,自作一家。"《式古堂书画汇考》卷二中说:"君谟始学周越书,其变体出于颜平原。"(蔡襄字君谟)
② 雷浩鑫《〈郁孤台法帖〉新考》(《艺术工作》,2022年第2期)考证周越作品有三件:《面贺攀企帖》《小县春山口帖》《贺秘监赋》(残)。

躲让。通篇观之，笔走龙蛇，气脉贯通，给人以飞动劲逸之美感，极具艺术风格。

（三）价值与意义

历代刻帖都将书法艺术水平作为辑刻的首要标准，《郁孤台法帖》在这一点上体现得尤为明显。现存《郁孤台法帖》收录的书家有苏轼、黄庭坚、石延年、李建中、周越、赵佶、程嗣真，尤以苏、黄为主。其中，苏轼作品即占上册残帖的三分之二，都为其中晚年所书，主要集中在元丰、元祐以及建中靖国年间，可为苏轼书法分期提供资料补充，并均为明代陈继儒《晚香堂帖》所未收，为传世稀见之作。其中苏轼信札有11件，而7件又是《苏轼文集》所没有收录的。

宋徽宗赵佶的草书传世书迹并不多见，目前已知赵佶所书千字文有：上海博物馆藏崇宁三年真书墨迹全本、辽宁省博物馆藏宣和四年草书墨迹全本和故宫博物院藏政和四年草书宋拓全本。而上海图书馆所藏宋拓《郁孤台法帖》收录的其草书千字文三页残本，将进一步丰富对赵佶及宋代草书的研究。蔡襄传世书法中草书居多，《法帖》收录有石延年书杜牧《题木兰庙诗》等独具颜体神韵的楷书作品，也为研究石延年书法提供了资料补充。李建中的草书、苏轼的楷书也都是十分少见的。因此，帖中所收的这些后世鲜为人知的书法真迹，为我们进一步深入研究宋代书法提供了弥足珍贵的史料。

同时，黄庭坚是宋代草书的集大成者，从《郁孤台法帖》中保留的大量草书作品中，我们可以了解到有比黄庭坚更早书法名家如周越、李建中等人的书法作品，反映了北宋书坛有着一脉相承的书写草书的风气。正是在这种风气的影响下，才能孕育出黄庭坚这样的草书大家，而这为进一步更新完善草书发展史和北宋书法史提供资料补充。从文本内容看，黄庭坚的传世书迹中，存有大量佛门禅语，这些多为行楷所写。因而本帖中收录的草书《香严十九颂卷》，能为研究禅书这一特殊书法类型提供文本资料。

此外，由于刻石与苏轼、黄庭坚等人生活年代相去未远，故帖中所载诗文较多地保留了原来的面貌。帖中所记载的诗文虽然多有残缺，且与现存的诗集、文集互有出入，或是现有文集所未收，但对研究、考证唐宋诗文而言，却是有重要的史料价值。

宋代实行重文轻武的国策，倡导以文治国，大力扶持文化事业。淳化三年（992），宋太宗下令将内府所藏历代法书墨迹编次摹勒，刻《淳化阁法帖》，从此之后刻帖之风兴盛。一方面，这对于书法名家书迹的留存、书法教育的普及起到了极为重要的作用。另一方面，碑帖辗转多次传刻，难免失真，无法展现真迹的意蕴。《郁孤台法帖》为"四宋"本，因其原石已遗失，孤本更显宝贵。又因以原书作上石，能高度还原真迹，非后来翻刻者所能比，因此，碑帖鉴定大家仲威曾评价："其书法艺术价值已远远高于其自身的文物价值、学术价值，加之其刻拓精绝，纸墨俱佳，使之倍添艺术风采。"[①]

二、碑刻石刻

（一）碑刻

目前，史料记载及考古出土的赣州宋代碑刻碑记共有10余篇，现仅存数通，大多已亡失。碑刻大体上分作三类：

一是记人类，多见于墓志。1917年，赣州栎木坑出土《唐百胜军节度使江王乳母尚书杏氏墓铭并序》[②]，杨弼所书，现碑石亡失，拓本藏赣州市博物馆。内容为：杏氏于建隆四年三月终于虔州府第，夏五月葬于郡城东南。2003年12月，在章贡区现博德山庄小区建设工地发现宋代名士李潜家族墓葬，共3座砖室墓，其中李潜墓规模最大，可惜被盗，仅出土铁剪一把和墓志铭一方。李潜墓志铭使用红砂岩制作，长方形，高128厘米，宽90厘米，厚25厘米。碑盖阴刻篆书"宋秘阁校理致仕李公墓志铭"，由范仲淹第三子范纯礼（1031—1106）篆刻。碑铭阴刻楷书3067字，由常安民（1049—1118）撰文，陈瑾（1057—1124）书丹。该碑记载了李潜先祖自陇西成纪

[①] 转引自杏林：《中国法帖史》上册，济南：山东美术出版社2010年版。
[②] 江西省赣州市地方志编纂委员会：《赣州市志》下册，中国文史出版社1999年版，第1035页

（今甘肃天水市秦安县）迁居赣州兴国县衣锦乡，以及墓主李潜的生平事迹。李潜家族是北宋的名门望族，该墓志铭是研究宋代书法以及客家先民南迁历史的重要实物资料。

二是记物类。赣县区宝华寺大宝光塔前立竖一通宋元丰二年（1079）《重建大宝光塔碑铭》石碑。提额篆书"重建大宝光塔碑铭"，碑文行书24行，每行40字。宝华寺位于龚公山，因昔有隐士龚毫遁迹于此而得名。据《大宝光塔塔文》[①]记载，该塔为唐宪宗元和十四年（819）大觉禅师所建。大觉禅师，廖姓，法号智藏，是唐代高僧马祖道一的弟子。唐武宗时期（841—846），大宝光塔被废，大中七年（853）唐宣宗复诏立。康熙《赣县志》载："大宝光之号尊旧诏，将复大觉禅师之塔于旧建之所，郡守唐扶为之铭。"原石毁失，文尚存，名为《唐唐扶龚公山西堂敕谥大觉禅师重建大宝光塔碑铭》。[②]《重建大宝光塔碑铭》载，该碑于"宋元丰二年沙门觉显重立"，可知宝华寺禅师沙门觉显根据所存摹本勒刻新石，并详述始末。在赣县龚公山西堂，还有一块碑刻《宋沙门觉显书信心铭》[③]，宋元丰二年（1078）立，净众寺主持沙门智明篆额"信心铭"三字，字径五寸，由禅师沙门觉显行书行文，共20行，每行35字。

三是记事类。1987年，会昌县南禅寺旧址出土了一通《赣州会昌县重建学记》石碑，洪迈撰文，乾道九年（1173）刻碑立于县学。此碑记载了会昌县学重建一事，不曾见于文献著录，现藏于会昌县博物馆。会昌县博物馆另藏有一通《会昌县东尉厅壁记》石碑，赵汝回撰文，碑铭记载了从乾道九年（1173）至咸淳三年（1267）东尉到任人员的名单，未曾中断，截止第三十位方荣甫任上未续，与咸淳五年（1269）"罢军复县"之事有关。此外，方志记载还有：《宋僧可镣开元寺戒坛记碑》[④]记录了北宋太平兴国七年开元寺重

---

① 赣县文化局：《赣县文化艺术志》，内部出版，1989年，第9章第24页。
② 赣州市章贡区地方志办公室：《赣县志》清同治十一年版，内部出版，2018年，第865页。
③ 赣县文化局：《赣县文化艺术志》，内部出版，1989年，第9章第26页。
④ 赣州市章贡区地方志办公室：《赣县志》清同治十一年版，内部出版，2018年，第866页。

修古戒坛始末；《宋郡橡盛崆山潜灵庙碑》①记载了太守、直阁陈盛两次在崆山神祀祈雨成功的经过；《章贡纪功碑》则详述绍兴二十二年（1152）宋高宗分六路派兵平定东南第六将校齐述兵变一事；等等。

（二）石刻

赣州历史悠久，山川风物，名胜古迹，不胜枚举。优美的自然风光，自然吸引了不少宋代的文人雅士或在此驻足留观，流连忘返，或结庐筑室，谈道讲学，留题者甚众。

1. 通天岩石刻

据调查统计，通天岩石窟现保存有摩崖题刻（图6-22）128品，其中有宋刻56品、明刻38品、清刻16品、民国8品，其余年代不详。年代最早为北宋熙宁六年（1073），最晚为1948年。现存题刻分布长度约1000米，主要

图6-22 通天岩石窟摩崖题刻（钟庆禄摄）

---

① 赣州市章贡区地方志办公室：《赣县志》清同治十一年版，内部出版，2018年，第867-868页。

分布于忘归岩、龙虎岩和翠微岩，其中观心岩 3 品，忘归岩正面 32 品、背面 18 品，龙虎岩 39 品，通天岩 15 品，翠微岩 19 品，普同塔 2 品。1947 年，国民党在龙虎岩构筑军火库时，另炸毁题刻 19 品。①

北宋熙宁六年（1073）题刻是陈进之等人题名的一则游记。该题刻记录了陈进之与福建好友同游通天岩一事，书写自左而右，在古代甚为罕见，上世纪末还保存完整，现已风化剥落严重，惜"熙宁"二字亦已剥落。根据原照片，全文为"莆阳陈进之率温陵林安节、杨子常、肖如晦、曾宝臣，熙宁癸丑孟春二十六日同来"。莆阳即今福建莆田，"温俵"二字在 1920 年邵启贤编印的《赣石录》中为"温陵"，此乃 1961 年维修通天岩时，工匠误改"温陵"为"温俵"。温陵是古代地名，为今福建泉州。

北宋名士阳孝本（1039—1122），晚年归隐通天岩 20 年，一时天下名士慕名来访，同游通天岩石窟。比如，北宋绍圣元年（1094）苏轼被贬往岭南路过赣州时，即慕名至通天岩造访了阳孝本。七年后，苏轼被赦自岭南北归，途经赣州时又重访通天岩拜会阳孝本。他赞阳孝本为"道不二，德不孤。无人所有，有人所无"。虔州知府林颜也对阳孝本推崇倍至，为阳孝本居住的岩洞起名曰"玉岩"，并写下《林颜赠玉岩诗》刻于通天岩。阳孝本是赣州本土具有全国影响力的名士，他在通天岩逝世后，葬于通天岩西麓石穴。其生平业绩被载入《宋史》，诗词整理成《玉岩遗录》，后人常前往通天岩凭吊阳孝本，相关诗词刻于通天岩。

在忘归岩"卧治石"上方山崖，刻有一方高 3.5 米、宽 2.3 米的大幅游记题刻。内容为"建安李大正，将命冶铸，淳熙乙未春二月廿三日，奉亲携孥来游通天岩，表弟括苍吴昂同行"。该题刻记载了李大正在淳熙二年（1175）二月二十三日携妻子儿女和来自括苍（今浙江丽水）的表弟同游通天岩一事。李大正，字正之，福建建安（今福建建瓯）人，善长理财治赋，其人其事史籍多有记载。南宋乾道八年（1172），李大正任赣州提点坑冶铸

---

① 赣州市政协学习文史委员会：《丹霞悠悠》，北京：中国文史出版社 2001 年版，第 2 页。

钱公事，是为南宋赣州最后一任铸钱官员。李大正在通天岩石窟的题刻共有二处并保存完好，另一处在通天岩，题有"通天岩"三个方正大字，高3米、宽1.3米。李大正的题刻字大如斗，笔法遒劲，架构端正，笔势饱满，气势恢宏，是通天岩石窟楷书题刻之首。

除宋代石刻外，通天岩还有大量的明清石刻，其中以王阳明题刻最为知名。王阳明（即王守仁，1472—1528）是明代杰出的思想家、军事家、教育家，正德十一年（1516）升任都察院左佥都御使，出任南赣巡抚，治所赣州。其间，他曾在通天岩给邹守益、陈九川等弟子讲授良知心学，讲学之余，与弟子、友人畅游通天岩，赏景作诗，互为唱和。现今通天岩留存有王阳明诗《通天岩》一首："青山随地佳，岂必故园好。但得此身闲，尘寰亦蓬岛。西林日初暮，明月何来早！醉卧石床凉，洞云秋未扫。"诗后记："正德庚辰八月八日，访邹陈诸子于玉岩题壁，阳明山人王守仁书。"该诗影响极大，很多文人墨客慕名来此步韵唱和，步韵之诗竟多达22首，占了后来题刻的三分之一。[①]更重要的是，此诗也是王阳明在通天岩首揭"致良知"的物证。

2. 罗田岩石刻

罗田岩，位于于都县城近郊，开发于南北朝，北宋始享有盛名。现存石刻68品，其中宋刻8品、明刻42品、清刻3品、民国2品，以及不明时代题刻13品。据载，罗田岩石刻始于唐，但现存最早的石刻为北宋皇祐辛卯年（1051）题刻。罗田岩"华岩禅院"始建于北宋，清代重建，现存石窟寺为前殿后窟格局，存有明代石窟造像11尊。

宋嘉祐八年（1063），时任虔州通判的周敦颐，邀雩都（今于都）县令沈希颜、好友钱拓、名士王鸿一同游览罗田岩，题刻七言律诗《游罗田岩》一首："闻有山岩即去寻，亦跻云外入松阴。虽然未是洞中境，且异人间名利心。"此题刻开罗田岩名人题刻之先河。

南宋绍兴三年（1133），岳飞因剿匪来到雩都，其间专程到罗田岩拜访

---

① 周建华：《通天岩王阳明刻诗及历代步王韵诗》，《寻根》，2002年第2期。

黄龙禅师，可惜禅师不在寺中。他惆怅之余，题诗《罗田岩访黄龙旧迹留题》曰：手持竹杖访黄龙，旧穴只遗虎子踪。深锁白云无觅处，满山松竹撼西风。在岳飞题刻的右侧为北宋书法家王鸿题刻《题罗田岩石刻》。

南宋景炎二年（1279），文天祥率领宋军在雩都抗元，鏖战大捷，在戎马倥偬之际，登游罗田岩，挥笔写下《集名大书罗田岩石壁》诗："岂弟君子，民之父母。靖共尔位，正直是与。无贰无虞，上帝临汝。"明嘉靖十九年（1540）罗洪先将诗镌刻于崖，又同时题刻岳飞所书"天子万年"四个雄浑苍劲的大字，是为罗田岩最大的一品石刻。此外，南宋理学家朱熹题刻"居然仙境"位于观音殿内。

3. 其他石刻

需岩位于于都县小溪乡桃枝村，为北宋邑人进士王鸿的隐居处。王鸿，字翼道，东晋书法大家王羲之的第二十四代孙，他本人也善书法，精于隶篆，善写文章，学问出众，乡试、省试都名列第一。但在一次考试中，因错写了一个字被除名。对此，王鸿选择归隐山林，回到家乡雩都，于南泉石清幽处筑室隐居，自题居所为"需岩"，故此地得名需岩。王鸿撰有《大元经》《困铭》等，遗憾的是，这些书都已散佚失传，今不得见。需岩现存题刻十余品，多为王鸿篆刻，少量正楷，所题"钓岩""渔台""木犀岩""峿山"等石刻，犹历历可见，其所撰写的《太元经》和《相鹤经》[①]石刻全文也依稀可辨。

五龙岩位于石城县琴江镇西外村，西华山南麓，现存宋代石刻多处。陈孝荣行书题刻"清胜五龙岩"五字，繁体阴刻。"清胜"二字在上，长1.2米，宽0.57米；"五龙岩"三字在下，长1.8米，宽0.57米，楷书落款"嘉定己卯结夏日邑人陈孝荣书"。除此之外，五龙岩宋代石刻还有两首诗刻。一诗为赵东之的七律诗刻："停骑时兜踏草鞋，入岩一迳古莓苔。四时泉喷无寒雪，万古潭轰不蛰雷。地设山屏肩造化，天然石盖隔尘埃。不知点滴龙宫

---

① 赣州地区志编纂委员会办公室：《赣州府志》上册，内部出版，1986年，第701页。

水,几向人间作雨来?"此诗其后又附文道:"嘉熙戊戌上巳,邑令三山赵东之来访灵迹,偶得句,因笔于石。"[1]另一诗为淳祐庚戌无名氏诗刻:"六丁金山骨,疑□□□擘,九天泻□□,万丈落□壁,我□□□糟,举瓢饮云渡,修□立壑□,有此泉石癖。灵山在何许?恍若来我侧。会当起五髯,大地遍霖泽。"此诗有引言,但仅存"淳祐庚戌"数字。[2]

金精山,在宁都县西郊,丹崖翠壁,望之如阵云,气象万千,被道教称为三十五大洞天之一。自宋至清,文人学士、高僧名道云集于此。翠微峰为金精五寨十二峰的最高峰,翠微峰对着金精洞,地势险峻。在翠微峰金精洞两侧崖壁上,保留有北宋皇祐四年(1052)的石刻一方,为"金精福地",字体端庄,镌刻甚精。

马祖岩,位于赣州市近郊的章贡区水东镇,与千年古镇七里镇,以及民国时期蒋经国建设的中华儿童新村同处一镇。马祖岩的宋代题刻原镌题在山顶部一洞穴的外壁上方,但今只存元明题刻4品。清同治十一年《赣县志》存其宋文5条。[3]

"永镇江南"题额,现存于兴国县枫边乡大乌山寺。南宋末年,文天祥在赣州勤王抗元期间,于景炎年间书"永镇江南"四字,镌刻在长1.17米、宽0.49米的花岗岩条石上,然后嵌于大乌山寺佛殿门首。[4]

赣州摩崖石刻内容和形式繁多,有诗词、匾额、名称等,字体有真书、行书、草书、隶书、篆书等。其中以正楷和行书为主,这不仅是研究我国书法石刻艺术的实物资料,也是研究赣南政治、经济、文化等不可多得的珍贵资料,是一座珍贵的历史文化宝库。

---

[1] 江西省石城县县志编辑委员会:《石城县志》,北京:书目文献出版社1989年版,第473页。
[2] 江西省石城县县志编辑委员会:《石城县志》,北京:书目文献出版社1989年版,第473页。
[3] 赣州市章贡区地方志办公室:《赣县志》清同治十一年版,内部出版,2018年,第866页。
[4] 江西省地方志编纂委员会:《江西省志·江西省文化艺术志》,北京:新华出版社1999年版,第482页。

江南宋城　日新月异（胡江涛摄）

第七章

遗产宝库
宋韵千年

赣州古城城区及其三江六岸区域内，截止 2022 年止，有各级文物保护单位 46 处。其中全国重点文物保护单位 6 处、省级 12 处、市级 28 处、已公布挂牌的历史建筑 362 处。此外，还有文物普查登记点 100 余处。这在全省设区市中绝无仅有，全国也属罕见，如此丰富而又集中的历史文化遗产，几乎就是一座文物宝库。而宋代文物古迹众多，又是赣州宋代历史文化的一大特点，至今尚保存有 16 处宋代文物古迹。其中 6 处"国保"中 5 处都是宋代原构，而且都是大体量、大信息量的文化遗产。本章重点介绍宋代赣州城墙、福寿沟、七里古窑三处全国重点文物保护单位。

第七章 遗产宝库 宋韵千年

第一节 千年城墙

赣州城墙,位于章贡区老城章江与贡江交汇地带的江畔,砖石结构,建于北宋,残长约 4100 米,是我国保存至今年代最早、长度最长的宋代砖砌城墙,1996 年国务院公布为全国重点文物保护单位。

一、城墙现状

赣州古城墙(图 7-1)的构成现有:砖石构筑的城墙、护坡、马面、警铺、炮城、城门、城楼等。城墙高度一般为 5～7 米,最低在涌金门一带,高 4 米;最高在西北一带,高 11 米多。因赣州城西北高东南低,故西北段城墙至新北门,城墙高程相差 4 米至 5 米。从八境台至东河大桥段,约 2000 米左右城墙保持 6～7 米高(外侧高度),为洪水经常浸淹区。

城墙原周长约 7000 多米,自 1955 年始至 1980 年,陆

图 7-1 宋代古城墙(章贡区文化馆供图)

续拆去东门（百胜门）经南门（镇南门）至西门（西津门）段约 3600 米。现存城墙主要为西北部和东北部西津门至东河大桥段，因濒临章江、贡江仍具防洪功能得以保存至今，连续长度约为 3660 米。如果加上其他局部残存城墙点，如拜将台（弩台）段 52 米、赣一中段 40 米、军门楼段 94 米、西津门至下壕塘段 121 米，以及西津门、八境台和百胜门三处炮城，总共约 200 米长度的城墙，则赣州古城墙现存总长度约为 4100 米。

现状情况的形成，据相关资料显示：1955 年拆除部分城墙，取砖用于构筑八境公园水系驳岸；1958 年至 1965 年，因修红旗大道和建设赣州桥（东河大桥），百胜门至镇南门段城墙基本拆除，所拆城砖主要用于建赣州饭店（饭店于 2010 年前后拆除后，市博物馆收集到 10 余万块城砖，2014 年用于军门楼修建中），部分城砖和残缺砖用于维修福寿沟；1965 年始因改扩建西段环城路，拆除镇南门以西部分城墙；1972 年至 1980 年前后，又将青年路以北至西津门段城墙拆除，部分城砖用于做路基。同时，赣州城的护城河（城濠）也毁于此期间。

赣州老城三面环水，南面是又宽又深的护城河。明嘉靖《赣州府志》载："东南西三隅凿址为隍，延袤十里有百武，广十有四丈。"① 清同治《赣州府志》则载："自西津门至镇南门有濠，计长五百五十二丈，阔十三丈。又自南门至百胜门，计三百八十五丈。深五尺有奇，阔十四丈"②，合计长约 3900 米，"宽 20—60 米不等，护城河的深浅不一，据填埋时测得的濠深为 3.3—5.3 米，壕塘底至城墙基高差 10—12 米，而此段城墙据查高 11—12 米"③。1958 年拆除城墙时开始填埋城濠，但填埋城濠较集中和彻底的时间，是 20 世纪 80—90 年代中期这十多年间，原来断续依稀可辨的护城壕塘被不断填埋建房，至此已完全没有踪影了，唯有从"下壕塘"这类的地名中，尚能领

---

① 嘉靖十五年《赣州府志》卷五《创设·城隍》，1962 年上海古籍书店据天一阁藏本刻印。
② 同治十二年《赣州府志》卷三《舆地志·城池》，赣州地志办校注，1986 年出版。
③ 李海根《赣州古城》，载赣州市政协文史资料委员会：《国家历史文化名城赣州》，内部出版，1994 年。

悟到这里原是护城濠地带。

现存古城墙，可以八境台为界分为东西两段。东段城墙为临贡江的八境台至东河大桥，全长约2000米。由于地势较低，鉴于抗洪防洪的需要，1988年开始，由移民办和水利部门负责保护修缮，总投资1200万元，分两期完成。一期修缮城墙为八境台至涌金门，1992年竣工。本段城墙采取的保护修葺方式是：拆取原外砌城墙砖，保持城墙夯土芯不动的情况下，外包钢筋混

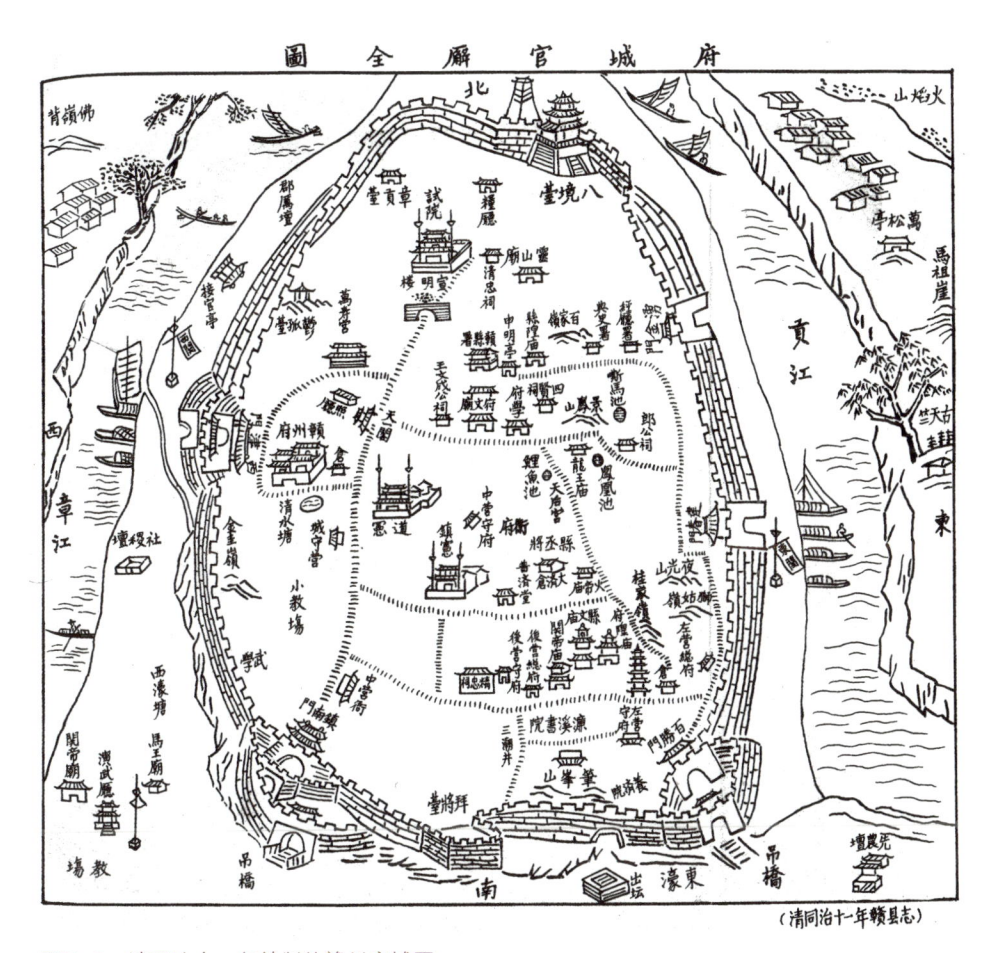

图7-2 清同治十一年绘制的赣州府城图

凝土保护层，城墙相应增宽加高后，再将原拆下的旧城砖补砌归位，不够部分再用现代仿宋砖补砌，同时，修复涌金门城楼。二期为涌金门至东河大桥，启动于2000年，结束于2004年。鉴于一期修葺效果评估，经国家文物局同意，采取的保护修葺方式是：就城墙现状全部掩埋于外包钢筋混凝土防洪层和外包仿宋砖内，并将墙城增高1米左右，同时修复垛墙、警铺（后因不好管理又拆除了）和建春门城楼。

西段古城墙为临章江的西津门至八境台段（图7-3），全长约1660米，由市博物馆主持实施保护修缮工作，先后

图7-3　赣州西段城墙

分六期完成。1992年国家文物局下拨前期经费，1993年江西省文物保护中心开始对古城墙进行勘察测绘，自1994年至2003年，国家文物局和赣州市人民政府连续安排资金，对其进行全面保护维修，仅保留疑为1932年红军攻城炸塌的69米段，拟做遗址保护未作处理。

整个城墙的维修，西段因地势较高，水患兵祸影响较少，保留下较多自宋以来历代维修的基本风貌，文物价值也较高，故维修时完全按照"不改变文物原状"的原则，就现状进行针对性保护修缮，因此，具有文物的真实性、历史的可读性等特征；东段城墙（图7-4）因当时的规划定位是以防护为主，首先要确保赣州市的防洪安全，其次为保护文物和与城市规划相协调，做到防洪、古城墙保护、城市建设三结合。因此，基本上改变了文物的原貌，当然这也是经上级文物主管部门批准了的。

城门是城市防御和对外交通的重要关口，与市民生产生活息息相关。赣州城墙宋代时贯穿有13座城门。南宋时编撰的《章贡志·城池》载："城门

图 7-4　赣州东段城墙（龙年海摄）

十三通衢……巽川门，旧名百胜，淳熙庚子（1180）郡守留正改今名。安教门，俗呼寺步门。永通门，俗呼唐步门。建春门，俗呼斜步门，出东浮桥。贡川门，俗呼李步门。永平门，俗呼天王门。仁丰门，俗呼石床门。静江门，俗呼县步门。西津门，旧名通津，俗呼西门，宝庆戊子（1228）郡守聂子述改今名。镇南门，旧名来越，俗称大南门，宝庆戊子郡守聂子述改今名。兴贤门，旧名化远，俗称小南门，郡守高夔改名进贤，宝庆戊子郡守聂子述改今名。后津门，朝天门，旧名朝京，郡守留元刚改今名。"[1] 到明清时，只存五门，即"东曰百胜，南曰镇南，西曰西津，东北曰建春、曰涌金。皆覆敌楼其上。"[2] 其他皆塞。但从明清相关文献记载看，兴贤门（小南门）似

---

[1] 马蓉等点校：《永乐大典方志辑佚》第三册，中华书局 2004 年版。
[2] 嘉靖十五年《赣州府志》卷五《创设·城隍》，1962 年上海古籍书店据天一阁藏本刻印。清同治《赣州府志》卷三《舆地志·城池》相关记述基本同此。

乎一直在续用。现存4门，即西津门、北门、建春和涌金门。其中，现存西津门重建于民国初年，涌金门原址重建于1996年，北门（约当于宋代的"朝天门"）增建于1997年，建春门原址重建于2004年。

炮城，是为防太平军攻城而增建于清咸丰四年至十年（1854—1860）。原有五座，依次为西门、八境台、东门、南门和小南门，形成"四门一台"赣州城防格局。现仅存西门炮城、八境台炮城和东门残存炮城（图7-5）。八境台炮城（图7-6），平面呈扇形，分上下两层，有藏兵洞18个。清咸丰五年（1855年），太平军石达开部自湖北入江西，4、5、6月三次攻城，巡守汪报闰、赣守杨豫成紧急增建。西门炮城则呈外圆、内梯形，有藏兵洞2个，城门洞2个，警铺2个，炮眼5个，是清咸丰四年（1854）巡道周玉衡为抵御太平军而建。

马面，是城墙向外凸出的矩形墩台。因形如马脸能观两侧面而得名，以利防守者从侧面射击敌人，一般其上还建有敌楼，现仅存两处墩台，分别位于拜将台和郁孤台后城段。

图7-5 东门残存炮城

图 7-6　八境台炮城

警铺，城墙上供守城者巡防驻足的蔽护所。清同治《赣州府志》卷三《舆地志·城池》载，正德六年（1511）修城时"为警铺六十三，雉堞四千九百五十二"，后在清同治十一年（1872），又增设更棚十二座。现仅保存警铺3个，1处位于八境台炮城上，2处位于西津门炮城上。

以上历史遗存为研究赣州古城军事防御设施提供了实物资料。

二、城墙历史

赣州，始设于三国吴，初名为"庐陵南部都尉"，西晋改"南康郡"，治雩都（即今于都县城）。之后，赣州城有过三次大的历史兴废和演变。

第一次是东晋永和五年（349），南康郡从雩都迁到赣州，即"太守高琰始筑城于章贡二水间，即今郡治"[①]。至东晋义熙七年（411年，也载为二年或

---

① 嘉靖十五年《赣州府志》卷一《地理·沿革》，1962年上海古籍书店据天一阁藏本刻印。

六年）春二月，因卢循、徐道覆趁刘裕领兵北伐之机，伪装做木材生意，从始兴北上南康，攻克南康郡，造成"城无完堵"。平叛之后，郡城及赣县迁移到"赣水东南"，《赣州地区志》认为在"今赣州市七里镇"①。宋永初元年（420），南康郡改"南康国"并迁回雩都灌婴垒旧址，即今于都县城。综上，此城存续时间为：晋永和五年至晋义熙七年（349—411）计62年，学界称之为"高琰城"或"晋城"。

由于历史久远，"高琰城"相关城制、规模和建设情况都已失载，甚至有无城墙都不能确定。对此，有的学者多将"高琰城"和后来的"陈霸先城"视为同一城区规模。如张嗣介认为："东晋土城大致状况和位置：其东、西、北城面江而筑，南城墙面临旱路，其中，西城墙仍是现在的城墙位置，北城墙沿坡势至百家岭、景凤山、姚衙前、解放路、小古城巷，进入南城段的南京路……"②罗薇也说："东晋永和五年太守高琰将城址迁到章贡二水之间，并修筑土城。据考证，当时的赣州城面积仅1平公里左右。"③即后来"陈霸先城"占地范围。吴运江则根据宋代《章贡志》的记载"里城始筑无所考，周三里百有十步，崇丈有八尺三分，其崇去一以为广。西北距罗城，如偃月状云"考证认为，里城就是当年高琰建的南康郡城，面积约0.1平方公里，属军镇性质的城堡，城内可能没有住居民。④常雪超也认为"赣州子城又称'里城'，即高琰城"，并认为此时的"赣州城墙形态应为土筑城墙"，长1856.4米、高5.7098米、厚2.5896米。⑤

---

① 赣州地区志编委会：《赣州地区志》第一册"大事记"，北京：新华出版社1994年版，第12页。
② 张嗣介：《赣州客家胜迹精粹》，北京：作家出版社2007年版，第24页。
③ 罗薇：《古代赣州城市发展史研究》硕士学位论文，赣州师范学院，2010年。
④ 吴运江：《赣州古代城市发展及空间形态演变研究》第四章："从'山城'到'江城'的演变——唐宋虔州的城市变革"中认为："南宋里城"范围即为"高琰土城"的范围，面积在11-12万平方米间，即约0.1平方公里。详见吴运江的博士学位注文，华南理工大学，2016年。
⑤ 常雪超：《赣川望郡——赣州城墙历史与铭文城墙研究》，南昌：江西美术出版社2022年版。

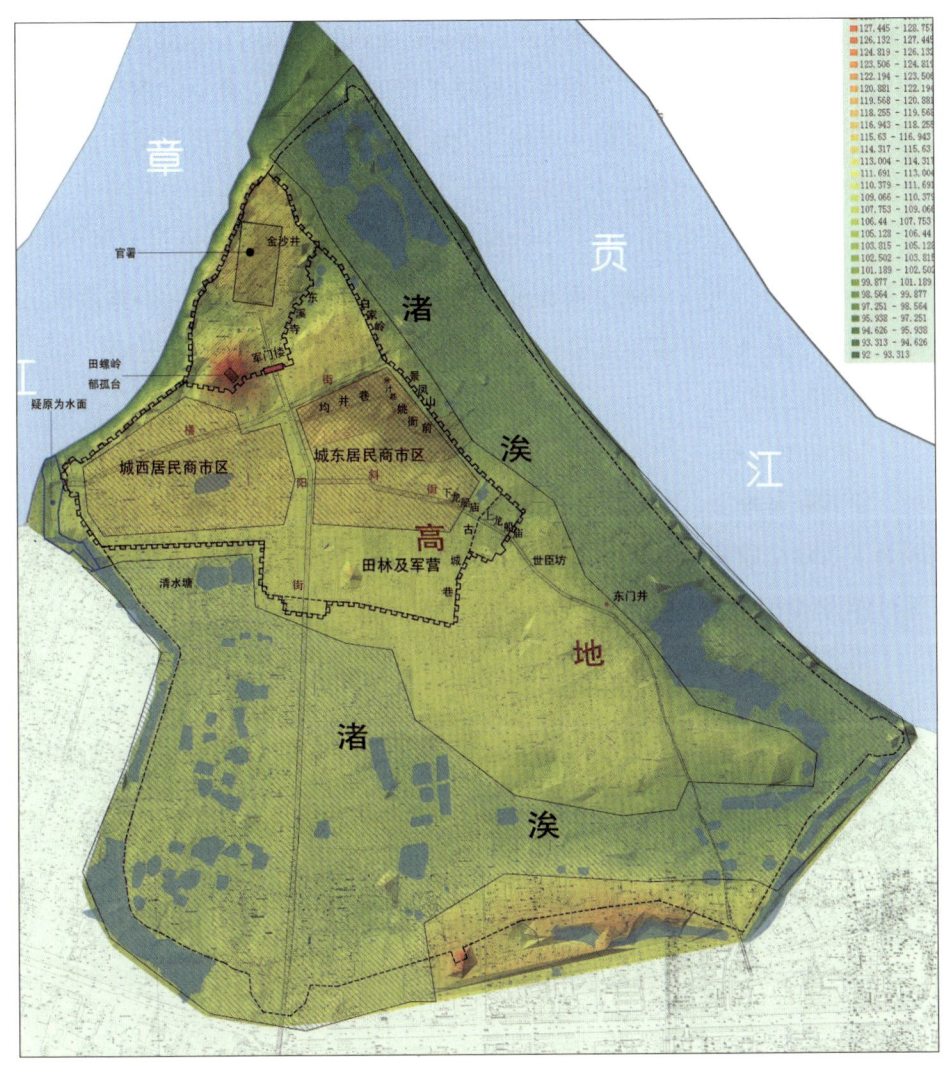

图 7-7　高琰城和陈霸先城（吴运江制）

里城，是相对于"外城""罗城"而言，又称"内城"或"子城"。赣州里城，大致取郁孤台与百家岭之间地势为址，南界郁孤台，北到射箭坪（今赣七中操场），西止古城墙，东接原九华阁路、东溪寺一线，核心区域为原赣州市公安局及其宿舍占地。当地人又称"王城"。这是因隋末"林士宏据虔州，自号南越王"[1]；唐末卢光稠割据虔、韶二州时，以此为宅第自称刺史，但后人皆以"卢王"相称，故呼里城为"王城"。此后，由于赣州话"王""皇"读音不分，又将"王城"讹称为"皇城"。沿习传至清初戴国光来任赣州知府时，因慑于文字狱背景，不敢擅入因赣州话口音自诩为"皇城"的府署中去办公和居住，宁就住在府署外民居中，如此将就经历三任，直到康熙二十九年（1690）府衙迁入原岭北道旧治（在今新赣南路西段），此时岭北道治所已迁至原虔院，即"巡抚都察院"，也称"南赣巡抚"衙门（在今赣州公园内）。

"高琰城"的意义在于：控制了章、贡、赣三江及其支流，具有舟楫之利，使其在军事上，可以天然江河为池，易守难攻，利于军事防御。经济上因处于水陆交通枢纽位置，成为大批货物转运的转换点，南边又有广阔的平地可作为城市扩展用地，这对城市的发展是极为有利的。

第二次是梁承圣元年（552）五月，"始兴太守陈霸先赴侯景之难"起兵北伐，进屯南康，修城池，自赣江北上。同年，南康郡"复徙郡治于章贡二水间"。也就是说，距"高琰城"废弃141年后，又回到了章贡二水间，并一直延续到唐末卢光稠扩城。此城持续时间约为：梁承圣元年至唐光启元年（552—885）计333年，可称之为"陈霸先城"，又因其在唐时间最长，故学者也称之为"唐城"。

"陈霸先城"的界域，根据方志的载，"梁承圣初复故处，旧城在秋华坊，今古城巷尚有城基"[2]。大致区位约相当于今大公路、环城路以北，东界则舍弃了今中山路、濂溪路等沿江低洼地段，而是取今百家岭、标准钟、和平路、古城巷一线地势较高地段为址，占地约1平方公里。[3] 这个范围从相

---

[1] 同治十二年《赣州府志》卷三十二《经政志·武事》，赣州地志办校注，1986年出版。
[2] 同治十二年《赣州府志》卷三《舆地志·城池》，赣州地志办校注，1986年出版。
[3] 详见韩振飞《赣州城的历史变迁》："北墙及西墙的一部分，与宋代的城墙重合，南界今大公路北侧；东界今百家岭、凤凰台、标准钟、和平路一线，此线以东，地势陡然下降，属贡江冲积河滩，为特大洪水淹没区"。韩振飞：《赣州城的历史变迁》，《南方文物》，2001年第4期。

关考古资料也能证明。如 1993 年，在大公路中段的南侧，曾出土过网钱纹砖的南朝墓；2021 年 8 月，在土地庙 2 号附近施工时，又发现了南朝网钱纹砖室墓。按习惯，墓葬都在城外，可见这些地方当时都尚属城外。

"陈霸先城"地势高亢，最北端地势为全城最高点，是古代赣（虔）州（郡、军、府）衙署治所，也是赣州建城以来的政治中心和赣州宋城文化的发祥地，其政治中心地位一直延伸到 2000 年赣州地委搬迁到今章江新城区。衙署坐北朝南，居高临下管控全城，其前由一条东西向的大道（即宋代的横街，今之西津路、章贡路）和一条南北向的大道（即宋代的阳街，今之建国路、文清路）相交构成的"十"字或"卞"字街。东西向的大道两端连通章贡两江水道，而南北向的大道则由衙署直通正南门，并将城区分成东、西两区，即"东市""西市"，其形制与我国隋唐以前的城市格局规制基本相同。

"陈霸先城"的意义在于：结束了此前城址游移不定的状况，确立了延续至今近 1500 年不变的赣州城址，奠定了后来宋城和现代赣州城向南发展的趋势。

第三次是唐光启元年（885）卢光稠占据虔州后，出于政治和军事上的需要，大规模地扩建赣州城："斥广其东西南三隅，凿址为隍，三面阻水。"[①] 其大致区域为：西北边仍沿用原旧城墙边界，东边将贡江沿线渚地纳入，东、南、西边界扩至今东河大桥、红旗大道和环城路内侧，形成了我们现在仍然能体会到的赣州老城范围。城区占地面积 3.22 平方公里。此城持续时间约为：唐光启元年至新中国成立后（885—1958）计约 1073 年。此城因系卢光稠在原"陈霸先城"基础上拓展而成，故且称之为"卢光稠城"。但由于此城是经宋代完善，以及鉴于宋代赣州历史上在政治、经济和文化所取得的辉煌成就，学界多称之为"宋城"。今天所说的"宋城文化"亦基于此，即以研究宋代赣州为主的城市历史文化。

"卢光稠城"城墙尺度，南宋《章贡志》记载："其制南衍北锐，周十三

[①] 同治十二年《赣州府志》卷三《舆地志·城池》，赣州地志办校注，1986 年出版。

里，崇三寻，广寻有半，楼橹二十一。"据此，常雪超推算为"明初赣州城墙形制规模一如两宋：长度7300.8米、高度7.488米、宽度3.744米①。"不过，李海根在《漫谈赣州古城墙》一文中则说："明代修葺后，周回十三里，为丈二千五百一十二有奇，崇三丈，警铺六十三，雉堞四千九百五十二。解放后经过实测，全长6900米，平均高度5米，厚6.5米。"②

"卢光稠城"在卢光稠扩建时，一般认为仍然是座土城，到北宋嘉祐年间（1056～1063）孔宗翰任虔州知州时，因对东北隅城墙曾进行过一次重要维修改造，才改成砖构城墙。依据是《宋史》的记载："宗翰字周翰。登进士第……知虔州。城滨章、贡两江，岁为水啮。宗翰伐石为址，冶铁锢之，由是屹然，诏书褒美。"③这是有关孔宗翰修城、

图7-8 八境台段红砂岩条石城墙

也是卢光稠扩城后最早修葺城墙的文献记载。这条史料，到了明清《赣州府志》便引载为："孔宗翰始甃以石"④、"宋州守孔宗翰以东北隅易垫，甃石冶

---

① 常雪超：《赣川望郡——赣州城墙历史与铭文城墙研究》，南昌：江西美术出版社2022年版，第125页。
② 李海根：《赣州史话》，1999年赣内准号0000523出版，第24页。
③〔元〕脱脱等：《宋史》卷二百九十七，北京：中华书局1977年版，第9885-9886页。
④ 嘉靖十五年《赣州府志》卷五《创设·城隍》，据1962年上海古籍书店《天一阁藏明代方志选刊》影印本。

铁锢之"[1]和"因贡水直趋东北隅，城屡冲决，甃石当其啮，冶铁锢基"[2]。从前文文面上看，只是说因两江合流处城墙年年被洪水冲坏，于是改用条石做城基，用铁水浇灌缝隙，并没有讲用砖砌城，也没有说原来城墙是土还是砖筑的。其实，这条记载，也可理解为在东北隅城墙外侧，增砌了石构防洪堤坝。同时，"冶铁锢之"这句话也有点讲不通，"锢"的含意是："用金属熔液填塞缝隙"，这似不合常理。因热胀冷缩原理，铁水注缝未必有石灰膏泥好，觉得没有可行性，而且，至今也没有考古物证发现。后文的"甃"也应与砖瓦没关系，应理解为"修砌"的意思，但后人常据此，引为赣州砖构城墙始于北宋孔宗翰。这与10年后熙宁年间（1068—1077）的刘彝因创建了水窗，就认为福寿沟也是他创建的性质是一样，其实他们都只是做了整个事情中最艰难或最精彩的一处节点。

据李海根于1984年和1990年两次对赣州城墙铭文砖调查得到的资料，所发现大量钤印有"第一务""第二务""第三务""中窑""下窑""西窑"等铭文的城砖"证明这些窑务砖是最早的一批砖，它比'熙宁二年'砖更早"[3]。而据常雪超考证，"北宋初年，赣州城砖烧造设窑务，烧造地点分为水东七里镇之'第一务'，水南之'第二务'，水西之'第三务'和'西窑务'"，并通过对实物的

图7-9 宋初"第三窑"铭文砖

---

[1] 天启《赣州府志》卷之四《营建志·城池》，清顺治十七年重刻。
[2] 同治十二年《赣州府志》卷三《舆地志·城池》，赣州地志办校注，1986年出版。
[3] 李海根：《赣州史话》，1999年赣内准号0000523出版，第26页。

厚重、尺寸和文献进一步考证认为："赣州城墙之上最早的砖料，恐怕并非北宋初年的窑务砖，也不是北宋最早纪年铭文'熙宁二年'城砖"[1]，意为还有比之更早的城砖。书中所述的"北宋初年"或"北宋前期"，指的是"开宝八年（975）至天圣二年（1024），虔州城壁间有修缮"[2]。对此观点，笔者也深有感触。宋《舆地纪胜》载，唐贞元四年（788），路应任虔州刺史时，曾修缮赣州城："陶甓而城，罢民屡筑。"[3] 对此，明嘉靖和清同治《赣州府志》分别载为"陶甓以完城"和"陶甓以缮城"，这里的"陶甓"在古汉语里，应理解为经高温焙烧过的"砖"，即唐代已用砖砌城。但这尚属孤证，还有待考古资料进一步印证，也许只是在局部如城门、马面、城墙转角等要害处采用火砖砌城也未可知。

　　那么，是否可以理解为：孔宗翰任上只是成功地进行了一次重要城墙加固修缮创举？可以这样推演：由于卢光稠扩城，将城墙建于三江合流处的河滩沼泽地，原城基（即便初建时，按理起码也应是砖石墙基）不牢，虽后来或许改用砖砌城墙，也因难挡洪水的肆虐或质量不好，导致年年被洪水冲垮，孔宗翰便将连接八境台两侧最易被冲毁的城段，改用精加工的条石牢固基础，用铁水灌缝使其连成整体，并在外侧贡江段增加条石护坡。今北门至八境台段仍能看到红条石墙基，八境台至涌金门段在未增加防洪包筑墙前也能见到红条石城基和护堤，于是，改变了此处年年被洪水损坏的状况，使城墙"屹然"或"遂蠲水患"。

　　自此以后，历经北宋、南宋、元、明、清、民国凡六代共九百余年，历朝都投入了大量的人力和财力，对城墙进行维护或修缮（详见表7-1）。

---

[1] 常雪超：《赣川望郡——赣州城墙历史与铭文城墙研究》，南昌：江西美术出版社2022年版，第147页。

[2] 常雪超：《赣川望郡——赣州城墙历史与铭文城墙研究》，南昌：江西美术出版社2022年版，第485页。

[3] 〔宋〕王象之：《舆地纪胜》卷第三十二江南西路·赣州，第1431页。

表 7-1 宋至清代赣州城墙维修情况调查表[①]

年代	主事官员	原因、备注
北宋嘉祐年间（1056—1063）	孔宗翰	"知虔州，城滨章、贡两江，岁为水啮。宗翰伐石为址，冶铁锢之，由是屹然。"
北宋熙宁二年（1069）		修城（见城砖铭文"熙宁二年"）
北宋崇宁二年（1103）		修城（新发现城砖铭文"崇宁二年"）
南宋绍兴二十四年（1154）	赵善继	修城（嘉靖《赣州府志》）
南宋绍兴年间	赵公俪	修城（嘉靖《赣州府志》）
南宋淳熙丙午（1186）	周必正	修城（《永乐大典》卷八千零九十二《十九庚·城·赣州府城》）
南宋绍熙二年（1191）		修城（城砖铭文"绍熙二年造使砖"）
南宋嘉定八年（1215）		修城（城砖铭文"赣州嘉定八年修城官砖使"）
南宋嘉定十年（1217）	留元刚	修城（城砖铭文"嘉定十年军门楼砖官"）
南宋嘉定十七年（1224）	郑性之	修城（城砖铭文"嘉定十七年修城官□"）；铁索连桥同治《赣州府志》卷六《舆地志·水》
南宋宝庆三年（1227）	聂子述	修城《永乐大典》卷八千零九十二《十九庚·城·赣州府城》；修西津桥（同治《赣州府志》卷六《舆地志·水》）
南宋绍定二年（1229）		修城（城砖铭文"绍定二年修城砖使"）
南宋绍定五年（1232）		修城（城砖铭文"绍定伍年赣州修城砖"）
南宋嘉熙戊戌年（1238）		修城（城砖铭文"嘉熙戊戌章贡城砖"）
南宋淳祐乙巳年（1245）		修城（城砖铭文"淳祐乙巳修城砖使"）
南宋咸淳四年（1268）		修城（城砖铭文"赣州咸淳四年六月下窑造修城砖使"）
南宋咸淳年间（1268—1275）	梁继祖、高夔或陈辉	修城（嘉靖《赣州府志》）

[①] 引自吴运江《赣州古代城市发展及空间形态演变研究》，华南理工大学 2016 届博士学位论文。

续表

年代	主事官员	原因、备注
南宋咸淳年间（1268~1275）	梁继祖、高夔或陈辉（其中之一）	修城（嘉靖《赣州府志》）
南宋德祐元年（1275）	刘应龙	修城（城砖铭文"赣州德祐元年修城砖提督官"）
元至正十二年（1352）	全普庵撒里	修城（《天启赣州府志》"元有诏，天下城池无修，渐就毁堕。至正癸巳，四方兵起，监郡全普里庵乃复增筑"；城砖铭文"至元十二年□赣州路造"、"至元壬辰秋赣州路造"）
元至正丁酉（1357）	哈海赤	修城（城砖铭文"至正丁酉春赣州尚书重修"）
元至正十八年（1358）	熊天瑞	"稍加修理"（同治《赣州府志·舆地志·城池》）
明初吴二年（1365）	杨廉指挥	"重修"《同治赣州府志·舆地志·城池》
明成化二年（1466）	曹凯	修城（城砖铭文"成化贰年陆月陇西郡兴记置"）
明成化二十一年（1485）	李玶	"继修"（同治《赣州府志·舆地志·城池》）
明弘治六年（1493）	周凤	"继修"（同治《赣州府志·舆地志·城池》）
明弘治九年（1496）	金泽都御史	"增高三尺"（同治《赣州府志·舆地志·城池》）
明弘治十三年（1500）	韩邦问都御史	"葺之"（同治《赣州府志·舆地志·城池》）
明弘治十五年（1502）	吴钰	修城（城砖铭文"弘治壬戌西街彭城郡置"）
明正德六年（1511）	周南赣抚	"增筑"（嘉靖《赣州府志·舆地志·城池》）；"缮治一新"（同治《赣州府志·舆地志·城池》）
明正德十年（1515）	蒋升赣抚	"霪，圮一千三百余丈"，修城（同治《赣州府志·舆地志·城池》）
明正德十三年（1518）	王守仁赣抚	"久雨，圮六百三十八丈"而"修补完整"（同治《赣州府志·舆地志·城池》）
明正德十四年（1519）	王度都御副史	"复圮三百四十余丈"而"重修"（同治《赣州府志·舆地志·城池》）
明正德十五年（1520）	王度都御副史	"复圮"而"重修"（嘉靖《赣州府志·舆地志·城池》）

续表

年代	主事官员	原因、备注
明嘉靖十三年（1534）	陈察赣抚	"重修"（同治《赣州府志·舆地志·城池》）;,"区划规制"（嘉靖《赣州府志·舆地志·城池》）;（有十九种城砖铭文）
明嘉靖十四年（1535）	王浚都御史	"重修"（嘉靖《赣州府志·舆地志·城池》）
明嘉靖三十五年（1556）	汪尚宁赣抚	"大水圮"而"大修"
明嘉靖末（1565~1566）	黄厔	"继修"（同治《赣州府志·舆地志·城池》）
明万历间（1589~1593）	黄克缵	"继修"（同治《赣州府志·舆地志·城池》）
明万历间（1598~1605）	柯凤翔	"继修"（同治《赣州府志·舆地志·城池》）
明万历三十五年（1607）	李汝华赣抚	因"各城楼铺颓圮"修（同治《赣州府志·舆地志·城池》）;,有七种城砖铭文
明万历四十二年（1614）	孟一脉赣抚	"水，各门均有倒塌"而修（同治《赣州府志·舆地志·城池》）
明万历四十四年（1616）	孟一脉赣抚	"复遭水圮"而修（同治《赣州府志·舆地志·城池》）;城砖铭文"万历丙辰委官知事吕窑户徐伦浓造"
明天启元年（1621）	余文龙	城砖铭文"天启元年委官知事许""天启元年委官陈窑户"
崇祯十三年（1640）	王之良赣抚	"易雉堞为平垛，增高三尺"（同治《赣州府志·舆地志·城池》）
顺治三年（1646）		"建春、涌金、西津各门楼俱焚"（同治《赣州府志·舆地志·城池》）
顺治十二年（1655）	郎永清	"修，复建建春、西津二楼"（同治《赣州府志·舆地志·城池》）
康熙二年（1663）	姚自强赣镇	"望江楼火焚"而修建（同治《赣州府志·舆地志·城池》）
康熙十五年（1676—1677）	佟国正赣抚	"修葺"（同治《赣州府志·舆地志·城池》）

续表

年代	主事官员	原因、备注
康熙四十三年（1704）	朱光圉	"水圮"而"补修"（同治《赣州府志·舆地志·城池》）
康熙五十八年（1719）	张瀚知县	"修葺"（同治《赣州府志·舆地志·城池》）
乾隆八年（1743）	张照乘知县	"修葺，并缮治八境台及各门城楼"（同治《赣州府志·舆地志·城池》）
乾隆二十五年（1760）	朱宸	"修葺"（同治《赣州府志·舆地志·城池》）
乾隆五十二年（1787）	张昉知县	"重修"（同治《赣州府志·舆地志·城池》）
嘉庆十九年（1813）	刘臻理知县	"大水，城倾四十余丈"而"倡劝捐修"（同治《赣州府志·舆地志·城池》）
嘉庆间	查清阿巡道	
道光十五年（1835）	鹿传先署县事	"劝捐修葺"（同治《赣州府志·舆地志·城池》）
道光二十七年（1847）	周玉衡	"劝修"（同治《赣州府志·舆地志·城池》）
咸丰四年（1854）	丛占鳌知县	"水圮"而"倡修"（同治《赣州府志·舆地志·城池》）
咸丰四年（1854）	周玉衡巡道	建西门炮楼（同治《赣州府志·舆地志·城池》）
咸丰七年（1857）	汪报闰巡道	建东门炮楼（同治《赣州府志·舆地志·城池》）
咸丰九年（1859）	林福祥巡道	建南门炮楼（同治《赣州府志·舆地志·城池》）
咸丰十年（1860）	杨豫成	建小南门炮楼（同治《赣州府志·舆地志·城池》）
同治三年（1864）	蔡应嵩巡道	"城上旧有兵棚，久圮"，"重建瓦棚九十余座，复废"（同治《赣州府志·舆地志·城池》）
同治七年（1868）	韩懿章、黄德溥	修城墙五处（同治《赣州府志·舆地志·城池》）
同治十一年（1872）	文翼巡道	建城上更棚十二座（同治《赣州府志·舆地志·城池》）

"卢光稠城"的意义在于：完善了城市控险、控水的功能；奠定了赣州城由隋唐前的"十"字街、发展到宋代"六街"（阳、横、阴、长、斜、剑）、再发展至明清"三十六条街七十二条巷"的城市基本格局；兴建了东、南、西门三座浮桥，缓解了进出城的交通，使其从一座江城变成为跨江之城；留下了众多文化景观，如八境台等"宋八景"、慈云寺塔、夜话亭、通天岩、马祖岩、七里窑址、建春门浮桥、虔州铸钱院遗址等等，现在赣州的主要景观差不多都是宋代创建的；汇聚了大批历史精英人物及其文学作品，如赵抃、周敦颐、刘彝和文天祥（赣州史称"四贤"）、孔宗翰、苏东坡、辛弃疾、洪迈等，赣州历史上唯独两个在二十四史上有记载的文人雅士阳孝本、曾文清也是宋代的，形成了宋城文化的基本文化底蕴。

三、城墙价值

现存赣州城墙的主要特点和价值如下：

一是赣州城墙是我国保存至今规模最大、年代最早的宋代砖构城墙。古代对城墙建设的形态、规模、材料和品质要求，受制于当时的政治、经济和技术水准。我国砖构城墙普遍流行于明代，尤其是北方地区。南方雨水充沛、洪水频发，因此，在南方地区率先采用火砖砌城，应与当地的气候环境有关，也是符合地理自然规律的。我国现存北宋以前的砖构城墙（不含局部砖构意义的砖城），主要有广东肇庆、安徽寿县和浙江临海，但以赣州砖城墙保存长度最长、年代最早、历史依据和原真性也最充分。

赣州城墙，是一处宝贵的历史文化遗产，也是一处独特的古迹旅游资源，对研究我国古代城市建设发展史和旅游展示，具有重要的历史价值和利用价值。因此，1996年11月，被国务院公布为第四批全国重点文物保护单位，成为上述我国四座北宋砖城墙中，最早列入"国保"的古城墙。

二是一座因防洪需要而率先用砖砌城，也因防洪需要而保存至今的古城墙，是研究中国城市防洪史不可多得的实物资料。赣州城三面临水的地理环境，防洪排涝注定这座城市每年要面对的问题。据地方志不完全统计，仅明代以来的500多年时间里，赣州城墙就曾被洪水冲塌15次，洪水6次漫过城墙，城墙所起的防洪作用可想而知。①

因此，赣州城墙最重要功能是防洪，而不是军事防御。唯其如此，所以濒临章、贡二江的古城墙，能够躲过20世纪五六十年代全国性的拆城劫难并一直保存至今。

赣州城墙与赣州福寿沟的完美结合，成就了我国城市防洪史上的光辉范例，城墙和福寿沟互为表里、珠联璧合持续千年发挥作用，至今仍是赣州城防洪抗洪的依赖和屏障。

三是丰富的城砖铭文，是研究赣州政治、经济与文化的历史宝库。根据1992年至1993年赣州市博物馆对古城墙上保存的铭文砖进行的专题调查报告，共发现有纪年砖、纪日砖、纪修城官吏砖、纪工匠姓氏砖、纪窑口砖、纪地名砖、纪符号砖和数字砖及其他砖等七类"共计521种，其中宋代的142种，元代的4种，明代的185种，清代的119种，民国的5种，年代不详的66种"②，其中，现发现较早的铭文砖为宋"熙宁二年"（1069）、"崇宁二年"（1103）和南宋"绍熙二年"（1191）等，铭文最长的是明洪武年间的"赣州府提调官同知朱敏司吏彭民安龙南县提调官主簿宋光大司吏刘太伯总甲叶原方甲首刘秀芳小甲黄文轻窑匠刘安民造砖人陈居安"计57字，最大的城砖为"江西赣州府赣县造"46厘米×23厘米×13厘米。

众多的历代铭文砖蕴含着巨量的历史文化信息，具有广阔和深厚的研究领域，它们层层叠压，清晰可辨，如同地面建筑考古文化层，亦似一部自下而上可以阅读的史书，为全国仅见，其文物价值和观赏价值更是不可估量。近年来，对赣州城墙铭文砖关注和研究的相关学者和民间热心者越来越多，几乎形成一股热潮，纷纷对其进行收藏、研究、陈展。如民间团体"江南宋城文化研究院"的《宋城拓影——铭文砖与拓片展》的省内外巡

---

① 详见吴庆洲：《中国古城防洪研究》，北京：中国建筑工业出版社2009年版，第183页。
② 赣南地方历史文化研究室：《赣州古城墙铭文城砖简介》，《南方文物》，2001年第4期。

图 7-10　赣州古城墙明清铭文砖

展、城砖收藏家李钒的《赣州城墙铭文城砖拓片图集》[1]、常雪超的《赣川望郡——赣州城墙历史与铭文城砖研究》[2]和赣州市博物馆馆藏、刘灯明著的《赣州城墙铭文砖拓片图集》。[3]

自汉初到南北朝，赣州城历经多次迁徙，最后定位于章、贡两江交汇之间的高亢地带，这是古人深思熟虑的结果。如其南边有广阔的盆地，既可作为城市自给自足的生活保障，又可作为城市防控用地和扩展用地。因此，赣州政治、文化中心和城市拓展都是自北而南，从最北端和最高处约 0.1 平方

---

[1] 李钒：《赣州城墙铭文城砖拓片图集》，广州：岭南美术出版社 2021 年版。
[2] 常雪超：《赣川望郡——赣州城墙历史与铭文城砖研究》，南昌：江西美术出版社 2022 年版。
[3] 刘灯明：《赣州城墙铭文砖拓片图集》，南昌：江西高校出版社 2022 年版。

公里的皇城（即高垅土城），到约 1 平方公里的隋唐土城（可称作"山城"），再到约 3 平方公里的砖石宋城（可称作"江城"），发展到南宋初年三座浮桥建成（可算是"跨江之城"），再发展至 1988 年建成的 18 平方公里、2012 年建成的 80 平方公里、2016 年（南康区纳入）建成的 148 平方公里，到 2035 年将建成的 320 平方公里的现代化赣州中心城区[①]，百年间城区向南拓展了 100 倍，不由不叹服古人选城址的高瞻远瞩。

第二节　福寿双沟

　　福寿沟是江西赣州古城的一项集江河坑塘于一体系统的、综合的城市防洪排涝水利工程，也是全国乃至全世界现存年代最早并续用至今的古代城市下水道。自 2010 年 7 月 14 日《中国青年报》刊载《江西赣州古城千年不涝——宋代排水系统仍发挥作用》一文后，每年 4 月至 8 月自南而北，各地随着城市洪涝灾害的发生，一波波媒体、考察团、学者便慕名递次而至，从中央到地方各种报道和专题节目层出不穷。2016 年 8 月，李克强考察福寿沟后说："这说明中国城市地下设施营造经验值得赞叹。今天我们建设地下综合管廊，也要打造经得起历史检验的城市良心工程。"2021 年 12 月，有众多院士参加的"上海防洪排涝论坛"上，吴志强院士在《让城市生命更有韧性》的发言中也讲道：要学习赣州古城排水沟渠的处理，"大水来了关掉，里面水多了可以排出去，整套蓄水排水系统藏在城市地下"，并强调"建城要先理水，理水才能建城"。在此，笔者对福寿沟的基本形制和历史文化作个介绍。

---

① 详见赣州市城乡规划设计研究院：《赣州都市区总体规划（2015—2035 年）》和《赣州市城市总体规划纲要（2016—2035 年）》。

一、形制特点

赣州古城位于章、贡两江交汇的三角河套地区,四周分别环峙武夷山、九连山和罗霄山山脉的余脉,千里赣江汇成于赣州城下往北注入鄱阳湖(图7-11、7-12)。因此,赣州是座易遭洪涝灾害的城市,不断加强防洪排涝建设是必由之路。根据清代同治《赣州府志》的"福寿二沟图"和《赣县志》的"福寿沟图"(图7-13),并结合相关历史与现状情况分析,福寿沟有如下特点:

一是因势利导,分区排水。福寿沟由"福沟"和"寿沟"两条排水系统

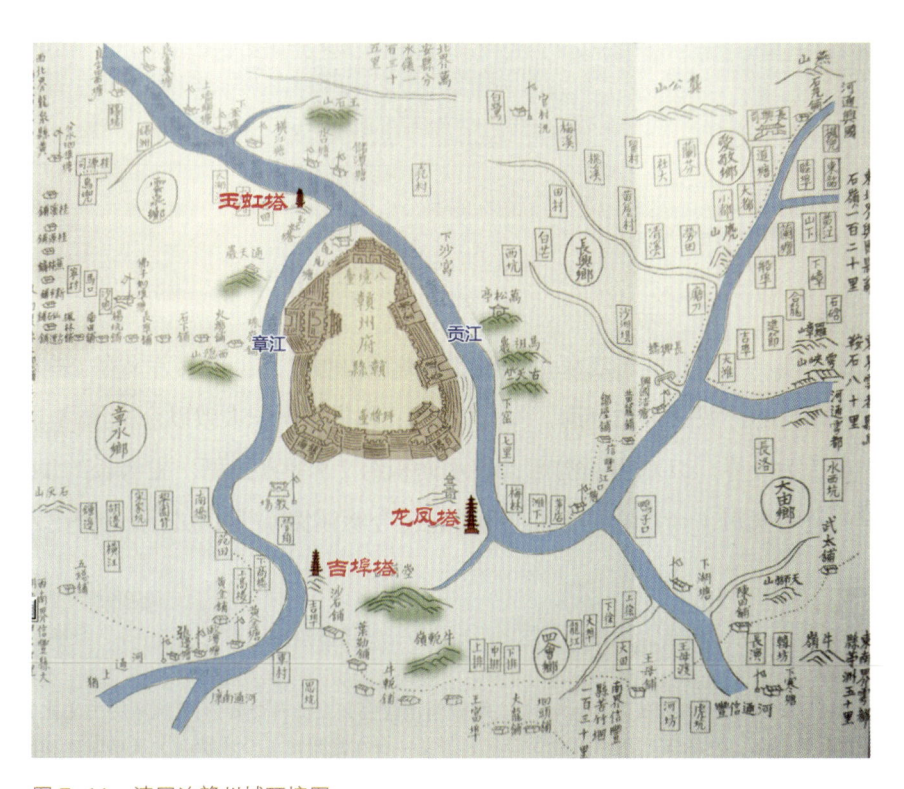

图 7-11 清同治赣州城环境图

图 7-12　2020 年赣州老城区卫星图

构成，即"寿沟受城北之水，东南之水由福沟而出"①。据刘芳义在 1994 所作的《赣州的护城濠与福寿沟》②一文考察：其集水面积大致以今文清路（宋为阳街）为分界，以东为福沟区，集水面积约 2.3 平方公里，主沟长约 11.6 公里，有水墼口（今涌金门下）、刑司庙（今濂溪路）、八境公园三个出水口；

---

① 同治十一年《赣县志》卷四十九之四知县黄德溥《修福寿二沟记》，民国二十年（1931）重印本。

② 刘芳义：《赣州的护城濠与福寿沟》，载赣州市政协文史资料委员会：《国家历史文化名城赣州》内部出版，1994 年。新中国成立后，刘芳义一直在赣州市（今章贡区）从事城建和市政工作，上世纪八九十年代任赣州市城建局局长，是最早关注并调研福寿沟的学者。1990 年主编过《赣州市城乡建筑志》（未刊本）。

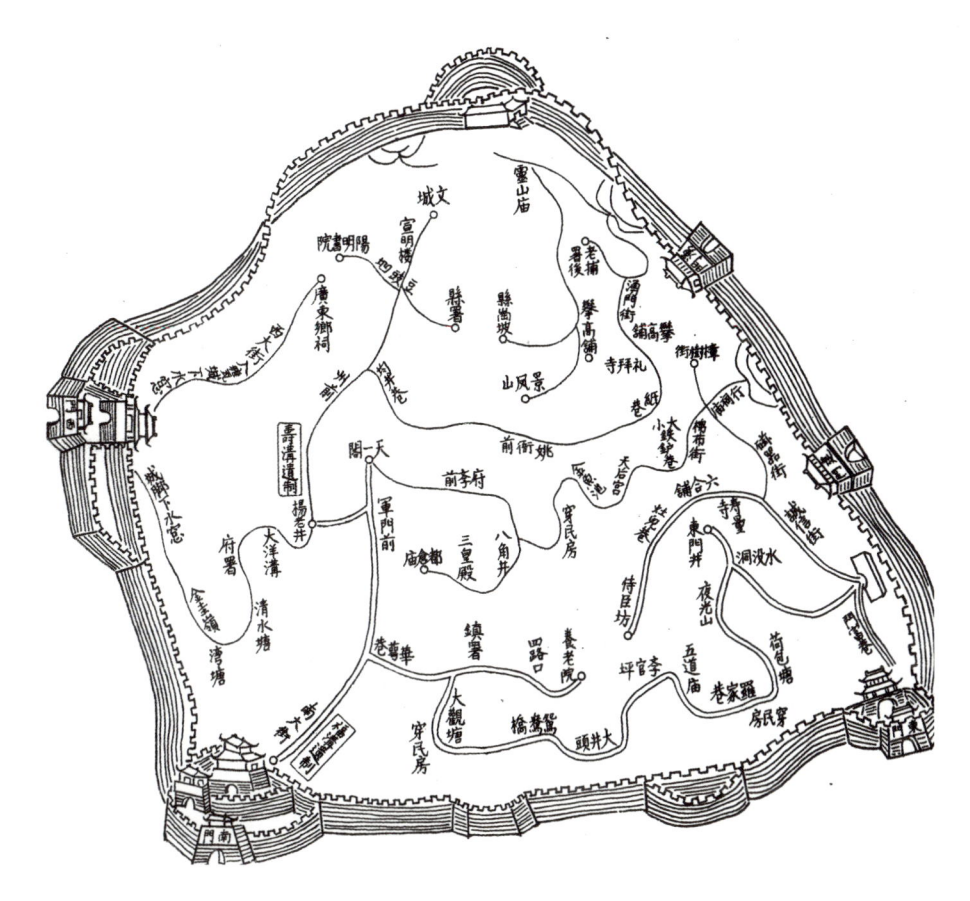

图 7-13 清同治年间福寿沟图

以西为寿沟区，集水面积约 0.4 平方公里，寿沟主沟长约 1 公里，有西门和花园塘两个出水口。仅西南端约 0.5 平方公里（主要为历朝军事驻地）没有福寿沟。

二是利用地势落差，形成流速冲力。赣州古城俗称"龟城"，占地 3.2 平方公里，平面大致成三角形，章、贡两江就在城下俗称为"龟角尾"的三角尖上汇合成赣江。地势西高东低，高地为临章江的西地段，低地为濒贡江的东地段，高差约五米，城厢童谣"三山五岭八景台，十个铜钱买得来"①也说

---

① "三山"是指夜光、东胜、笔峰山；"五岭"是指田螺、百家、桂家、狮姑、金圭岭。

明城区的地势有高低错落。古人便是充分利用了此间的落差谋划福寿沟，利用水的自然冲力，将沟中沉渣和垃圾带入池塘、沉井和江河中。同时，对一些相对平坦的地方，则因地制宜和视水量的大小，不断改变沟渠的截面，以保持水的流速足以冲走垃圾和冲开水窗。

　　三是沟通池塘，调控容量。福寿沟主沟之外，尚有许多毛细管状的网状支沟覆盖城区，这些主沟与支沟又与城内的"三池"（凤凰、嘶马、金鲫鱼）和众多的水塘（据谢宗瑶《赣州城厢古街道》一书记载：民国时城内尚能找出 29 处共 84 口水塘）相贯通，从而形成主次分明、"旁支横络"、"纵横纡折，或伏或现"[①]，既可调蓄城内水容量，节制暴雨流量、减少下水道的溢流，又可利用雨污水养殖种菜、供水防火等排蓄结合的城市排水网络和最早的污水综合利用工程。

图 7-14　古城的水窗与池、塘旧址图（引自《赣州历史文化名城规划》）

---

① 同治十一年《赣县志》卷四十九之四知县黄德溥《修福寿二沟记》，民国二十年（1931）重印本。

四是砖石结构，水力启闭。近年来调查勘察资料显示，福寿沟为砖石结构，现存大多为砖券顶，但攀高铺巷尚存早期石盖板样式（图7-15）。大部分主沟埋深1.9—2.3米、孔高约在1.1—1.8米、宽在0.65—1米之间，与明代方志所载"阔二、三尺，深五、六尺，砌以砖，覆以石"[①]基本相同。福寿沟出口处（古称"水窐口"）由内、外闸门与沟道、调节池（古称"度龙桥"）构成整体，平时雨污水经调节池自然流入章、贡二江或护城河中，雨季或暴雨时，利用水力使水窗自动启闭。即当江水水位高于水窗水位时，借助江水之力将水闸门关闭；当江水低于水窗时，则借城内沟道水力高压将水闸门冲开注入江河之中。

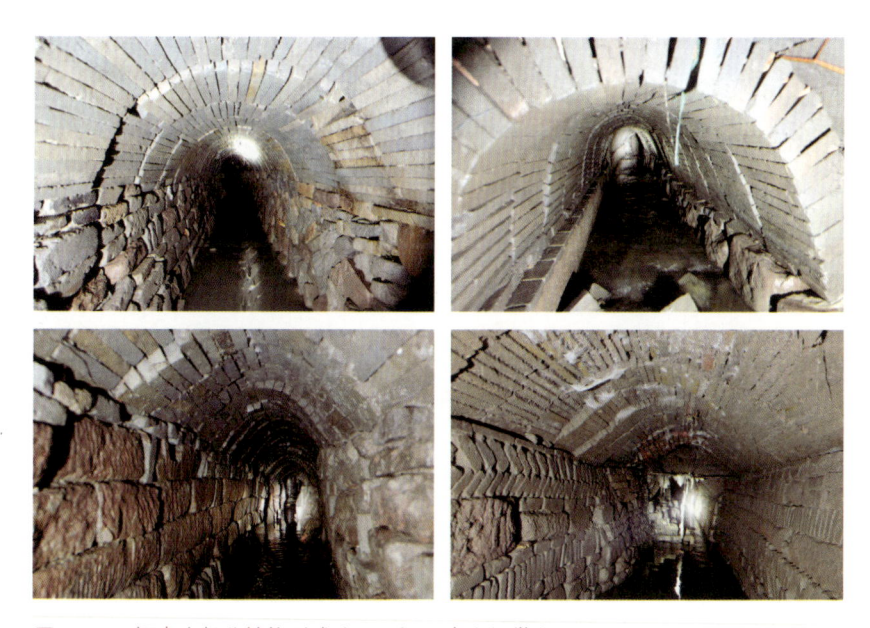

图7-15 福寿沟部分结构形式（吴运江、李炎提供）

---

① 天启《赣州府志》卷二《舆地志·山川》，清顺治十七年（1660）重刻。

二、形成史考

福寿沟的创建，没有明确史载，但现在学界和传媒几乎都采用创始于北宋刘彝的说法，如《赣州地区志》大事记载："虔州知军刘彝在城内建福寿沟。"[1]有关福寿沟的史料，最早见于南宋曾敏行的史料笔记《独醒杂志》："刘彝以论治水见称。后治郡，率能兴水利。彝守章贡，州城东西濒江，每春夏水潦入城，民尝病浸，水退则人多疾死，前后太守莫能治。彝至，乃令城门各造水窗凡十有三间，水至则闭，水退则启。启闭以时，水患遂息。"[2]

该书在《四库全书总目提要》中称："书中多记两宋轶闻，可补史传之阙，间及杂事，亦足广大见闻。"该书杨万里序亦言："其载之无谀笔也……是皆近世贤大夫之言，或州里故老之所传也。"胡铨、赵汝愚、周必大等众多南宋名望亦为之提识作跋，可见推崇。曾敏行（1118—1175），吉水人，距离刘彝北宋熙宁年间（1068—1078）治赣时间未远，其次子曾三聘曾任赣州司户，此书也是由他整理刊行，所言当可信。

刘彝，在《宋史》列传中未涉赣州治水事，仅载他治赣"著《正俗方》以训"移风易俗的政绩。[3]后世有关刘彝知虔和福寿沟事情，均多由上述两条原始史料演化而来。如赣州方志中现存最早的明嘉靖《赣州府志》载："……东、西、北阻章贡二水，水暴至，辄灌城，乃谋置水窗，三时启闭之备患。"注传："宋熙宁中，知州刘彝谋置水窗。"[4] "刘彝执中，福建怀

---

[1] 赣州地区志编纂委员会：《赣州地区志》，北京：新华出版社1994年版，第14页。
[2] 〔宋〕曾敏行：《独醒杂志》卷三，上海：上海古籍出版社1986年版，第25页。
[3] 《宋史》只载："刘彝，字执中，福州人。幼介特，居乡以行义称。从胡瑗学，瑗称其善治水……神宗择水官，以彝悉东南水利，除都水丞……知虔州，俗尚巫鬼，不事医药。彝著《正俗方》以训，斥淫巫三千七百家，使以医易业，俗遂变。"详见〔元〕脱脱等：《宋史》卷三百三十四，北京：中华书局1977年版，第10729页。
[4] 嘉靖《赣州府志》卷五《创设·城隍》，1962年上海古籍书店据《天一阁藏明代方志选刊》影印

安人，幼介特，尝师胡瑗，善治水，擢进士，熙宁中以判运知虔州……城东北濒江，作水窗视水消长而启闭之，水患遂自息。择彝为都水丞。"①明末天启《赣州府志》载："刘彝，字执中，怀安人，幼介特，从胡瑗学。……熙宁中以判运知虔州，因俗尚巫鬼，不事医药，著《正俗方》一卷，斥淫巫三千七百家，使以医易业。……先是郡城三面阻水，水暴至，辄灌城，彝作水窗十二间，视水消长而启闭之，水患顿息。朝廷以彝善治水，除都水丞。"②

以上记载都只说到刘彝及其水窗，均未提及"福寿沟"之名及其创建年代，直到天启《赣州府志》才出现福寿沟之名，并有相关形制、尺度、材质、堵塞原因和工程修缮现状、措施、管理等记载。如"福寿二沟，在府城。昔人所穿，以疏城内之水也。不知创自何代，或云郡守刘彝所作，近是。阔二三尺，深五六尺，砌以砖，覆以石。纵横纡曲，条贯井然。东、西、南、北诸水俱从涌金门出口，注于江……后因民居架屋其上，水道寖失。其故，每岁大雨时，行东北一带，街衢荡溢，庐舍且潴为沼。……而古迹可复，水患可消，则百世之德也。"③这是有关"福寿沟"名字最早及最详细的记载了。清代以后地方志有关此项记载，又多参此损益。

从以上引文可判明以下几点：

一是福寿沟为"昔人所穿""不知创自何代"。北宋的状况是"每春夏水潦入城，民尝病浸，水退则人多疾死，前后太守莫能治"。刘彝到任后"乃令城门各造水窗凡十有三间，水至则闭，水退则启"，说明原已有福寿沟，建水窗是为了解决春夏雨季时洪水倒灌的问题。但到明末清初后，便怀疑是刘彝所创，即"或云郡守刘彝所作，近是"。而到清乾隆年间，方志则又明确载为："二沟、三池、及十二水窗，攸关全城水利，与护城堤坝俱

---

① 嘉靖《赣州府志》卷八《名宦·府》，1962年上海古籍书店据《天一阁藏明代方志选刊》影印。
② 天启《赣州府志》卷之十一《名宦志》，清顺治十七年（1660）重刻。
③ 天启《赣州府志》卷二《舆地志·山川》，清顺治十七年（1660）重刻。

图 7-16　攀高铺段石盖板福寿沟与史载基本吻合（吴运江、李炎摄）

兴于宋。"[1] 清末《赣县志》在引述此条中又进一步明确："至福寿二沟，原委不甚分明，自是年久失考，传称刘彝素通水利，则二沟之设，当同时与水窗并建。"[2] 这恐怕便是今人所云福寿沟始建于宋代或由刘彝创建的主要依据。但可以看出，这个结论，不是距历史发生点最近的人得出的，反而是越远的人越予以肯定，显悖于一般史学观规律。

二是肯定了是刘彝创制水窗，但没明确他创建了福寿沟。宋代治水名人很多，刘彝是个"以论治水见称""率能兴水利"的人，也就是说，以理论

---

[1] 《赣州府志》卷七《赣县陂塘》，乾隆四十三年（1778）。
[2] 《赣县志》卷四《水》，同治十一年（1872）。

见长，也能倡导些水利实践。故《宋史》不载其善治水事，各地方志将之载入传记，主要还是基于他治理赣州的政绩贤能而载入名宦中。至于宋代"令城门各造水窗凡十有三间"而明代则是"彝作水窗十二间"可以视为笔误；而"东、西、南、北诸水俱从涌金门出口，注于江"这就不得其解了，因福寿二沟的水全部汇集一齐单从涌金门入江，似乎就与分区排水特点不符了。宋代赣州是13座城门，明后期是6座、清晚期是5座。即便城门堵塞逐减，也应不影响门洞下的水窗分别入江或护城河呀。

三是"福寿沟"之得名，始于明代。至于为什么称"福寿"？清代《修福寿二沟记》是称："有福寿二沟，盖因形而名。"① 现在网传其命名是"因形似篆书福寿二字"，应源此演绎而来。2015年在参与吴运江团队对福寿沟进行调查勘测时，笔者发现罗家巷地段福寿沟的砖构拱券上模印有"福寿"二

图7-17 现在沿用的水窗和井口形制

---

① 同治十一年《赣县志》卷四十九之四知县黄德溥《修福寿二沟记》，民国二十年（1931）重印本。

图 7-18　罗家巷段福寿沟的"福寿"铭文砖（吴运江、李炎摄）

字，从砖的尺寸和拱券砌筑样式看，应为明清时所修筑，是为最早的物证。

四是福寿沟不可能在短时间内完成。按常理来说，应是先有沟后有窗才对，创造水窗是防止洪水倒灌的最后关键技术节点。再则，像福寿沟这么浩大复杂的地下与地上相结合的综合水利工程，觉得不太可能由刘彝一任中所能完成，应该有个城市发展变化的背景和对城市防洪排涝的认识、摸索、总结的过程，应是个需长期建设完善的城市基础工程。据方志所载，宋熙宁年间（1068—1077），共有 7 人任虔州知州[1]——有学者认为刘彝知虔时间为熙宁五年至七年（1072—1074）[2]，而朝廷任命有治水专长的刘彝知虔，应是有特别针对性的，即处理好福寿沟的水既能排得出又能防得住的问题，于是

---

[1] 嘉靖《赣州府志》卷七《秩官·府》，1962 年上海古籍书店据《天一阁藏明代方志选刊》1962 年影印

[2] 李云彪：《刘彝与赣州》，赣州社科公众号，2022 年 11 月。

创建了水窗，从节点上解决了城内长期内涝的困扰。因此，推测福寿沟的创建，应在南朝梁陈霸先将城址迁回章、贡间至刘彝造水窗之前，而最有可能的是隋唐时期和卢光稠扩城后的割据时期。

东晋永和五年（349），太守高琰将南康郡从雩都县移至"章、贡二水间"，即今赣州古城（姑称"高琰城"——引者注）。东晋"义熙七年（411）徙于赣水东。梁承圣元年（552）复于章、贡间，即今城（姑称'陈霸先城'——引者注）是也。"①相关方志载：高琰城的范围主要在郁孤台和百家岭周边高地，占地不足1平方公里。②陈霸先再次将城址迁回章、贡间，并往南拓展到大公路与古城巷之间，仍属古城的"龟背"高地，占地1平方公里。这两城都是利用赣州古城的高地筑城。旧城濒贡江一带地势低洼，向视为"渚地"，年年被洪水浸泡，故高琰城和陈霸先城皆避开它。但唐末五代时，由于藩镇割据的大背景，本地军阀卢光稠着眼于当时政治、军事和经济的需要，为了圈民、凭险和控江以利抵御四周强敌，保留原西北段城墙，"斥广其东、西、南三隅，凿址为隍，三面阻水"③，不顾水患的危害，将城址（姑称"卢光稠城"）拓展到贡江边。此举引起了如下结果：

一是强化防洪建设。北宋嘉祐年间（1056—1063）"因贡水直趋东北隅，城屡冲决"，知州孔宗翰"甃石当其啮，治铁锢基"④。又，"州城岁为水啮，东北尤易垫圮，宗翰伐石为址，冶铁锢之"⑤，即将原来的土城改为砖石城。赣州沿江3600多米古城墙之所以能延续至今，主要原因也是其仍担负着防洪

---

① 〔宋〕乐史：《太平寰宇记》卷一百八《江南西道》之六《虔州》，北京：中华书局2007年影印版，第2172页。
② 吴运江在《赣州古代城市发展及空间形态演变研究》第四章："从'山城'到'江城'的演变——唐宋虔州的城市变革"中认为："南宋里城"范围即为"高琰土城"的范围，面积在11—12万平方米间，即约0.1平方公里。详见其博士学位论文，华南理工大学，2016年。
③ 同治十二年《赣州府志》卷三《舆地志·城池》，赣州地志办校注，1986年出版。
④ 同治十二年《赣州府志》卷三《舆地志·城池》，赣州地志办校注，1986年出版。
⑤ 同治十二年《赣州府志》卷四十二《官师志·府名宦》，赣州地志办校注，1986年出版。

的功能。"筑城以卫君，造郭以居民"这个概念，自卢光稠扩城后为之改变，防洪成为这个城市每年都要面对的问题。

二是完善排涝设施。宋嘉祐年间孔宗翰"伐石为址，冶铁锢之"，只是解决了防洪问题，并没有解决内涝问题，遂有十年后的"熙宁中，州守刘彝开水窗以防水患"[1]和前述的"水至则闭，水退则启""视水消长而启闭之，水患顿息"。

陈霸先城是利用原高琰城扩展而成，其选址范围属于古城的高地，都在海拔100米左右（卢光稠扩城后的城址大都低于此海拔高度），恰好重合在清代绘制的"福寿二沟"中的"寿沟"范围内。而且，最早见诸文献记载的"狮子两泉"和"凤凰、金鲫鱼、嘶马"三池也在这个范围之内。这从"福寿二沟图"和"福寿沟图"也可明显看出，"寿沟"均在原陈霸先城的1平方公里的城内，"福沟"则基本上都在扩城后周边2平方公里的低洼地内，这显示出有历史先后和前后接续的关系。疑"两泉"和"三池"，或即此期间创有初形，后"自宋元迄今，时一清理"[2]，渐渐形成后来的福寿沟。

陈霸先建城的目的，应还是传统的"筑城卫君"，但并不等于这段300多年的城市历史不存在防洪排涝的需求，也不是不具备规划建设城市水利工程的条件，尤其是隋唐盛世时期。由此而推测：福寿沟之所以有"寿"沟与"福"沟之分，形成分区排水的特点，就是因为先有"寿沟"，而后才有扩城之后形成的"福沟"。

在卢光稠（840—911）以虔、韶二州为根据地自称刺史的百胜军割据政

---

[1] 同治十二年《赣州府志》卷三《舆地志·城池》，赣州地志办校注，1986年出版。
[2] 详见天启《赣州府志》卷二《舆地志·山川》"凤凰池、嘶马池和金鲫鱼池条"："按郡城内三池鼎足相望。旧传池各有沟，水脉交通，常注不涸。凤凰池，地监通达，清泓如故；嘶马、金鱼僻在委巷，易于浸没。自宋元迄今，时一清理，然通塞无常，追寻不易，久之且失其故址矣。夫三池之开塞，系人文之盛衰。即形家言未必一一皆中，顾395其阴阳，观其流泉，自昔考卜者不废也。石谶相传已久，岂尽悠谬不足信耶？唯是岁，邈迹湮，承勘者急于报命……"

权里，面对每年如期而至的洪水和内涝，官民不可能任由不为，坐等近200多年后的刘知州来治。在这段相对稳定发展壮大的约26年时间里，卢光稠极可能结合其扩城建设时机，整体规划经理了城区地下排水设施，并初步形成了后来福寿沟的基本规模和形状。这从广为流传的卢光稠请风水大师杨筠松规划扩城，可知扩城有专家谋划并考虑城内水系统的设计。

此后进入唐末五代十国纷争，政权更迭的动乱时代。但到虔州归宋（975）至北宋嘉祐年间（1056—1063），应也是极有可能修建或完善福寿沟的时期。

宋初政通人和百废俱兴，由于政治经济中心南移，连接中原与岭南水运交通的大庾岭驿道，成为全国南北通道上唯一的一段陆路节点，虔（赣）州的政治经济地位和城市影响力因此发生巨变，赣州成为历史上政治经济最辉煌的时段，多项经济成就名冠全省[1]，有这个经济实力来用砖石改筑城墙和全面整治城市地下排水。因此，很有可能在孔宗翰"伐石为址"筑城之前，福寿沟已在卢光稠经理的基础上，有过长时段的不断修建和完善，只是缺载而已，刘彝完成的不过是成就大业的最后一棒。

三、文化背景

古代类似赣州福寿沟这样的城市水利工程，其实全国还有很多。如江西省宜春唐代的"李渠"、北京元代元大都水关考古遗址、安徽寿县明万历修建的"月坝"（这是与福寿沟水窗工作原理最接近的城市防洪排涝系统）等，尤其是李渠，从留下的史料看[2]，无论是历史文化，还是建设规模、技术含量，其价值和意义都不在福寿沟之下。但是它们绝大部分没有延续使用保存下来，只是留下一些史料和遗迹罢了。现在仍在续用的除福寿沟外，恐只有

---

[1] 据《宋会要辑稿》熙宁十年的数据：虔州商税总额为51229贯，在城商税39887.67贯，虔州造船605艘，占比全国的21%，均名列全省十三州、军之首。详见许怀林先生《江西通史·北宋卷》，南昌：江西人民出版社2008年版，第四、五章。
[2] 〔清〕顾祖禹等：《读史方舆纪要》卷八十七《袁州府·李渠》，中国古代地理总志丛书，北京：中华书局2005年版。

明清时期的北京紫禁城了。

福寿沟能历经千年续用至今的原因，除了它有切合实际利城利民的客观实用性外，还可能与以下传统文化有关：

一是与崇敬"三池"有关。历史上对于实践证明能惠及民生的良心工程，民间都会编造一些神话或传说故事，并设置些纪念性建筑，使其形成一种声望或传统压力以达到保护或传承的目的，这是底层老百姓的智慧。如四川都江堰关于李冰斗江神的故事和二王庙，广西灵渠关于飞来石和三将军墓的传说。赣州福寿沟也是如此。

福寿沟得名于明末，此前多以"两泉三池"或"沟"代指。如"福寿二沟在府城，昔人所穿，以消水患，功益与三池相表里者也"[1]。"狮子两泉"，位于今郁孤台下军门楼前。"三池"即凤凰、金鲫鱼、嘶马，分别位于今解放路中段东侧和阳明路东段南侧。"三池"各占地在100—200平方米间。据明嘉靖《赣州府志》载，正德丙子（1516）邢珣重修嘶马池时"清出直阔三丈五尺，横宽三丈二尺，环砌以砖"；修金鲫鱼池时"清出池东西五丈五尺，南北四丈三尺"。原"池各有沟，水脉交通，冬夏不涸，嗣通塞无常，渐失故址，今则福寿两沟约略形似"[2]。"约略形似"应是指功同福寿沟。池边一般都建有亭阁勾栏等人文景观，在其上题匾作对。它们"三池鼎足相望"，互为沟通，人为设置，其实就是福寿沟的一处地表节点工程，即上引所谓的"相表里者也"，功同"沉井""水窗"和"渡龙桥"，与地下的福寿沟、城内的水塘、城外的三江和护城河，共同构成福寿沟的综合水利系统工程。"三池"主要是起便于疏通沟道和清淤排污的作用，其功能初意可能仅是作为监测暗沟通塞、水位高低和流速作用，如清末总结维修福寿沟时便说："欲得真踪，须从凤凰池循其沟之曲折，穷其水之流通必无一阻淤，而后脉络分明。

---

[1] 《赣县志》卷二《舆地志·沟》，康熙二十三年（1684）影印本。
[2] 〔清〕周长森：《修金鱼池记》，载同治十二年《赣州府志》卷三《舆地志·城池》，赣州地志办校注，1986年出版。

古人开浚之微意可识,皆从水利立言,乃为笃论。"① 日久后渐成为一处具有神秘文化内涵、令人敬仰的名胜古迹。

有关"两泉三池"的始建年代,史书失载,但散见于风水杂录和民间的传闻中。如唐末杨筠松为卢光稠设计了"狮子二井"和"三池",而且留下了至今百姓津津乐道的杨、卢相互设局暗害的故事②,不过官编方志未见采纳。从"三池"所在位置看,地势较高亢,自然水塘很少,缺少可资福寿沟调蓄利用的水面,因此,有人为设计开挖池塘的必要。

图 7-19 清同治《赣县志》金鱼池图

"福沟"区内有大量的天然积水塘,可替代"三池"的功能。

"三池"现已无存,约废于民国,但散见于各方志中的维修记载约有十余次,最后一次维修为清同治八年(1869)。最早的记载,是明嘉靖《赣州府志》所载宋庆元至嘉泰年间(1194—1204),郡守柴中行、赵时逢分别重修过金鲫鱼池:"府东南二里,其形势高下与凤凰池近似,旧有沟达三池,久

---

① 《赣县志》卷四《水·福寿二沟》。
② 大意为:卢光稠请杨筠松择址规划布局扩城后,又请为其卜天子地,复问还有此地否?曰:有,一席十八面,面面出天子。卢恐他姓得之,遂毒杨。杨觉,携其徒曾文辿亟去,至一处问何名,曾答:药口(今于都杨公坝)。曰:药到口,殆矣,此仇不可不报,小子志之:告卢王于磨车湾安水碓,十字街口开泉井,则世世为天子矣。曾问:何谓也?曰:"磨车湾安碓,单打卢王背,十字路口开井,卢王自缢颈。"后,卢光稠果背发疽,痛不能忍,自缢而死。

而湮塞。郡守赵时逢、柴中行、继拓，元末废为民居。"①宝庆丁亥（1227年）郡守聂子述（曾辑印《宋拓郁孤台法帖》传世而著名）重修凤凰池时，曾"构亭其上"，又因"池中有石竹生焉，旧传有凤栖其上"并名匾"凤凰"。此事彭祥还为之作有"圣人抚世岐凤鸣，圣君德洽虞麟生等诗句，可见已是一处重要名胜古迹了。

二是与"风水"信仰有关。赣南是民间风水文化的发祥地，创建了江西"形势派"（相对于后来的福建"理法派"），而且名师辈出，明清时期大部分时间里执掌朝廷钦天监（专司皇家风水及国家天文、地理等）的主职（即"国师"和"博士"）。明代时赣南风水术更是大行其道，一时风水建筑如塔、桥、楼、阁等风行赣南②，相关风水文化传说也多兴于此时，前文所述的杨筠松与卢光稠的传说，后文将说到的刘伯温与通天龟的故事，大致也形成于此时间。当然，赣南传统上更信巫鬼、谶谣，故刘彝知赣时，主要政绩不是治水，而是因"俗尚巫鬼，不事医药。著《正俗方》以训，斥淫巫三千七百家，使以医易业"③的事迹。

查相关文献，至迟宋代时便将福寿沟的保护修缮与一方人文的祸福兴衰联系起来。嘉靖《赣州府志》载："宋绍兴丁卯（1147），郡守曾慥修谯门，掘地得石，上书谶文云：'穿开狮子两条泉，九秀回龙出大官。金鲫鱼池赐金紫，凤凰池上出名贤。'"④又，天启《赣州府志》："旧传赣郡城为通天大龟形，十县为蛇形，号'十蛇聚龟'。郡城中有狮子二井、凤凰、嘶马、金鲫鱼三池。相传晋郭璞《迁城记》曰：'金鲫池中波潋滟，读书科第登荣显。莫教他日塞鱼池，枉读诗书千万卷'。又曰：'塞却三池人少粮，又无朱紫耀

---

① 嘉靖十五年《赣州府志》卷二《山川·池》。
② 详见万幼楠：《赣南风水塔与风水信仰》载，张涛：《周易文化研究》第二辑，北京：中国社会科学院出版社2010年版。
③〔元〕脱脱等：《宋史》卷三百三十四，北京：中华书局1977年版，第10729页。
④ 嘉靖十五年《赣州府志》卷二《山川·池》。

金章'。"①

刻石谶文，显系民间神秘文化仿照古人伎俩使然。士大夫当然懂得其中意思，但也并不揭穿，而是顺应并代代相传。"通天大龟"说，也与福寿沟功能所起的作用有关，故民间有"浮城"故事广为流传。②我们今天查阅赣州方志时，便会发现，但凡明代的赣州府城图都画成龟形。现在媒体介绍赣州福寿沟时，多用"千年不涝"和"浮城"为题的也是源于此。

因此，每到一个福寿沟维修周期的时间，便有士大夫拿修"三池"说事。如古代最后一次福寿沟修缮的动因，就是巡道文翼上任后，感到"政通人和，慨然以兴废举坠为己任"，询问地方利弊，于是，部属周长森"遂以福寿两沟，凤凰、金鱼、嘶马三池对"，说："郡城'五岭''三池'，著名形胜，闾井相望，高下层出。而五岭之水，延袤曲折，南北创为福寿两沟，迤东则汇于'三池'。谓井泉之脉胳，犹人身之气血也，气血凝滞，则疾病生焉。井泉湮塞，则潢污壅焉。"③于是，"同治九年，巡道文翼、知府魏瀛、知县黄德溥，督郡人追寻故址，兴工疏瀹，池水清澄如故。将来文运如开，端赖于斯也夫！"④这是古代最后一次维修，尤为珍贵的是还留下了魏瀛的《修福寿沟记》、黄德溥的《修福寿二沟记》和邑人刘峙的《福寿沟图说》等稀有和历史上最丰富的一次维修史料。特别是"福寿沟图"和"福寿二沟图"，成为今天研究和宣传福寿沟最重要的基础资料。

---

① 天启《赣州府志》卷十八《记事志·轶事》。
② 大意是：赣州三面环水，城高墙厚，明将常遇春久攻不下，请刘伯温来察看地形后说，当用水攻，于是在二水合流的下游筑起大坝。可是数月过去，城外田园农舍皆成泽国，赣城却安然无恙。再登高细察，发现赣州城宛若一通天龟形，头朝南，四足即四城门伸入章、贡两江中，隐约能见四足在水中划动，不禁叹曰：今日可真识浮州了。于是铸成四根铁柱，分别钉在四门码头。巨龟顿时流血三天，染红三江，浮州不能浮起来了，守城陈友谅部将熊天瑞只好举旗投降。
③〔清〕周长森：《修金鱼池记》，同治十二年《赣州府志》卷三《舆地志·城池》，赣州地志办校注，1986年出版。
④ 同治十二年《赣州府志》卷三《舆地志·城池》，赣州地志办校注，1986年出版。

此前有关维修"三池"和"福寿沟"动因,大致若此。如明代"景泰二年(1451),训导司马轸阅方舆胜览及稽郡志"谓池之开塞,系人才兴替"[①],建议要修缮福寿沟,后来南赣巡抚韩雍清、陆稳,名宦郡守如邢珣、黄扆等也先后主导修葺过"三池"。知府黄扆于明嘉靖壬戌(1562)重修金鲫鱼池时,还在其上兴建了金鱼坊,"建书院,士子肄业"。府志在总结这些维修的意义时云"夫三池之开塞,系人文之盛衰,即形家言未必一一皆中,顾相其阴阳,观其流泉,自昔考卜者不废也。石谶相传已久,岂尽悠谬不足信耶?唯是岁,邈迹湮,承勘者急于报命……[②],肯定了它的必要性。清代沿袭前朝,更加勤奋用心,以标榜政绩和顺应民望。自清末以来,因较长时间困于战乱困顿和百废待兴,福寿沟的维修主要依赖于一种文化自觉的贯性,修缮手段主要是针对性的、即时性的,坏哪修哪,遇较大地下项目有条件时,也改用现代涵管替代。但福寿沟的基本布局和走向没有大的改变,出水口处的水窗构造原理,仍基本上延袭前朝做法。现在"三池"及大部分水塘已经被填建,内涝时辅以抽水机替代原水塘的调蓄功能。

刘芳义等1990年编的《赣州市城乡建筑志》《市政工程》载:"清末大修后,民国八年(1919年)对福寿有过一次维修。建国后,1953年始逐段进行清理、修复和改建。

图7-20 "赣州市城建局1963年1月修建"铭文

---

① 嘉靖十五年《赣州府志》卷二《山川·池》。
② 天启《赣州府志》卷二《舆地志·山川》"凤凰池、嘶马池和金鲫鱼池"条。

图 7-21 厚德路福寿沟古今交汇沟渠

如修复厚德路福寿沟 767.7 米；将 11 条街巷穿越民宅沟段改用直径为 0.6—0.9 米的水泥管；还改了八境台和涌金门的集水出口等，到 1957 年修改工作基本结束。"但实际调查情况应直到 1963 年仍有维修延续，直到改原木水窗为铁闸窗后才告一段落。至 20 世纪八九十年代，又进入一个以改造为主的修改阶段，这是一次破坏较大的历史时期，大部分福寿沟皆损失于这期间。据笔者 2004 年的初期探测和吴运江、李炎博士团队 2015 年的勘测，现存原传统形制并仍在使用的福寿长度可能不到 3 公里，主要分布在福沟集水区的姚衙前——攀高铺、厚德路——荷包塘为核心的历史街区，西边的寿沟集水区已基本无存。福

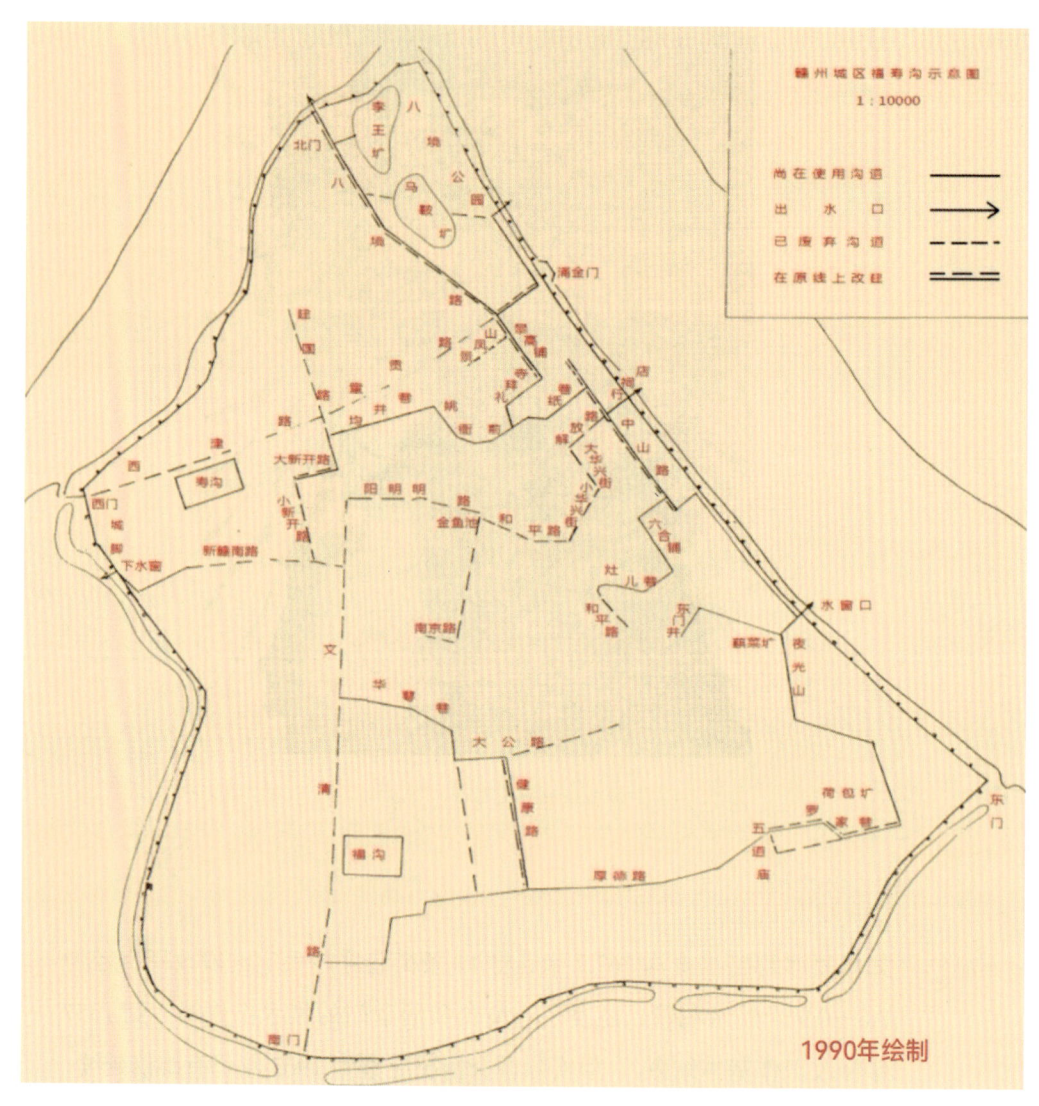

图 7-22　1990 年刘芳义等编《赣州市城乡建筑志》时绘制的福寿沟现状图

寿沟虽于 1997 年公布为赣州市文物保护单位，但真正得到重视和保护是在 2010 年之后，2018 年公布为省级文物保护单位，2019 年便公布为全国重点文物保护单位。

四、结语

（1）赣州老城三面环江是座易遭水灾的城市，防洪排涝是这个古城的必修课。古城历经东晋、南朝梁和唐末三次扩建而成，如此规模宏伟的综合水利工程，绝非朝夕间能够完成，更不可能在古城建成数百年后等到北宋中期刘彝来创建。史料明确了刘彝建水窗，却未明确福寿沟是他所创，笔者认为，刘彝只是在福寿沟接力建设长跑中的最后或最重要的一棒。

（2）"三池"是福寿沟的地面设施，是整个福寿沟工程的重要组成部分之一，功同"水窗"。但它与福寿沟的关系，以往似乎没有引起学者关注。有关"三池"的史料早于和多于福寿沟，但前者着重于记述其历史文化，后者则着重于记述其水利功能。笔者认为，"寿沟"和"福沟"存在相对的独立性，而"三池"只建于"寿沟"区内，显示出属于两个不同历史时所创，"三池"的创建可能早于"水窗"。

（3）福寿沟集蓄、防、排于一体，是我国古代杰出的城市综合水利工程，也是我国唯一仍在延续使用的古代城市下水道。福寿沟历经千年，承载着各历史时期的信息，是研究城市历史和防洪水利史、建筑技术史的活态文物，具有很高的科学和历史价值。同时，福寿沟的内涵、原理和智慧与当前国家提倡的"海绵城市"相一致，具有显著的现实意义。

第三节　七里古窑

相对古建筑、古遗址等文化遗产的观赏，观赏古窑址显得应更具专业性。陶瓷，在现代学科分类中属于硅酸盐范畴，就像观赏青铜器一样，均属高科技行业。用现代的话来说，陶瓷是我国古代从事物理、化学研究的科学家们的成果，反映的是古代一些高智商人群的作品，体现的是推动社会科技进步的智慧力量。

陶瓷，具有十分稳定的性状，即便是埋藏了数千年出土后还是如同当初。同时，陶瓷还具有非常鲜明和敏锐的时代性。可以说，它随着人类历史文明的进程，一直都在不断地发展变化着。从陶器到瓷器，从低温到高温，从露天烧到窑烧，从粗糙的黏土胎到精细的瓷土胎，从无釉到有釉再到单色釉、彩色釉，从裸烧到匣钵烧再到叠烧、覆烧等等一直到现代，从没有停止过科技进步的步伐，并都能留下前进的脚印。因此，陶瓷成为考古学断代中最重要的标尺和依据，古遗址或古墓葬中只要发现陶瓷片，几乎历史年代认定就有了基本把握。七里镇窑址便是能让人见证这一历史文化现象的文物场景。

一、古窑概貌

七里镇窑址，因主要位于赣州市章贡区水东镇七里村，故名。1959年7月"七里镇窑遗址"公布为江西省第二批文物保护单位，2013年5月公布为第七批全国重点文物保护单位，并更名为"七里镇窑址"。

七里镇窑址分布于贡江北岸约1平方公里的坡地上，东至七里村砂子岭，西到沿圳村杨家岭，南临贡江北岸。截至2021年，共发现大型窑业堆积21处，即杨家岭、梧桐崇、高岭、殷屋对门、殷屋崇、袁屋岭、赖屋岭、罗屋岭、殷屋背、周屋坞、张家岭、周屋岭、木梓岭、郭屋岭、刘屋岭、砂子岭、鲤鱼形、湖头塘、郭家岭、刘家岭、豆瓷坪，占地面积约6.3公顷。另据2022年"七里古镇"项目建设工地最新考古发掘成果，还发现制瓷作坊可能埋藏区、古河道、古街巷、古码头等相关遗存。

七里镇窑，始烧于唐末、五代，盛烧于两宋，终烧于元末明初，前后延续500余年，是江西南部发现的规模最庞大、烧造时间最持久的窑址。窑场产品主要以烧造青白釉和酱釉为主，瓷器类型包括青绿釉瓷、乳白釉瓷、青白瓷、酱褐釉瓷、黑釉瓷等，种类繁多，釉色丰富，造型秀丽，属

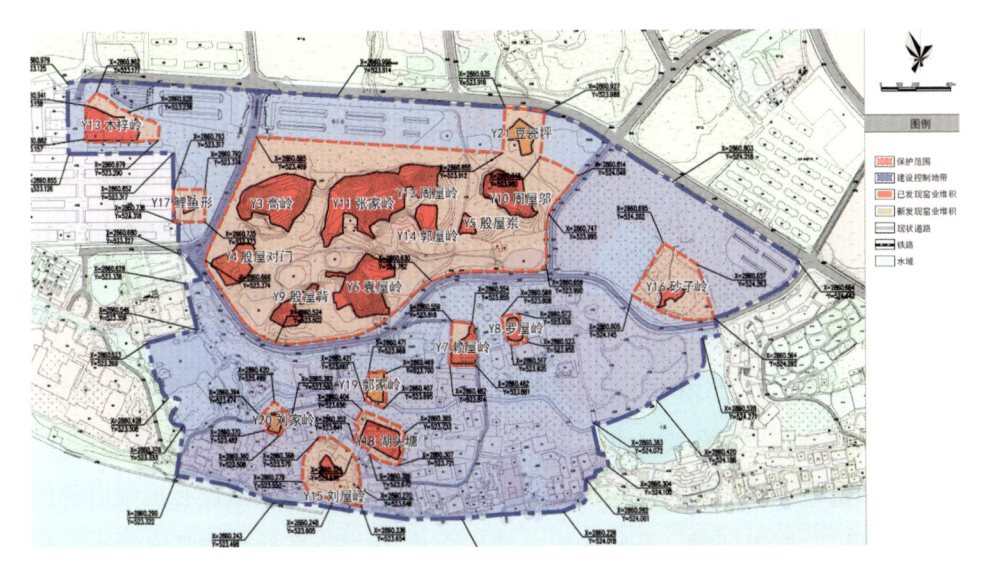

图 7-23　七里窑文物构成分布图

于综合性窑业窑场。其中典型产品为紫金釉瓷，在省内外享有盛誉。特别是乳钉罐，因 1976 曾发现其在韩国新安海域元代沉船中而闻名遐迩，说明七里窑产的乳钉罐远销日本、韩国。

　　七里镇窑址历史悠久，窑址分布范围大，窑业堆积多，瓷窑生产旺盛，瓷器质量上乘，烧制技艺精湛，是江西地区宋元时期的重要陶瓷基地。该窑址丰富了江西陶瓷史和中国陶瓷史的内涵，对研究我国南方地区瓷业历史发展具有重要意义和重要的历史价值，被学术界誉为宋元时期江西省的四大名窑（镇德镇、七里、吉州、白舍窑）之一。因此，从 20 世纪 90 年代至今，由江西省文物考古研究院带队，先后对窑址进行了四次专业科学发掘，考古清理了 6 座窑业堆积，出土遗物 7600 余件。2022 年，七里镇窑址被列入江西省首批省级考古遗址公园立项名单，相关环境整治提升工作也在有序进行中。

二、历史考据

七里镇，旧名"七鲤镇"。清同治十一年《赣县志》记载："郡东南七鲤镇，七山排列如鲤，故名。"①传说中的来由为：东海龙王的七个龙女，从东海→长江→鄱阳湖→赣江，到达赣江源头的贡江一带玩耍，乐不思蜀，不肯回龙宫，被观音老母点化成七座小山包散落在江边，故名七鲤镇。又因古镇距离赣州市区走水路只有七华里，故又名七里镇。

有关古代七里镇的历史记载很少。最早的记载是《宋会要辑稿·食货》之"商税五"："（绍兴三十二年）八月十一日诏：赣州七里镇东江务并归城下商税务，从江西转运司。"这说明早在宋代就在七里镇设有征收商税的"东江务"，同书还载：征收磁窑务商税2887.89贯。②后有清乾隆二十一年撰修的《赣县志》卷六《食货志序》载："惟府会南达两广，西湖广东福建，设两关以榷税，居积者缘而素封，竹木之饶行乎江浙。……唐末常官设瓷窑于七里镇，宋时常设鼓铸官于州，出泥片茶，特许赣民私酿，虔州设税务所六，此皆前事之可考者。"再就是上引《赣县志》卷四《水》条中的记载："镇旧为东关务，又为窑场，瓦砾成山。……附近皆瓦砾层累，盖先朝瓷窑旧镇也。"与七里镇窑有关的古代文献记载大致就这些。

由于七里窑火到明初便停烧了，此后，七里镇专注于经营竹木运销业，一直到新中国成立后，成为赣南著名的木材集散地。因此，有关间接资料尚有，赣州市博物馆收藏的《道宪示勒石永遵》石碑，落款时间是光绪十二年（1886）五月十五日，主要内容是关于"各类木材完纳厘金的规定"。此外，民国三十五年（1946）还编了本《七里乡社会调查》，但内容基本上与古窑址无关。

值得一提的是，七里镇不仅烧造瓷器，同时也烧造火砖，而且延烧时间

---

① 同治十一年《赣县志》卷四《水》，民国二十年（1931）孔绍尧重刊版。
② 许怀林：《江西通史·北宋卷》，江西人民出版社2008年版，第183页。

还长于瓷窑。今赣州古城墙上多见"第一务""第二务""第三务""西窑"，某某"上窑""中窑"、"下窑"等铭文砖，据常雪超考证，"赣州城砖烧造设窑务，烧造地点分为水东七里镇之'第一务'，水南'第二务'，水西之'第三务''西务'"[1]。今七里镇依旧有上坊、中坊、下坊的名称区分，实与上窑、中窑、下窑之命名相对应，其中"下窑"位于七里镇下坊以西，"自水东七里镇唐末五代开窑以来，下窑村始终存在"[2]；水东从事砖瓦烧造业，一直至二十一世纪初期，是供应赣州城区砖瓦产品的主要和重点产区。

七里镇窑址，是1956年江西省文物管理委员会王咨臣在赣南进行文物普查时发现的。此后，江西省博物馆陈文华和赣州市博物馆夏金瑞等老一辈文物考古工作者又相继进行了调查，采集了一些标本。后来因窑址附近的居民为扩建住宅，挖掘窑址中的窑具和垫渣作建筑材料，破坏了一些堆积。在这些堆积暴露出的大量遗物中，发现了以往调查所未曾见到的新品种，因此引起了赣州市有关部门的重视，及时对窑址采取了一些保护措施。

1977年10月，为了进一步了解七里镇窑址的堆积内涵，准确了解其烧造历史，为今后试掘作准备，江西省博物馆和赣州市博物馆联合对该窑址进行复查，全面调查了窑址的分布及其遗物的种类。此后，在1978—1985年间，七里镇窑址所在驻地单位、居民或个人在日常建设、生产、生活过程中，陆续又发现一些窑址中出土的瓷器标本或窑址情况。

针对上述信息资料，江西省文物考古研究所对七里镇窑址，先后主持进行了四次正式的考古科学发掘工作。[3]

第一次是1985年11月—1987年1月，为配合万安水电站基建工程，江

---

[1] 常雪超：《赣川望郡——赣州城墙历史与铭文城墙研究》，南昌：江西美术出版社2022年版，第164页。

[2] 常雪超：《赣川望郡——赣州城墙历史与铭文城墙研究》，南昌：江西美术出版社2022年版，第164页。

[3] 详见江西省文物考古研究所：《赣州七里镇窑址——考古发掘报告1985至2018》，北京：科学出版社2022年版。

西省文物考古研究所联合赣州市博物馆，对七里镇的窑址进行了一次全面调查，并对部分窑址进行了首次抢救性发掘。先后发掘了砂子岭、周屋岭、张家岭三处窑业堆积，发掘总面积1961.8平方米，出土遗物4940件。在砂子岭堆积底部揭示出晚唐或五代龙窑窑床一座，在张家岭发现南北平行的元代龙窑两座。出土遗物主要为窑具、褐釉瓷和青白瓷。对七里镇窑遗址的窑床结构、烧造工艺及产品特点等有了重要认识。这次发掘成果，发表在1990年在《江西文物》第4期。①

第二次是1991年9月—10月，为配合赣州地区粮油公司的基建工程，经国家文物局批准，江西省文物考古研究所联合赣州市博物馆，对木梓岭窑业进行抢救性发掘。这次发掘面积675平方米，所出遗物主要是青白瓷和窑具，没有发现窑床和作遗址。

第三次是2014年7月—2016年12月，为配合编制国保单位七里镇窑址保护规划，弄清七里镇窑址的烧造年代与各时代产品风格和典型产品，并对其遗产价值进行科学评估，经国家文物局批准，江西省考古研究所和赣州市博物馆，再次联合对七里镇窑现存窑业堆积进行了全面复查，并对赖屋岭和周屋坞两处窑堆进行了为期两年的考古发掘，共发掘出龙窑三座，出土近三万件五代至明代的各种釉色瓷器。其中在袁屋岭发现的宽达4.9米的宋代龙窑，是目前我国发现的最大的窑室。而在周屋坞发掘的宋代龙窑壁高达3.6米，则刷新了我国宋代龙窑壁高的记录。

第四次是2017年11月—2018年12月，这次考古发掘主要是针对上次发掘资料在做保护规划过程中，发现七里镇遗址还有很多基础资料不够清晰、完整。如古窑址的遗产除了生产废弃物堆积成的窑包外，还应包括生产作坊、工人住房等建筑遗址，瓷土矿和尾砂堆积形成的矿区遗址，码头、桥梁等交通运输设施遗址等，以及古村落、古街道等遗迹都还不清楚，在研究和展示七里镇窑遗址的制瓷流程尚存在严重缺环。因此，中国文物信息咨询

---

① 详见《江西赣州七里镇窑址发掘简报》，《江西文物》，1990年第4期。

中心决定与江西省文物考古研究所、赣州市博物馆联合组成七里镇窑考古队，运用现代最新的勘探、测绘技术，对七里镇窑遗址进行一次全面的考古勘探与重点发掘工作。因此，这次考古发掘工作，主要是通过前期考古钻探成果，对七里镇窑址进行了重点区域的考古钻探。总计勘探面积25023平方米，发现遗迹现象7处，共发掘了42个探方、1050平方米，取得了较有价值的发掘成果。

三、文化面貌

根据上述考古调查和考古发掘资料分析，对七里镇窑址的文化面貌简述如下：

（一）产品的特色与外销

七里镇窑场的空间分布，大致是由南向北发展。窑址可分为东区（上窑）、南区（中窑）、西区（下窑）三个片区，其中东区以乳白、青白釉为主，南区以青釉瓷为主，西区以褐釉瓷为主。各个窑场的产品各有侧重和分工，年代亦有早晚之分，但由于受到时代变革及村镇变迁的影响，其整体布局现已无法明确划分。

七里窑的产品主要生产四大色釉瓷。即唐末五代时期的青釉瓷（图7-24）、

图7-24 唐末青瓷器组图（陈镇江供图）

宋元时期的青白釉瓷（图7-25）、酱（紫金）釉瓷（图7-26）和黑釉瓷（图7-27）。但四色似乎均非七里窑首创，也不是最有名。如青釉瓷是最早出现并流行的瓷器釉色，也是南方地区的传统色釉，著名的如汉唐以来流行的洪州窑、越窑等；青白釉瓷宋元时期窑口众多，其中又以景德镇窑著名；酱釉瓷则源于北方的定窑、耀州窑等窑口；黑釉瓷更是以吉州窑和福建建窑著称于世。其中

图7-25 宋青白釉瓷组（陈镇江供图）

图 7-26 宋元酱釉瓷组（陈镇江供图）

图 7-27 宋元黑釉瓷组（陈镇江供图）

又以青白釉瓷为大宗，产品几乎贯穿七里镇窑烧造的始终，器物种类繁多，造形变化多端。显然，七里窑是博采众长、借鉴和沿引了相关工艺技术为我所用而发展成势。

七里镇窑产品95%以上都是普通民众日常食用瓷器，如碗、盏、钵、盘、碟、杯、瓶、壶、罐等，只有极少量的像生瓷、香炉、瓷砚、瓷枕、灯、粉盒、笔洗、香料小瓶等闲暇产品，这个生产定位，几乎始终如一，较少出现诸如唐晚越窑的秘色瓷、宋代五大名窑的精美釉色瓷，以及元代景德镇窑枢府瓷这样的时代性高、新、尖、特瓷器产品。似乎这些发明创造、创新创优的事都是他们关注的活，七里镇窑只专注于实用器和生产规模，通过量产来满足大众对瓷器的需求。这种现象，其实与赣州所处的自然环境与历史文化背景是相吻合的。古代赣州位居四省水系上游，山高水激，地广人稀，经济社会发展和科学生产技术落后于周边产瓷地区，这也是七里镇窑之所以能持续延烧五百年、一直定位于烧造日用瓷的一个重要原因。因此，七里镇窑的瓷文化，不必与汝、官、哥、钧、定等宋代名窑比艺术高度，但可以与之比产量，比产品的丰富，比烧造时间的长度。

从上述七里镇窑的窑业分布范围和堆积体量便可看出，产量很大，大宗产品碗、盏、钵、盘、杯、碟、瓶、壶、罐的类型，形式十分丰富，可以满足各种人群的需求，其供应对象自然不局限于本地。1976年在南朝鲜新安海域打捞到的那艘我国元代的沉船，沉船中出水一万三千多件瓷器，其中成批发现一种敞口、束颈、鼓腹、平底或内凹、状似鱼篓状，颈部饰白釉乳钉，外施黑或棕色釉的瓷罐。这种器形当时称"乳头纹小壶"，在日本早有出土，叫"擂座小壶"（即装擂茶粉末的小罐。宋代喝茶多将茶叶磨成粉末，然后用沸水煮泡，时称"点茶"。"擂座"其实就是"擂茶"的意思和音译）。当时日韩学者发文疑为江西吉州窑或河北磁州窑产品，后经赣州市博物馆时任馆长薛翘及江西省专家学者比对，确认这批器型产自赣州七里镇窑。[①] 现在

[①] 薛翘：《宋元时期外销日本的赣州陶瓷》，《江西历史文物》，1981年第4期。

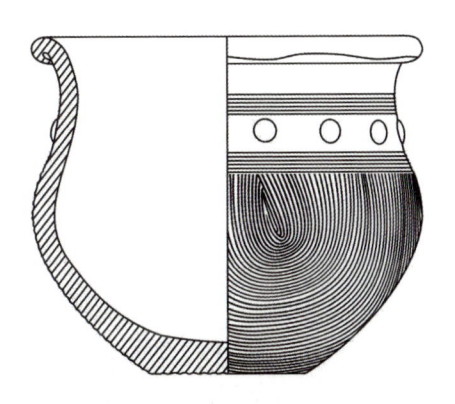

图 7-28　宋酱釉柳斗纹罐图组

统称之为"乳钉罐",根据其纹饰不同又可分为"柳斗纹乳钉罐"(图 7-28)和"同心圆纹乳钉罐",为七里窑的知名外销瓷和典型器代表,其代表作已列为国家一级文物。此外,这一万多件瓷器中,尚有诸多其他瓷器,因窑口众多,产品似是而非不能绝对明确窑口,如其中的部分青白瓷,也有可能产于七里镇窑。七里窑产品的远销与影响,可见一斑。

(二)窑床、装烧与装饰特点

七里窑产品虽然在造型、胎釉等艺术创新方面在全国相对不算突出,但在提高产品容量、产量,如窑床构造、窑具装烧技术等方面却颇有建树,甚至还走在全国前列,充分反映了该窑的定位和目标方向。

袁屋岭窑窑宽达 4.9 米,是目前我国发现最大的宋代龙窑窑室。而周屋坞龙窑仅后部残长便达 20 余米,最宽处也有 4.27 米,为了确保火力前后均衡,在右侧窑壁还设有通火道,而且在中部还增设了投柴孔,在尾部还留有

图 7-29　赖屋岭窑口立面

后门，这些都是以前窑址考古中所未见过的。[①] 这些举措都是为了提高窑床的容量和成品率，否则，便是一窑废品，劳民伤财。因为，龙窑的长度，跟如何控制好窑温、拿捏好均温有关；龙窑的宽度，跟窑床构造的跨度和矢高有关。这是个工程技术问题，现在也不知道只有1米多高的内空，是如何跨过4米多宽窑拱的？这在宋代的科技水平基础上是件极具挑战的事，也是七里镇窑址今后还待深入研究的课题。

七里镇窑的装烧。唐末五代时期采用的装烧方式为明火叠烧，主要窑具是"支座"（"垫柱"）；宋元时期采用的主要是匣钵烧和支圈叠烧。

"明火叠烧"属于裸烧方式，可分为"支座仰烧"和"支座覆烧"两式。优点是：装烧窑具简单、量多，直接给热，坯件温度提高快、省时省料。缺点：一是焰灰尘渣易落在釉面上，且产品堆叠多，易产生倾倒和压陷，导致废品多；二是叠烧器件间的支钉破损了碗心釉面，造成使用不便和不美观。

"匣钵烧"是七里窑的主流装烧法，主要运用于北宋到南宋前期，可分

---

① 江西省文物考古研究所：《赣州七里镇窑址——考古发掘报告1985至2018》，北京：科学出版社2022年版，第69页。

图 7-30　周屋坞宋代龙窑六层烟室（肖发标供图）

图 7-31　五代支钉间烧的青瓷

图 17-32　支钉间烧的青白瓷

图 7-33　郭家岭窑出土匣钵烧

为"涩圈叠烧""多件匣钵仰烧""单件匣钵仰烧"三式,其中"涩圈"是指,将坯件内底釉面先行刮除,形成环形涩圈,使器件层压叠烧不致粘连。优点是:不易被尘渣污染釉面,防止器物骤冷收缩开裂,利于降低废品率。同时,匣钵烧增大了坯件叠摞的承受力,可避免因堆叠高而倒塌,提高了烧成率,确保了产量。缺点是:工艺较复杂,技术要求高,耐火材料消耗大,成本较高,不适宜民用瓷的批量生产。

"支圈叠烧"属于覆置装烧法,流行于南宋晚期,目前发现的窑具不多。其方式是将坯件覆置,使沿口层层扣在似螺纹状的环形支圈内,外用泥饼、泥浆封实,形成大小一致的圆柱体进行焙烧。优点是:器件在高温中能与窑具热胀冷缩系数同步,使产品不变形,成品率高;支圈细小,用料很少,节省能料和空间，同空间窑室相比可提高产能高达 4 至 5 倍。[1] 缺点是：因口沿无釉，形成口沿露胎涩釉（芒口），使用不便也不美观；"支圈"为一次性窑具，用料大、成本高。因此，南宋后基本不再使用了。

（三）始烧与终烧的时代

七里镇窑创烧于唐末五代时期。早期产品主要烧制青釉瓷，瓷器质量较差。北宋时期，青釉瓷停烧，白釉瓷继续延烧并有新的发展和提高。南宋初期，七里镇的烧瓷技术达到高峰，创烧了仿漆器薄胎赭色釉瓷，褐釉瓷、黑釉瓷等类型瓷器大量生产。宋末元初，随着战火的漫延，七里镇窑烧瓷业开始衰退。至明代初期，七里镇窑停止烧造。

七里镇造瓷业崛起和创烧的原因主要是：唐末五代至北宋期间的战火动乱，大量中原和江淮及赣中一带的移民来到赣南。他们带来了先进的农耕和手工业技术，不仅大大增强当地人口和开发了赣南山区的经济发展，而且还因此孕育形成客家民系。在众多先进技术中，其中便有流行于江淮一带的青釉瓷和北方的白釉瓷烧造技术，引进到了七里镇，并且创烧了质量较好的白釉瓷。学者们之所以能一致认定其创烧于唐末五代，除了其产品器型、釉色、装烧技术等与同时期其他窑址考古材料相印证外，当时李海根先生又根据乾隆二十一年（1756）版《赣县志》卷六《食货志·序》，获得地方志文献佐证资料。[2] 尤其是文中有"唐末常官设瓷窑于七里镇，宋时常设鼓铸官于州"句，说明七里镇窑唐末时还是官窑。

七里镇窑至今为止，很少发现明代的窑址和产品瓷片，因此，以往都认为终烧于元代末年。[3] 但 1987 年在参与对张屋岭一座元代龙窑发掘时，张嗣

---

[1] 江西省文物考古研究所：《赣州七里镇窑址——考古发掘报告 1985 至 2018》，北京：科学出版社 2022 年版，第 339 页。
[2] 李海根：《赣州史话》1999 年内部出版，第 38 页。
[3] 代表人物如余家栋"关于赣州七里镇窑几个问题的探析"一文中"至元末衰退终烧"。《南方文物》1992 年 4 月。

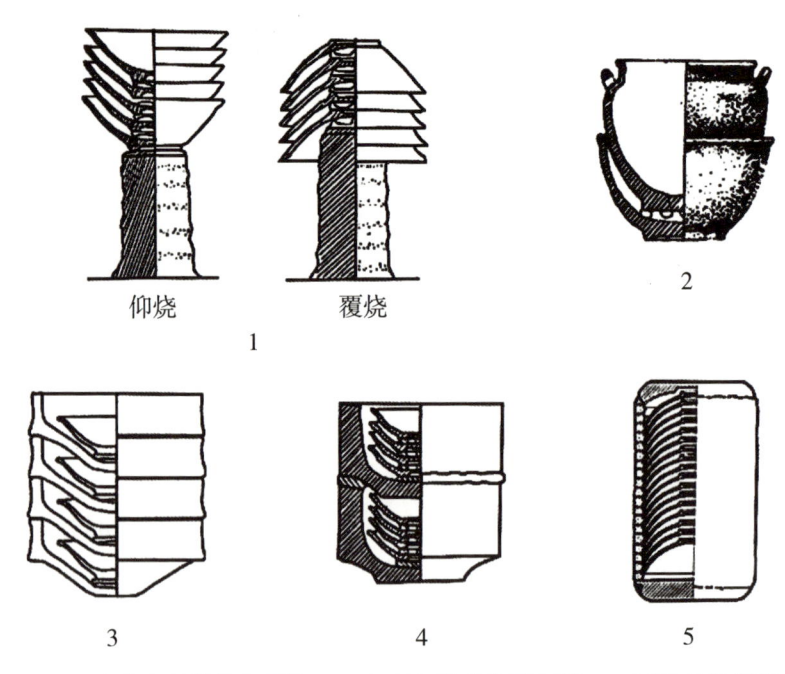

1. 支座上的仰烧与覆烧　2. 支座上的套烧示意图　3. 匣钵单件仰烧
4. 匣钵多件仰烧　5. 环形支圈覆烧

图 7-34　七里镇窑装烧技术图示（引自《赣州七里镇窑址发掘报告》）

介发现窑壁上头有3块明洪武年间朱敏任赣州知府时烧制的城墙砖[①]，应是窑工修筑窑壁时采用的建材，再结合当地其他考古与社会历史变化情况，进一步认为：七里镇窑终烧于明洪武至正德时期。

终烧的原因大致有三：一是当地优质瓷土原料枯竭，增大了获取原料的成本，而使用劣质瓷土烧造的瓷器，受到市场的排斥。二是元末明初的战乱，使当地社会动荡，人口锐减，大量窑工逃离。三是景德镇青花瓷开始流行，民窑青花瓷也已产生，瓷器市场随着民间青花瓷的大量出现，七里镇窑生产的单色瓷器已跟不上市场的需求，渐被市场淘汰直至终烧。

---

① 张嗣介 "赣州七里镇窑终烧年代新证"。《南方文物》2004年1月。

后记

在章贡区政协的诚挚委托与鼎力支持下,《虔城风华·章贡宋韵》一书终于定稿,并将付梓出版。

赣州市政府副市长、章贡区委书记连天浪,章贡区委副书记、区长刘志怀,在百忙之中审阅书稿,并提出了宝贵的修改意见;他们的高度重视与精心指导,使编撰团队倍感责任重大。区政协主席杨忠万、副主席陈昌立非常关心本书的编撰和出版工作,多次出席编撰团队的研讨会,数次审阅稿件,提出具体修改意见。区政协教科卫体和文化文史学习委积极沟通协调,为编撰工作提供了重要保障。

本书是赣南师范大学历史文化与旅游学院服务地方取得的成果,也是落实江西省宋史研究会与章贡区人民政府战略合作协议取得的成果。作为研究会常务副会长,本人牵头组织,汇聚众人智慧,参与本书编撰的有:江西省宋史研究会副会长、赣州市博物馆原书记万幼楠研究员,研究会秘书长、赣南师范大学历史文化与旅游学院吴强副教授,研究会副秘书长、赣州市博物馆副馆长钟庆禄副研究员,研究会副秘书长、赣南师范大学科技学院李云彪老师,研究会会员、赣南师范大学历史文化与旅游学院赖少伟博士、黄露博士、黄嘉福博士等7人。可以说，本书的研究，汇集了江西省宋史研究会在驻地赣州最核心的力量。

承接该任务后，由本人牵头，在梳理基本史料和研究动态的基础上，通过团队成员的深入研讨交流，确定了研究计划、研究方向、撰写提纲，并明确了任务分工。具体如下：第一章"江南望地　章贡名邦"，李云彪；第二章"丝路枢键　货物云集"，黄嘉福；第三章"周子布道　理学渊薮"，赖少伟；第四章"群英荟萃　遗泽流芳"，吴强；第五章"崇文重教　人文蔚起"，黄露；第六章"艺术珍品　传世瑰宝"，钟庆禄；第七章"遗产宝库　宋韵千年"，万幼楠。

几位老师深入实地调研，查阅大量史籍，克服种种困难，收集到了大量珍贵史料；尤其是万幼楠、钟庆禄老师，贡献出了自己多年的研究成果，在此次得以首次公开，令人倍感欣喜。在本书撰写过程中，研究团队先后召开了6次研讨会，就成果定位、研究范畴、主题确定、章节构架、行文风格、图片选择等，进行了充分的交流研讨。

赣州市社联主席郑成功一直关注关心着研究进展。赣州市委党校常务副校长陈相飞、赣州市政协文化文史和学习委原主任薛华平、赣州市城市规划展示馆原馆长陆川，是本书的评审专家，对书稿提出了具有很强指导性和操作性的修改意见，为本成果贡献了智慧和力量。赣南师范大学党委常委、副校长易龙教授也很关心本书的研究，不时过问工作进展，给了我们莫大的鼓励。章贡区委宣传部、区文化馆为本书提供部分图片，在此深表感谢。江西人民出版社高等教育（高职高专出版）中心主任蒲浩，为本书的如期出版，提供了坚强保障。

在本书付梓之际，我们对所有给予关心、支持、帮助的领导、师友、同仁一并敬致谢忱。并因时间仓促、水平有限，本书必定存在不少问题，恳请读者诸君批评指正。

李晓方

2024年7月